anthologie thématique du théâtre québécois au XIXe siècle

Maquette de la couverture: Jacques Léveillé.

ISBN-0-7761-0073-4

© Copyright Ottawa 1978 par Les Éditions Leméac Inc.
Dépôt légal — Bibliothèque nationale du Québec
2e trimestre 1978

anthologie thématique du théâtre québécois au XIXe siècle

étienne-f. duval

avec la collaboration de jean laflamme

E

THÉÂTRE / LEMÉAC

Avant-propos

La présente publication s'inscrit dans un courant d'intérêt amorcé il y a quelque quinze ans en faveur de l'histoire du théâtre québécois. Faisant à cette époque œuvre de pionnier, monsieur Étienne-F. Duval présentait à la Faculté des Lettres et Sciences humaines de l'Université de Paris une thèse de doctorat en Littérature comparée portant sur Le Sentiment national dans le théâtre canadien-français de 1760 à 1930. *Par la suite, l'Université du Québec à Trois-Rivières décidait de créer un centre de documentation voué à la promotion des études portant sur le théâtre québécois. À cet effet, on retint les services des professeurs Étienne-F. Duval et Raymond Pagé qui furent chargés de recueillir et de rassembler toute la documentation disponible concernant l'art dramatique au Québec.*

C'est au cours de nombreuses démarches accomplies à cette fin que monsieur Duval conçut l'idée d'une anthologie destinée à livrer au public un certain nombre d'extraits puisés à même le répertoire d'œuvres théâtrales qu'il était en train de constituer.

9

Ce travail de longue haleine n'a pu se réaliser sans le concours de plusieurs autres personnes dont la contribution s'avère appréciable. Ainsi, grâce à diverses subventions du Ministère de l'Éducation, Monsieur Duval put s'adjoindre plusieurs aides dont le plus éminent est certainement monsieur Jean Laflamme (à titre de professionnel de la recherche). L'auteur remercie sincèrement monsieur Laflamme. Sa formation de chercheur a été d'une aide incommensurable pour la réalisation de cette anthologie thématique.

L'Université du Québec à Trois-Rivières (personnifiée par son recteur, monsieur Gilles Boulet, et ses deux vice-recteurs à l'enseignement et à la recherche, madame Livia Thur et monsieur Pierre Decelles) a largement encouragé le projet, lui accordant un soutien pécuniaire indispensable. Les succès du juge Édouard G. Rinfret dans la découverte et la récupération d'œuvres théâtrales jusqu'alors inaccessibles, de même que l'accès aux archives de l'Université Laval facilité par le recteur de l'époque, Mgr Louis-Albert Vachon, ont apporté une contribution irremplaçable dans la reconstitution du corpus dramatique québécois du XIXe siècle. Les recherches du professeur Rémi Tourangeau ont fourni les indications de base pour la rédaction des bio-bibliographies des dramaturges cités. Toutes ces personnes ont droit à la reconnaissance la plus vive pour leur aide généreuse.

Il est à souhaiter que cette anthologie atteigne le but proposé par son auteur, celui de stimuler l'intérêt envers le message que continue de transmettre le théâtre québécois du siècle dernier. Puissent alors ces quelques extraits soumis au public être une amorce à la fréquentation des œuvres entières.

Le Centre de Documentation en théâtre et littérature québécois de l'Université du Québec à Trois-Rivières Équipe de 1970 à 1975

Étienne-F. Duval est né à Montréal. Il a fait ses études classiques au Collège de L'Assomption. Fort d'un baccalauréat ès arts de l'Université d'Ottawa, d'un baccalauréat en droit de l'Université de Montréal, d'une maîtrise ès arts de la Northwestern University de Chicago et d'un doctorat en littérature comparée de la Sorbonne, il enseigne le droit commercial et les langues romanes dans les lycées et collèges américains. Par la suite, il se retrouve à Dalhousie University d'Halifax, où il enseigne les littératures française et québécoise. Il participe à plusieurs stages d'étude, de recherche et de conférences en France, de 1955 à 1977.

Actuellement il est professeur à l'Université du Québec à Trois-Rivières.

Il a écrit une «Analyse» de *Si les Canadiennes le voulaient* de Laure Conan et «Fréchette à Florence», une introduction à *Véronica* de Louis H. Fréchette; ces deux pièces ont été publiées chez Leméac, en 1974. Il vient aussi de publier *Aspect du Théâtre québécois*, dans la collection Théâtre d'hier et d'aujourd'hui, UQTR (1978).

ANTHOLOGIE THÉMATIQUE DU THÉÂTRE QUÉBÉCOIS AU XIXᵉ SIÈCLE

Comme tous les documents historiques, ces pièces de théâtre qui deviennent témoignages, ne sont pas toujours explicites. Pour lire leur secret, il faut les interpréter à la lumière des faits analogues et selon la mentalité des contemporains. Il nous faut donc essayer d'évoquer le milieu dans lequel vécurent et les dramaturges et les spectateurs.

INTRODUCTION

I

Pour mieux comprendre le nationalisme du peuple québécois du dix-neuvième siècle, il faut scruter le milieu ethnique de ce petit peuple et sa conscience nationale. Au Québec, le sentiment national est l'un des ferments les plus actifs de l'histoire.

1– *Le milieu ethnique*

La nation québécoise a son individualité qui retient l'attention des ethnographes; nommons: l'habitat, le vêtement, l'outillage, les mœurs, les rites, les arts, les institutions sociales et politiques. Mais le sociologue littéraire ne se contente pas de décrire tel peuple et sa civilisation. Il cherche un critère qui lui permette de classer, de définir tel groupe, d'en reconnaître et la nature et les fonctions.

L'expérience nous rappelle qu'aucun des facteurs qui interviennent dans la vie d'une nation ne fournit, à lui seul, le critère de nationalité. Le facteur qui joue un rôle décisif dans un cas cède le pas dans un autre cas. Il nous faut donc dépasser le stade de la description ethnographique et historique si l'on veut trouver un caractère sociologique, ce sont les relations de solidarité propres à la nation (ici québécoise) qu'il faut considérer et l'on verra que ces relations sont en premier lieu conditionnées par le DEVENIR HUMAIN. La formation du milieu ethnique québécois est l'effet de ce devenir, et répond à ses exigences. Il faut penser d'abord au faîte de la lignée. Aucune génération n'épuise la vertu de l'espèce; et si chacune passe, aucune cependant ne périt tout entière... La lignée désigne beaucoup plus la parenté sociale et juridique, les traditions familiales, les conceptions morales et religieuses, les comportements, les mœurs et les droits que le seul fait biologique de transmission de la vie. De plus, c'est aussi son DEVENIR qui, en soumettant le Québécois à des assimilations et transformations perpétuelles, l'assujettit à l'action du milieu physique. Depuis plus de trois cents ans, les Québécois impriment leur image sur la terre qu'ils habitent, ils font société avec l'eau, l'arbre et le sol, et cette société transforme les uns autant que les autres.

Les hommes sont marqués par les institutions qu'ils se sont données. Ici, l'initiative apporte beaucoup plus à l'homme qu'à la nature physique: il s'agit en réalité des œuvres qui constituent une nation ou qui l'ébauchent. La langue, les coutumes, les normes morales et sociales, l'économie, l'organisation politique, les manifestations de la vie religieuse, les traditions familiales constituent un milieu institutionnel, aux contraintes souvent inévitables, implacables et irrésistibles. Toutes ces réalités précèdent la naissance de l'homme québécois, elles le suivent au-delà de la mort, et le marquent en tout son devenir.

Grâce au milieu ethnique, à son individualité, aux relations de solidarité propres à la nation, à la lignée, aux institutions, à un bagage de mœurs et d'habitudes, de traditions et d'idées, d'attitudes religieuses et de rites, un conformisme social s'établit au Québec. Ce conformisme suffit à perpétuer le groupe. Les similitudes ethniques créent une parenté spirituelle, elles rendent la vie communautaire facile, elles donnent la certitude d'être « chez soi » au Québec du dix-neuvième siècle, alors qu'on aurait été « dépaysé » en tout autre milieu.

Il y avait donc passage de la communauté de conscience à la conscience de former une communauté, pas n'importe quelle communauté mais une communauté nationale. Grâce à cet élément subjectif — conscience et vouloir vivre en commun — la nation québécoise apparaît.

La nation québécoise du dix-neuvième siècle prenait conscience d'elle-même selon l'histoire qui l'avait façonnée; elle s'est donc repliée sur elle-même et sur son passé. Ce que cette nation aimait c'était elle-même telle qu'elle se connaissait ou se figurait être; elle croyait parfois aimer un autre peuple (le français, l'anglais), mais elle s'aimait plutôt elle-même dans l'image qu'elle se faisait des autres peuples. Le peuple québécois était différent des autres, de l'anglais, et il le savait qu'il l'était; il était, de par son origine, exclusif de l'« ÉTRANGER ».

Nulle part le sentiment national n'a surgi sans l'action délibérée, souvent violente et passionnée, d'hommes ou de groupes d'hommes — historiens, poètes, romanciers, dramaturges, grammairiens, orateurs, hommes politiques, agitateurs révolutionnaires, curés, professeurs... Tous ont lancé le cri: « ÉVEILLE-TOI »... Ces hommes courageux, souvent héros, qui ont suscité, éveillé le SENTIMENT NATIONAL s'appellent les « RÉVEILLEURS » et notre anthologie thé-

17

matique attribue ce titre de «RÉVEILLEURS» à beaucoup de dramaturges québécois du dix-neuvième siècle.

2– *La conscience nationale et ses facteurs sociologiques*

Nous verrons donc maintenant quelles sont les
sources du sentiment national et quelles en sont les
causes sociologiques. Tout notre théâtre québécois du
XIXe siècle est tissé de sentiment national. L'on sait
qu'une nation n'existe jamais à l'état pur. Elle aspire
toujours à devenir État ; parfois elle y parvient quoique
sa structure, ses cadres, ses fonctions ne coïncident
pas avec ceux de l'État. Bien que l'Europe ait été la
terre des nationalités par excellence, l'Amérique du
Nord (surtout le Canada) n'a jamais excellé dans ce
domaine.

Une nation ne peut se former sans qu'auparavant
les hommes se soient approprié une terre et s'y soient
séculairement fixés. La sédentarité détourne vers le
sol des activités, des espoirs qui jusqu'à ce moment-là
jetaient l'homme à la conquête de l'espace. De plus la
sédentarité provoque la concentration de la vie sociale
et permet d'en fixer les structures en les accumulant.
La sédentarité, enfin, fait naître la liaison durable et
l'information mutuelle de l'homme et de la terre. La
nation québécoise est née, bien avant 1760, des amours
de la terre et du paysan. La possession du sol a modelé
la conception canadienne-française de la propriété et de
l'ordre de droit. Cette possession a été la source du
pouvoir social, lui gratifiant une base et un prototype
à tel point que la création de nouvelles formes de propriété, non plus terrienne, mais purement industrielle et
mobilière et leur rapide extension, semblent avoir pris
au dépourvu, troublé même l'ordre social de notre petit
peuple (la poussée vers les pays d'en haut). L'on ne
peut comprendre notre XIXe siècle littéraire si nous
n'acceptons pas que *la terre qui fait corps avec la
nation est une terre humanisée,* — étroite pénétration

des activités de l'homme et de caractères de la terre. La valeur économique n'est donc pas seule en jeu, c'est le rapport du sol avec la vie humaine qui fait entrer la terre dans la conscience nationale du québécois du dix-neuvième siècle.

La terre ne rend jamais à ceux qui l'ont cultivée tout le fruit de leur peine... elles le reportent aux générations futures. Il a toujours existé au Québec une forme d'espérance née du contact paysan avec la terre, espérance des éternels recommencements, espérance de la durée certaine, espérance d'un au-delà terrestre qui est celui même de la fécondité et du devenir.

Les Québécois du XIXe siècle avaient une tout autre conception de la « maison » que celle du *« home »* anglais. La « maison » englobe la famille. Il va de soi que le rôle de la famille dans la formation de notre nation québécoise est indispensable. C'est sans rupture que l'on passe de la famille à la nation. De la maison au village, à la région, au pays, à la nation, il n'y a que croissance et adjonction d'éléments nouveaux. Un même fait assure la continuité, c'est la transmission de la vie, la nécessité de la durée, la naissance et le devenir liés à un milieu social. La famille comprend les vivants, les morts et leur héritage, les personnes et les choses qu'elles ont possédées. La famille a des traditions, des mœurs, des croyances, des modes d'expression, un patrimoine de biens meubles et immeubles, enfin tous ces facteurs élémentaires d'une culture (ici culture québécoise) et d'un génie dont la transmission est liée à la propagation de la vie. Le foyer est donc le dernier asile où se perpétuent une langue, une religion, une conception de la vie que souvent la politique ou l'histoire essaie d'effacer...

Il faut maintenant nous demander quel rôle jouaient les institutions économiques dans la formation de la nation québécoise au XIXe siècle.

19

Toute société a une infrastructure économique conforme à ses besoins. L'étymologie même du mot ÉCONOMIE évoque la famille et l'administration de la maison. L'État à son tour intervient. La place qu'il donne à l'économie politique montre que le gouvernement des hommes ne peut se désintéresser de l'administration des choses. La nation, elle, n'a pas de système économique. C'est le XIXe siècle qui a changé le nom d'économie politique en celui d'économie nationale, c'est que l'État fédéral se considérait comme un État national. La nation québécoise n'acceptait pas cette conception de l'État fédéral.

La nation a pour infrastructure les institutions économiques dont les familles, les cités, l'État ont besoin; la nation n'en fait naître aucune, elle ne les organise pas. Elle est plutôt le résultat des contraintes qu'elles exercent, car, je me répète, la nation n'est pas une société, mais un milieu et un produit de la vie sociale. Il est vrai que nous ne pouvons nier l'influence des facteurs économiques sur la vie sociale. Mais ce fatalisme pratique, contrefaçon du déterminisme historique, n'est-il pas une attitude de facilité que les faits dénoncent et condamnent?

L'on peut commencer à comprendre les raisons ultimes qui poussaient les Québécois à «faire de la terre». C'est que les répercussions sociales de l'essor économique dépendent moins des éléments techniques que des éléments moraux et juridiques engagés dans la vie économique. Ce n'est pas le machinisme, la manufacture ou l'usine qui dissocient la famille ouvrière, mais l'usage qu'on en fait, la conception du salaire, son taux, la manière de le fixer, qui, en rendant nécessaire un salaire d'appoint, enlèvent la mère au foyer et l'enfant trop tôt à l'école. L'on comprend mieux maintenant pourquoi on vantait le retour à la terre durant le XIXe siècle. Les dirigeants ne savaient que trop que la technique industrielle moderne concentrait de grandes masses ouvrières dans un étroit espace; ce n'était pas leur concentration massive qui imposait fatalement aux ouvriers des faubourgs et des cités des conditions de logement incompatibles avec la dignité de l'homme et de la femme; c'était là bien plutôt un effet des conditions dans lesquelles on laissait se faire cette concentration. Nos pères ont essayé gauchement d'introduire dans chaque classe ou dans chaque milieu la conscience de sa fonction, et en utilisant cet éveil pour les organiser sur la base de la liberté et de la responsabilité que l'essor économique, au lieu de dépayser et de déraciner l'individu, l'enracinera dans un véritable statut social, et par là, pourra l'attacher à sa communauté ethnique et nationale.

Si la terre, la maison, l'économie développent une mentalité collective, les institutions culturelles sont beaucoup plus directes, beaucoup plus essentielles. Nos institutions culturelles sont les suivantes: notre langue et notre littérature, notre théâtre, nos journaux, nos maisons d'éditions, nos monuments, nos musées, notre folklore, nos chansons, notre musique, nos institutions scolaires et universitaires, nos instituts de sciences pures, nos instituts de recherche; toutes ces institutions contribuent à la formation de notre nationalité québécoise, toutes fournissent à notre conscience nationale, enfin elles constituent son aliment le plus essentiel. Le plus bel exemple du rôle joué par les institutions culturelles dans la formation d'une nation, c'est celui du Québec.

Un groupe colonial qui compte 60 000 âmes en 1763 se façonne un milieu et grandit en nation sous l'action des facteurs dont le plus décisif est sans conteste la fidélité à sa culture. Sauvée de l'assimilation d'abord, développée ensuite lentement mais progressivement dans tous les domaines, elle justifie aujourd'hui la conviction que, dans les années '70, l'essor original de la culture québécoise sera pour ce groupe

21

ethnique la garantie essentielle de sa durée et de son rayonnement au Canada, en Amérique du Nord.

Nous nous attardons seulement sur la langue qui fournit un élément culturel primordial aux revendications nationales. Depuis toujours, l'homme sait qu'il y a des états de civilisation et de culture. Ces états procèdent de l'esprit de l'homme en tant qu'il se réalise hors de lui-même, qu'il remplit le monde et compose un état de société. Par le langage et par la littérature, l'homme se répand en œuvres durables, et si ces manifestations objectives de l'esprit composent non seulement une civilisation mais un milieu national, c'est qu'elles subissent une particularisation qui les associe plus directement au devenir de l'homme parmi les contingences de l'histoire.

L'anthologie thématique du théâtre qui suit est cousue de valeurs religieuses. Nous allons essayer de replacer notre théâtre dans le cœur des Québécois du XIXᵉ siècle. C'est ici que l'on doit lire les extraits avec des yeux d'hier, sans cela, on est complètement dérouté et souvent injuste. Des institutions religieuses et de leur rôle comme élément du milieu ethnique, il a été question déjà sans que nous les nommions. Toutes les religions enseignent, administrent et gouvernent. Elles ont une foi, une morale, des lois, des temples, des cérémonies, des biens. Elles prennent place parmi les autres pouvoirs sociaux et entretiennent avec eux des rapports statutaires; et même une partie de leur action (surtout chez nous au Québec jusqu'en 1960) s'exerçait sous le couvert des institutions sociales, culturelles, charitables.

L'histoire des différents peuples montre la confession religieuse et la nationalité associées de façon différente selon les religions et le pays. Étant descendants du peuple français du XIXᵉ siècle, le sentiment national de nos ancêtres glissait naturellement dans le sentiment religieux. Lorsqu'on étudie la littérature québécoise d'hier, on ne doit jamais oublier cette constata-

22

tion. La connexion entre ces deux sentiments s'explique par ce que nous avons dit de la nation. Milieu génétique, elle étend le fait de la génération et lui donne une signification sociale. À ce titre, la nation est source de vie; une parenté spirituelle unit ses membres; ils ont une ascendance commune qui s'entend en un sens historique et spirituel, autant que physique et biologique. Quand la nation québécoise a pris conscience d'elle-même, surtout vers 1763, sa pensée s'est reportée vers les origines, vers les sources d'une vie en devenir, vers les ancêtres. Les Canadiens d'hier vivaient de la tradition chrétienne. Cette tradition établissait la hiérarchie des agents à qui le Canadien devait l'existence. Le créateur d'abord; — et c'est à lui qu'iront d'abord le culte, la piété, le service reconnaissant pour le bienfait de la vie. Les père et mère, les ancêtres recevaient le même tribut de piété filiale, de révérence et des hommages, culte qui témoignait que les parents étaient, avec Dieu, les auteurs de la vie. Puis la parenté s'élargissait pour venir rejoindre la patrie québécoise. L'on peut donc suivre l'influence du christianisme sur la terre, sur la maison, sur la fécondité de la nation et sur l'économie en l'obligeant à se convertir à l'humain.

Il est certain que nous pourrions élaborer indéfiniment sur le nationalisme du peuple québécois du XIXe siècle. Nous espérons que ces quelques notions sur le milieu ethnique et sur la conscience nationale aideront le lecteur à mieux comprendre notre deuxième partie de l'introduction. De plus, en étudiant les extraits des pièces de théâtre de notre anthologie, il pourra faire abstraction de son expérience actuelle pour mieux saisir toutes les forces qui ont agi génétiquement dans la formation de la mentalité culturelle des dramaturges du XIXe siècle québécois.

II

Au sein des inévitables transformations que subit toute civilisation, le théâtre représente l'une des meilleures illustrations de la culture d'un peuple en ses différentes étapes. Ce genre littéraire pouvant être défini comme « la peinture animée d'un lambeau de vie humaine », les œuvres scéniques qui jalonnent l'histoire d'un pays réussissent d'ordinaire, mieux que tout autre mode d'expression, à rendre sensible le phénomène social de ce pays.

Au Québec, la littérature du dix-neuvième siècle ne semble pourtant s'être manifestée que médiocrement dans le théâtre, comme d'ailleurs dans le roman. Il est vrai que la société québécoise de l'époque, confrontée à de dures réalités, pouvait difficilement se complaire dans le domaine de la fiction. Le nombre de ses œuvres dramatiques en particulier est assez restreint entre 1801 et 1900: tout au plus 150 titres connus, redevables à quelque 75 auteurs.

Mais en inventoriant ce maigre répertoire, parallèlement à celui d'autres genres littéraires, on se rend vite compte qu'un facteur entre autres de la vie des Québécois s'est avéré plus caractéristique, plus générateur de littérature. Nous voulons parler du sentiment national. Intéressés à la survivance de leur race dans un monde anglo-saxon, les descendants des Français conquis ont cultivé un état d'âme que leurs écrivains ont rapidement saisi et se sont plu à traduire de diverses manières.

Dans ce domaine, le genre le mieux servi a sans doute été l'éloquence. Maints discours patriotiques ont eu beau jeu d'exploiter à fond le thème de l'appartenance à une nation qui ne sait pas mourir. L'histoire et la poésie n'ont pas manqué non plus de s'abreuver, comme à une source toujours fraîche, à ce culte de la patrie.

En ce qui concerne le théâtre, n'est-il pas signifi-
catif que le nombre de drames à saveur nationaliste soit
majoritaire dans la production du dix-neuvième siècle?
Abondance relative, dira-t-on, résultant de la rareté
d'exploitation des autres sujets. Ce qui n'a pas empêché une vérité de se dégager clairement de cette supé-
riorité numérique: une conscience collective existait,
dans le Québec du siècle dernier, et ses préoccupa-
tions allaient avant tout au maintien de sa race.

Cette production de drames historiques, dont la
multiplication devait s'avérer un stimulant efficace sur
la volonté de survivance du peuple canadien-français,
ne commence à vrai dire qu'après la Rébellion de 1837.
Vaincue par les armes, victime de représailles la soumettant au régime assimilateur de l'Union, la collecti-
vité québécoise s'est mise à la recherche de nouveaux
moyens de défense contre l'envahissement anglo-saxon.
L'état d'infériorité politique dans lequel l'a plongée son
statut de minorité ethnique lui interdit désormais de
compter sur le parlementarisme pour protéger sa langue
et sa culture. Son retard du côté économique la dessert
tout autant à ce propos, la vague d'exil des siens vers
les États-Unis le lui rappelant bien. Seul le contrôle
de son éducation lui reste entre les mains. Celle-ci représente un travail de longue haleine, exigeant patience
et efforts constants. Les écrivains québécois y perçoi-
vent malgré tout le moyen sauveur: l'exaltation auprès
de la population de thèmes idéologiques à l'influence
dynamique, à l'effet galvanisant. Ces thèmes leur sont
volontiers fournis par une histoire nationale ruisselante
de faits glorieux, dont la richesse ne demande qu'à être
exploitée. On voit dès lors apparaître au théâtre de ces
scènes édifiantes, reflets vivants de l'esprit de lutte et
de revendication qui animait cette époque d'insécurité
collective.

Ce souci d'entretenir le feu sacré du sentiment national apparaît encore plus nettement dans les œuvres

du dernier quart du siècle, celles écrites après l'avènement de la Confédération. Ce régime politique ayant été présenté au peuple comme un moyen de redonner au Québec l'autonomie que lui avait ravie l'Union, les événements eurent tôt fait de prouver à l'élite québécoise que le nouveau système allait plutôt perpétuer la domination anglo-saxonne. En créant à l'intérieur du cadre britannique, appelé à céder un jour, un second encadrement qu'on voulait plus durable, on reculait très loin dans le futur l'échéance du jour où les Québécois seraient enfin maîtres chez eux. Frustrés une fois de plus dans leurs aspirations, les descendants des Français redoublèrent d'efforts par la voix de leurs écrivains. Clercs et laïcs cherchèrent à couvrir de leurs essais dramatiques les principaux événements politiques, sociaux ou religieux du présent, tout en continuant d'exalter les héros du passé. Les injustices envers la nation survivante furent lucidement portées à la scène, en même temps que d'autres questions plus positives, telles que la colonisation et l'enracinement du peuple à son sol.

Jusqu'à la fin du dix-neuvième siècle et encore longtemps au-delà, se développera au Québec ce goût du théâtre patriotique, que l'on qualifierait aujourd-d'hui de théâtre «engagé». Sans doute, à cause même de leur caractère local et de leur objectif provisoire, les œuvres produites alors resteront-elles bien en deçà des normes de l'art universel, voire de l'art tout court. Ce que n'ont d'ailleurs pas manqué de leur reprocher, avec plus ou moins d'aménité, les historiens de la littérature québécoise, qui les ont vite qualifiées de «mauvaises proses ne résistant à aucune critique sérieuse» (Samuel Baillargeon); de produits d'auteurs «manquant de métier et de sujets à exploiter» (Jean Hamelin); d'œuvres «faibles dans leur création des situations, leur analyse des sentiments et leur adaptation du dialogue» (Camille Roy); d'essais scéniques «escamotant les rôles féminins dans les représentations scolaires» (Auguste Viatte). Personne cependant n'a pu leur contester la qualité d'être une littérature vivante, dans le sens où elles illustrent fort bien les inquiétudes sociales, politiques et morales de l'époque où elles furent créées.

De récents travaux de compilation et de recherche, en vue de reconstituer le répertoire de ce théâtre, ont rendu plus accessibles au lecteur un grand nombre de ces œuvres dramatiques du dix-neuvième siècle. Il en est résulté cette constatation inattendue: en raison des événements cruciaux que vit le Québec à l'heure présente, le théâtre de nos pères conserve une étonnante actualité. Il se montre encore virtuellement capable de nourrir un patriotisme de bon aloi au sein d'un public sinon de spectateurs, du moins de lecteurs. Le premier effet de cette découverte a été la révision des jugements trop hâtifs prononcés contre nos dramaturges du siècle dernier. Il est apparu que plusieurs de leurs œuvres n'avaient pas été lues; celles qui avaient pu l'être avaient été dissociées du contexte politico-social dont elles font nécessairement partie. De sorte qu'une nouvelle approche, tenant compte davantage de la réalité historique, nous fait assister aujourd'hui à un regain d'intérêt envers ce théâtre trop longtemps méprisé. Sous l'impulsion d'un Guy Beaulne, d'un Édouard Rinfret et de plusieurs autres, on a entrepris de le réimprimer. Grâce à l'initiative d'un Jean-Claude Germain, on a même recommencé à le jouer.

Est-ce à dire qu'on ait fini par trouver à ces textes et à leurs auteurs une plus grande valeur sur le plan littéraire? Certes non. Larmoiements superficiels et tirades classico-romantiques, dans les drames et tragédies, continuent d'indisposer le lecteur par leur grandiloquence d'époque. De même pour certaines naïvetés désarmantes, gâtant les comédies et les saynètes. Il est en outre impossible d'absoudre totalement les emprunts

27

trop faciles aux œuvres françaises, pillage touchant parfois au plagiat. Mais une fois replacé dans sa juste perspective, celle qui dépasse l'exercice littéraire ou artistique pour déboucher sur le geste de communication, le théâtre québécois du dix-neuvième siècle est apparu comme la manifestation éloquente de la conscience du peuple, comme l'expression tenace de sa volonté de survivre comme nation. Déjà riche d'implications sociologiques, illustrant fort bien la vie, la mentalité et les mœurs de nos pères, cette production scénique conserve surtout l'image d'un théâtre de fierté nationale, trouvant dans l'amour du pays sa source première et profonde d'inspiration.

Aussi le présent ouvrage n'a-t-il été conçu ni comme une anthologie dramatique, rassemblant les meilleurs morceaux de notre théâtre, ni comme une anthologie des dramaturges, exposant les meilleures pièces de chaque auteur. Notre dessein est plutôt d'offrir une anthologie thématique, c'est-à-dire une collection d'extraits choisis en fonction même de leur valeur d'illustration du sentiment national chez les Québécois. Pour ce faire, il nous a fallu parfois sacrifier des passages qui auraient davantage honoré leurs auteurs, du point de vue strictement littéraire ou scénique. En retour, nous en avons introduit d'autres dont le mérite est sans doute faible, en dehors de traduire la fidélité à la race et aux traditions. Par ailleurs nous avons puisé, après un examen attentif, dans des œuvres dont le sujet semblait, à première vue, s'écarter du thème choisi. Ainsi avons-nous fait pour *Napoléon à Sainte-Hélène* de Firmin Prud'homme, *Édouard le Confesseur* de Mgr Proulx, *Stanislas de Kostka* de l'abbé Verreau et pour plusieurs comédies à l'intrigue neutre en apparence. Dans chaque cas, l'arrière-pensée nationaliste de l'auteur a fini par rejoindre notre perspective et s'imposer clairement à notre propos.

28

L'ensemble des extraits recueillis a été partagé en deux grandes sphères d'intérêt, la première trouvant son axe dans l'histoire nationale, la seconde gravitant autour de la société québécoise. Les subdivisions ont été amenées par les œuvres elles-mêmes et les sujets qu'elles traitent, concrètement ou symboliquement. Le nombre de morceaux illustrateurs dépend à son tour de la quantité de drames ou de comédies qu'a pu fournir le répertoire pour chaque secteur.

Le rôle d'une anthologie étant moins d'analyser les extraits que de les faire goûter, le présent recueil ne comporte pas de notes explicatives touchant les correspondances historiques des œuvres, leur situation théâtrale, le déroulement de leur action, le caractère et la force de leurs personnages, leur langage théâtral ou toute autre de leurs composantes scéniques. Cependant, afin d'éloigner le moins possible les morceaux de leur contexte, il nous a paru nécessaire de faire précéder chacun d'eux d'un sommaire introductif, résumant succinctement les scènes précédentes de l'œuvre à laquelle il appartient. En outre, il nous a semblé dans l'intérêt du lecteur de faire connaître au moins brièvement chaque auteur, par une courte bio-bibliographie brossant à grands traits sa carrière.

Ainsi façonnée, cette anthologie aidera sans doute à combler une importante lacune dans le monde de nos lettres. Bien que limitée à son thème nationaliste, elle donne une certaine vue d'ensemble de notre production scénique du siècle dernier. Elle entend ainsi fournir aux chercheurs un instrument de travail pouvant leur servir efficacement de point de départ dans toute étude globale de cette matière. Elle saura, espérons-le, provoquer leur intérêt envers cette part de notre héritage culturel et (pourquoi pas?) réveiller en eux les sentiments de fierté que notre scène locale a véhiculés en son temps.

PREMIÈRE PARTIE

HISTOIRE NATIONALE

I

LA NOUVELLE-FRANCE

A. Le Canada

Texte 1

La Découverte du Canada

Drame historique en vers, quatre actes et un tableau, d'Alphonse-Stanislas Roberge (en religion Frère Symphorien-Louis, é.c.), texte dactylographié, Montréal, Mont-Saint-Louis, 1899, 61 p.

Alphonse-Stanislas ROBERGE naquit à Saint-Pierre (Île d'Orléans), le 15 avril 1849. Entré chez les Frères des Écoles Chrétiennes, il fut professeur et directeur de plusieurs écoles de Montréal. De 1883 à 1920, il publia des ouvrages didactiques de français, d'histoire et de philosophie. Mentionnons surtout *Le Cours de langue française* (1883), *Histoire du Canada* (1893) et *Précis de philosophie morale* (1912). Poète par tempérament, il produisit une œuvre de plus de douze mille vers, touchant la spiritualité et le théâtre historique et biblique. Parmi ses dix œuvres dramatiques, soulignons *La Découverte du Canada* (1899), *Dollard* (1899) et *Maisonneuve* (1899). Il mourut à Montréal, le 25 mars 1924.

Aylmer, seigneur anglais, a entendu parler des projets de Jacques Cartier en Amérique. Convoitant pour son propre pays les découvertes à venir, il a imaginé de s'engager comme matelot de Cartier, sous un nom d'emprunt, afin de s'emparer de son navire. Sur le point d'être démasqué par Jalobert, fidèle au capitaine malouin, il a décidé d'agir vite et a réuni en hâte un groupe de mécontents.

Scène 6: AYLMER, BASTIEN, MATELOTS.

AYLMER

Je passe pour Jocquart
Et je suis bien Aylmer qu'on traite de pendard ;
Pourtant on me soupçonne !... Il a le coup d'œil juste,
Ce grossier Jalobert, qui paraît comme un buste
De bronze. Toi, Cartier, tu crois avoir gagné ?...
C'est vrai, sur ton rapport, Chabot m'a dédaigné,
La cour m'a repoussé. Déjà, j'étais un chêne,
Et me voilà roseau ! Ma fureur se déchaîne,
Quand je songe à mon sort. Oui, maudit malouin,
Je vais livrer ton corps au vorace requin.
J'appelle ce moment. Je ne crains pas le crime ;
Mes mains vont te plonger dans ce profond abîme.
J'aimerais voir couler ton sang, ronger ton cœur
Par les oiseaux de proie. Intrigant imposteur,
Qu'après ta mort, Satan s'empare de ton âme ;
J'irai dans les enfers, pour attiser la flamme
Qui doit te torturer... Tiens, je vois là Bastien ;
Dans son conte aux badauds, en a-t-il mis du sien ?
Pour saisir un troupeau, tous les loups se rassemblent ;
Ces gens sont des bandits, voyons s'ils se ressemblent.
Bastien, sombre est la nuit, pas d'étoiles aux cieux :
Gros vents, tonnerre, éclairs et flots tumultueux,
Ça devient menaçant.

BASTIEN

Bien loin de la Bretagne
Nous sommes aujourd'hui. D'une verte montagne
Verrons-nous le sommet ?

34

AYLMER

Pour ça, j'ai peu d'espoir.

BASTIEN

Le capitaine, hier, nous laissait entrevoir
Que dans trois jours au plus on mettrait pied à terre.

AYLMER

Le hâbleur impudent!

BASTIEN

Tu le crois peu sincère?

AYLMER

Le capitaine à nos dépens veut s'enrichir.

BASTIEN

Ce propos est trop fort.

AYLMER

Continue à servir
Ton tyrannique maître. Oh! quel tas d'imbéciles
Sommes-nous. Oui, Bastien, nos rêves sont futiles,
Pourquoi gagner le nord? La richesse est là-bas,
Dans l'ouest, dans l'ouest.

BASTIEN

Pourquoi n'y va-t-on pas,
Si là se trouve l'or?

AYLMER

Il n'en tient qu'à vous autres.

BASTIEN *donne un coup de sifflet pour
appeler les matelots*

Groupez-vous, compagnons. Qui veut être des nôtres
Pour avoir de l'or?

MATELOTS

Tous !

AYLMER

                      Il faut virer de bord.
Soyez sûrs qu'à cela ne mordra pas bien fort
Le capitaine.

UN MATELOT

                Ah ! ça, que nous faudra-t-il faire,
S'il ne veut pas ?

AYLMER

           Le mettre à l'eau. Faut-il, pour plaire
Au pilote royal, encourir le danger ?
Depuis notre départ, qu'avons-nous à manger ?
Biscuits et lard salé... c'est bien maigre pitance.
Les éclats du tonnerre, un ciel noir sans clémence,
De sinistres éclairs disent qu'un ouragan

(Vent violent, tonnerre, éclairs, pluie.)

Va bientôt nous couler au fond de l'océan.
Compagnons, dites-moi, tenez-vous à la vie ?

              TOUS, *avec force*

Oui !

AYLMER

     La révolte alors, sans tarder, vous convie.

BASTIEN

Dis-nous ce que tu veux.

AYLMER

               Juste au quart de minuit,
Rendez-vous sur le pont, à pas de loup, sans bruit.
Groupés autour de moi, nous crierons : « Capitaine ! »

Il accourra, puis nous lui parlerons sans gêne
Et nous le forcerons vite à virer de bord:
S'il ne veut consentir, nous le mettrons à mort.

Scène 7: JACQUES, JALOBERT.

JACQUES, *à minuit sonnant, vient s'asseoir*
sur le pont. Vent, éclairs, tonnerre.

Quelle orageuse nuit: la mer est menaçante;
Elle est grande, la voix de la vague écumante...
Toujours de nouveaux flots, toujours de nouveaux
[cieux...
Nous courons chaque jour des dangers périlleux.
Dois-je encore espérer?... Comment? Est-ce un orage
Qui pourrait, à cette heure, émousser mon courage?...
Mon Dieu! vous le savez, c'est pour vous que j'agis!...
Oui, grand Dieu, guidez-moi; parlez et j'obéis...
Depuis hier, parmi mes hommes d'équipage,
Hélas! j'ai remarqué plus d'un triste visage:
Suis-je sûr que Jocquart n'est pas ce traître Aylmer
Qui m'a causé naguère un chagrin bien amer?...
Non, ce n'est pas possible... Allons donc, pas
[d'ombrage!
Ce retour en arrière est un sombre nuage
Par la crainte formé. Laisser là mon projet?
Ce serait, de ma part, un odieux forfait...
Dans mon cœur éprouvé, renais, douce espérance!
L'objet de mes vœux est une Nouvelle-France!

JALOBERT

Maître, je vous cherchais. Voyez-vous le traître?

JACQUES

Où?

37

JALOBERT

Près du grand mât : Aylmer. Pour aller au Pérou,
Il vient de comploter. L'océan, dans ses vagues,
Doit vous ensevelir tout vivant.

JACQUES

Tu divagues,
Tu rêves, Jalobert.

JALOBERT

Non, maître, croyez-moi,
Je suis bien réveillé : je jure sur ma foi
Que j'ai tout entendu.

JACQUES

Quel danger nous menace !
Que faut-il faire alors ? Aylmer a tant d'audace !

JALOBERT

Appeler sur le pont, par un coup de sifflet,
L'équipage, pour prendre Aylmer dans son filet.

JACQUES *donne un coup de sifflet et dit*

Révolte à bord ! Ici, dans la minute :
Prenez hache et poignard, pour soutenir la lutte.

*(Tout l'équipage arrive précipitamment sur le pont ;
Jacques continue :)*

Mes jours sont menacés. Voyez, là-bas, Aylmer,
Qu'on appelle Jocquart. Me jeter à la mer
Et commander à bord sont ses desseins perfides.
Il est avec ses loups ; tous d'or ils sont avides...
Ici, les vrais Français !... Serpent astucieux,
Tu vas encor courber ton front audacieux.

Scène 8: JACQUES, JALOBERT, AYLMER ET TOUS LES HOMMES DE L'ÉQUIPAGE.

AYLMER, *à Jacques*

Hypocrite trompeur! ta langue de vipère,
Tu le sais, m'a plongé dans la noire misère...
N'approche pas, maudit!... Oui, si tu fais un pas,
À l'instant même ici tu trouves le trépas.

(Aux révoltés.)

Compagnons, en avant! Sortons de l'esclavage!
Recouvrons tous nos droits, qu'un trop vil sort outrage:
Jetons Jacques à la mer.

(À Jacques.)

Tu vas, traître envieux,
Trouver la mort au sein des flots tumultueux!

JACQUES

Venez, si vous l'osez, assouvir votre rage:
Vous n'avancerez pas! vous manquez de courage?...
Aylmer, cet imposteur, a fasciné vos yeux:
Péris, infâme, avec ton projet ténébreux!

(Jacques, avec violence, précipite Aylmer à l'eau. Gros éclats de tonnerre, éclairs nombreux, vent impétueux. Tous les révoltés se jettent à genoux et baissent la tête dans l'attitude du repentir. Jacques s'adresse aux révoltés:

Écume de prisons, vils repris de justice,
Par ce voyage encore échappés au supplice,
À présent, vous tremblez?...

JALOBERT
Il faut les mettre aux fers.

JACQUES, *lentement, en les fixant*

Ils ont été trompés ; leur cœur n'est pas pervers.

(Prenant en main le drapeau français.)

Debout !... Sur ce drapeau, jurez obéissance.

MATELOTS

Vive le Capitaine ! et vive aussi la France !

(Acte II, scènes 6 à 8, pp. 27 à 33.)

Texte 2

Chomedey de Maisonneuve

Drame en trois actes de Sylvio Corbeil, *Montréal, Cadieux et Derome, 1899, 76 p.*

Mgr Sylvio CORBEIL naquit à Sainte-Scholastique (Deux-Montagnes), le 22 août 1860. Il fit ses études au Séminaire de Sainte-Thérèse et fut ordonné prêtre à Montréal, le 5 juillet 1885. Après avoir été professeur à Sainte-Thérèse (1885-1886), il étudia la théologie et le droit canonique à Rome et à Paris, puis revint enseigner au Séminaire de Sainte-Thérèse. Nommé d'abord vicaire à la cathédrale d'Ottawa, il consacra la majeure partie de sa carrière à la direction de l'École Normale de Hull (1909-1928), puis à celle du Grand Séminaire d'Ottawa (1928-1943). Outre sa pièce de théâtre *Chomedey de Maisonneuve* (1899), il publia *Foi et Patriotisme* (1899) et *La Normalienne en philosophie et aux sources de la pédagogie* (1914). En 1943, il se retira à Sainte-Thérèse, où il mourut le 11 mars 1949.

Dans le but de protéger un commerce illicite de fourrures,
Robert de Maupertal, agent de la Compagnie des Cent-Associés,
cherche à empêcher la fondation de Ville-Marie.

Scène 3: ROBERT, MONTMAGNY,
LE SIEUR DE SAINT-JEAN.

LE SIEUR DE SAINT-JEAN *entre et reste*
au fond du théâtre

Son Excellence Charles Huault de Montmagny, chevalier de l'Ordre militaire de Saint-Jean de Jérusalem, lieutenant-général du roi et gouverneur de la Nouvelle-France.

(À ce moment, Montmagny entre et s'avance.)

ROBERT, *s'inclinant profondément*

Je rends mes devoirs de respect et d'honneur à Votre Excellence. *(Il pousse un fauteuil.)* Monsieur de Maisonneuve ne vous accompagne pas?

MONTMAGNY

Il est entré à la fourrière. Mais il doit nous rejoindre tout à l'heure.

ROBERT

Vous avez visité Villemarie. Quelle impression Votre Excellence en rapporte-t-elle?

MONTMAGNY

Que dirai-je? Hier soir, à mon arrivée, du banc de ma galiote j'ai contemplé dans le ravissement cet incomparable panorama de Mont-Royal. Cette montagne à la croupe azurée comme le Montmartre de Paris; ces luxuriantes forêts; ces éclaircies herbeuses et fleuries; cette nappe d'eau, immense et brasillante émeraude!

41

et toute cette nature vierge baignant dans les vagues d'une atmosphère embaumée dans les pourprées lueurs du crépuscule! Quel paysage! J'étais dans l'enchantement. Brusquement à mon âme s'ouvrirent les perspectives d'un éblouissant avenir. Quel site pour asseoir une ville fameuse! À Québec l'honneur d'être le boulevard, l'inexpugnable Gibraltar de la Nouvelle-France. Mais la ville que Mont-Royal abritera sera la métropole commerciale de la colonie. Elle sera la cité des arts et de la paix. Sise au centre des tribus indiennes, au confluent des grandes rivières, elle amassera les richesses et les merveilles du peuple qui va naître. Ici une grande nation... mais ici soudainement fut rompu mon rêve fascinateur par un vif sentiment, une douloureuse sensation de la réalité. Quand je songeai à nos faiblesses présentes, à l'abandon de la mère-patrie, à la rage implacable des Iroquois, je revins à mon premier sentiment. Il me semble, Monsieur de Maupertal, il me semble que l'heure n'est pas venue de fonder Villemarie.

ROBERT

Je suis monté à Villemarie, ayant appris que vous y veniez. Je voudrais vous exposer les plaintes de la Compagnie des Cent-Associés au sujet de cet établissement nouveau. Permettez. (Il déroule ses papiers.)

MONTMAGNY

Je sais tout. Le sieur Derré de Gand, l'intendant général de la Compagnie à Québec, et Guillaume Tronquet, le commis général des vivres, m'ont informé amplement. Déjà, à Québec, j'ai pressé Monsieur de Maisonneuve d'abandonner cette colonie de Mont-Royal. Encore un coup et après avoir vu la faiblesse de l'établissement, je tenterai de le dissuader de cette entreprise. Je n'ai pas ici autorité pour commander, mais Monsieur de Maisonneuve est un homme d'un esprit droit et d'une volonté sincère: il cèdera à la persuasion. Nous verrons.

Scène 4: LES MÊMES, MAISONNEUVE.

MONTMAGNY

Monsieur de Maisonneuve, je partirai tout à l'heure pour Québec. Je voulais voir Mont-Royal et visiter Villemarie: j'ai vu. Certes, cette superbe nature enlève d'admiration, mais la désespérance envahit mon âme quand je considère votre frêle établissement. Ces cabanons, que vous nommez pour l'illusion chapelle, magasin, hôpital, résidence du gouverneur, cette palissade de protection, ces asiles enfin ne peuvent être le berceau d'une colonie viable: ils me semblent plutôt l'éphémère pavillon de colons qui s'égarent. Les Iroquois, avec la torche incendiaire, le fleuve, par ses débordements, auront ruiné avant l'hiver ce pâté de masures. Témoin de tant d'impuissance, d'un dénuement aussi complet, je crois avoir raison de vous dire, Monsieur de Maisonneuve, avec les Français de Québec: «Villemarie est une *folle entreprise*».

MAISONNEUVE

Excellence, votre improbation me contriste. La foi cependant réconforte mon âme, la foi certaine que Dieu *veut* cette folle entreprise. Les merveilles qui ont fait naître l'Association de Notre-Dame de Montréal doivent vous en donner à vous-même l'assurance. Qu'importe à Dieu la faiblesse ou la puissance, l'abondance ou la pénurie des ressources humaines! Vous voyez nos angoisses, notre détresse; mais si cela n'était, Villemarie serait en vérité le premier ouvrage de Dieu accompli sans tribulations. Québec a eu ses traverses; Champlain a-t-il désespéré? Réjouissons-nous donc de

43

voir Villemarie commencer sous les divins signes de l'épreuve.

MONTMAGNY

Vous mourrez à la peine et avec vous tombera votre ouvrage mal établi. Ainsi vous perdrez en soins superflus votre vie et votre avenir.

MAISONNEUVE

Mon avenir!... Excellence, j'embrassai bien jeune la profession des armes. Dans les guerres de Hollande, j'eus l'honneur d'attirer sur moi les regards et les bonnes grâces des maréchaux. Mais je rencontrai là des périls pour mon éternel avenir. Je projetai alors d'aller guerroyer en Orient, contre les Turcs. Les portes me furent fermées de ce côté, mais ouvertes du côté du Canada. J'entrai dans cette voie d'apostolat et de labeurs où j'allais être occupé selon Dieu et selon mon état. Dans ces conseils, je ne consultai pas les intérêts du temps mais ceux de l'éternité. Maintenant, si Dieu veut confier à d'autres mains plus dignes ce noble ouvrage ébauché, si, avant que son indigne serviteur ait achevé sa tâche, Dieu veut lui donner le repos, eh bien! ayant jeté ici des semences de salut, je mourrai dans une bienheureuse espérance et dirai à mon dernier soupir: Grâces éternelles à Dieu, mon Roi et mon Seigneur!

MONTMAGNY

Vous le savez, le gouvernement français nous a presque abandonnés. L'implacable guerre, soutenue contre la maison d'Autriche, réclame les forces vives et tous les soins de la patrie. Il nous faut, partant, trouver en nous-mêmes notre salut. En ces temps fâcheux, notre ambition doit être de vivre et non de nous développer. Menacés que nous sommes de toutes parts par l'Iroquois sanguinaire, nous trouverons le salut dans l'union, dans l'union seulement. C'est assurément au préjudice de la colonie que nous vivrons séparés.

Scène 5: LES MÊMES, LAMBERT CLOSSE, LES AMBASSADEURS TAOUICHKARON ET ANDIOURA.

LAMBERT CLOSSE

Monsieur de Maisonneuve, une ambassade des tribus du haut de l'Ottawa vient de toucher à notre rivage. À sa demande, je vous en amène le chef, Taouichkaron, et son cousin Andioura.

MAISONNEUVE

Merci, Closse, de ton bon office; et que veulent-ils?

LAMBERT CLOSSE

Taouichkaron va s'expliquer lui-même.

TAOUICHKARON *entre sur un signe de Closse*

Nous sommes les ambassadeurs des tribus du haut Outaouais: Mataouach, Onontchate, Chépirinik et Archongouets. Nos tribus ont reconnu la divinité de la Prière. Leurs capitaines traversaient le lac Népissing. Le huron chrétien Barnabé Otsino les accompagnait. Ils étaient au milieu du lac. La tempête se déchaîne. Le ciel s'embrase d'éclairs et mugit du tonnerre retentissant; les eaux se soulèvent sous la poussée des vents. Les capitaines invoquent leur manitou, Lannaoa, qui a sa demeure au fond du lac. Ils jettent en son honneur, dans l'écume des flots, une tête de caribou, du maïs rôti et une tige sèche de pétun. «Courage, mes camarades, dit le Chrétien Barnabé; si, dans notre détresse, vous en appelez à votre démon, nous aurons bientôt vécu». — «Malheureux railleur, lui disent nos chefs, ose donc invoquer ton Dieu et s'il nous délivre de la mort, nous reconnaîtrons son pouvoir». À ce moment, la tempête redoublait ses fureurs, et les lumières fulgurantes et les tonnerres roulants et les eaux creusées en précipice multipliaient autour de nous les images de la mort. Nos capitaines épuisés étaient au désespoir. Barnabé s'agenouilla; sa prière confiante et sereine monta dans l'ouragan hurlant: «Grand Dieu des visages pâles, notre Dieu à nous aussi, enfants des bois qui vous méconnaissons, Dieu puissant et unique qui êtes obéi des tempêtes, ayez pitié de nous, vos chétives créatures!» À l'instant, la furie des vents tomba, comme tombe tout de suite l'outarde dont la flèche a cassé l'aile. Il se fit un grand calme et les canots furent poussés, on ne sait comment, au rivage.

ANDIOURA

Tout cela est ainsi arrivé. Et quand les capitaines racontèrent aux tribus ce prodige: «Ao! Ao! crièrent les guerriers, nous méprisons désormais notre manitou et nous apprendrons la Prière des visages pâles».

MONTMAGNY

Et vous êtes en route pour Québec? Le chrétien Barnabé Otsino, sans doute, vous a fait connaître combien Ononthio était bon pour les enfants des bois; avec quelle amitié il les accueillait.

ANDIOURA

En effet, et nous allions descendre à Québec pour nouer société avec les blancs, quand une nouvelle funeste vint troubler nos conseils et en suspendre l'exécution. Les Iroquois, disait-on, infestaient le grand fleuve avec des pensées de sang et y faisaient d'affreux carnages.

MONTMAGNY

Il ne faut point craindre ces antiques ennemis. Nous les écraserons dans un commun effort. Ensemble

nous marcherons contre eux ; ensemble nous prévau-
drons.

TAOUICHKARON

Nos cabanes sont dressées trop loin de Québec.
Comment pourrons-nous entendre la voix guerrière
d'Ononthio ? Comment saurons-nous que l'heure est
venue de l'appuyer s'il frappe l'Iroquois, ou de le
secourir s'il tombe dans l'embuscade ? Allumons plutôt
deux grands feux de guerre, l'un ici à Montréal, l'autre
au rocher de Québec. Accourant pour les éteindre, les
Iroquois se diviseront et nous leur ferons un bien mauvais parti.

MONTMAGNY

Unissons-nous, nous-mêmes. Vous savez que nous
souhaitons vous rendre heureux. Venez vivre avec
nous, à l'abri du canon de Québec.

TAOUICHKARON

Nous ne quitterons pas le grand lit de mousse et
de gazon où dorment nos ancêtres.

MONTMAGNY

Nous avons fondé pour vous un hameau indien.
Là vous aurez un toit pour abriter le berceau de vos
enfants ; un sol cultivé dont la fécondité couvrira les
nattes du festin de bonnes viandes et de bons pains ;
enfin une chapelle où le Maître de la vie, présent et propice, écoutera vos prières. Vous vivrez tout comme
nous, heureux comme nous.

TAOUICHKARON

Là-bas est la terre où nous sommes nés. Quand
nous plierons les claies du wigwam et que nous roule-
rons les nattes du conseil, aurons-nous le courage de
regarder pour la dernière fois l'arbre, le ruisseau, l'âtre

familiers à nos jeunes ans? Là-bas est la terre où nos aïeux sont ensevelis. Dirons-nous aux ossements de nos pères: «Levez-vous et venez avec nous dans une terre étrangère»? Non, jamais nous n'irons vivre à Sillery. Si Ononthio de Villemarie ne veut pas nous aimer ni nous faire prier, nous retournerons dans la paix et l'obscurité de nos lacs et nous garderons nos manitous.

MAISONNEUVE

Vous serez nos frères, nos enfants, tout comme les Algonquins, tout comme les Hurons. Les Robes Noires vous enseigneront la prière comme à nous et nous ne ferons qu'une société.

TAOUICHKARON

Quelle voix agréable ai-je entendue! Elle me plaît comme les grands murmures de nos lacs, quand leurs eaux, dégagées enfin des glaces de l'hiver, déferlent au rivage; elle m'enchante comme le gazouillis des oiseaux revenus de l'exil avec le tiède printemps, quand ils cachent sous la feuillée des bois leurs nids et leurs amours jaseurs; elle me charme comme nos forêts, décorées de leur feuillage reverdi, comme les fleurs des champs fraîches écloses exhalant au matin parmi la rosée leurs parfums odorants. Ainsi me plaît et m'enivre la voix d'Ononthio de Villemarie.

(Remise des colliers: Taouichkaron prend successivement les colliers au bras d'Andioura et, tenant par un bout le collier qu'il présente et Maisonneuve tenant l'autre bout, il dit au premier:)

Voici un collier de wampuns: par ce collier nous déclarons vouloir faire avec vous la même prière. *(Au deuxième.)* Voici un collier de wampuns: par ce collier nous déclarons vouloir faire avec les visages pâles un seul peuple et n'avoir avec eux qu'une cabane et qu'un feu. *(Au troisième.)* Voici un collier de wampuns: par ce collier nous déclarons mettre entre tes mains le calumet de la paix et la hache de la guerre. Nos bras sont enchaînés les uns aux autres par un lien d'amour ; quiconque le voudra rompre sera notre ennemi commun.

MAISONNEUVE

Nous acceptons avec bonheur ces colliers de vos tribus. Nous les garderons avec diligence et nous en dirons la fidèle histoire à nos enfants. Nous formerons un seul peuple ; nous aurons les mêmes amis, les mêmes ennemis, la même prière, le même Dieu. Vive Dieu ! L'île de Mont-Royal était un lieu maudit. Toutes les tribus y passaient avec leurs manitous et leurs œuvres de sang. Désormais elle sera le lieu béni où les enfants des bois trouveront Jésus-Christ, notre maître à tous et notre premier Seigneur. Ici, autour de l'autel, Français et sauvages, nous célébrerons les mêmes solennités ; nous mangerons le même pain de vie, la même Eucharistie ; nous chanterons les mêmes hymnes au Créateur.

(Les ambassadeurs se retirent.)

Scène 6 : LES MÊMES *(la fin de la délibération).*

MAISONNEUVE, *à Montmagny*

Excellence, vous les avez entendus ? Les ambassadeurs outaouais nous demandent d'élever ici, à Mont-Royal, un centre de vie religieux et militaire. Leur alliance, leur foi est à ce prix. Non, il n'y a plus lieu de délibérer. La religion et le patriotisme nous prescrivent d'être résolus et constants, vous à fortifier Québec et moi à fonder Villemarie.

MONTMAGNY

Tout le long de notre entretien, Monseigneur, votre esprit religieux et votre âme chevaleresque vous ont inspiré de belles et fortes paroles. Mais souvent de nobles sentiments déçoivent les preux. Ah! croyez-moi, Monseigneur, il serait sage à vous de revenir à Québec.

MAISONNEUVE

Excellence, ma grande surprise et mon grand chagrin, c'est de rencontrer des oppositions d'où nous avions droit d'attendre de chaleureux encouragements. On nous parle appréhension et vains labeurs, quand on devrait parler foi, espérance et courage. *(Avec fermeté.)* Excellence, permettez à votre humble serviteur de vous dire son dernier mot. À toute entreprise d'homme on peut opposer allégations spécieuses: c'est le fait de la raison humaine, toujours hésitante en ses vues, toujours inquiète dans ses conseils. Mais je ne suis pas venu dans la Nouvelle-France pour délibérer; j'y suis envoyé pour fonder. Oui, les vues prophétiques de Monsieur Olier et de Monsieur de la Dauversière, le plan entier de la Compagnie de Montréal se réaliseront. Il y aura en Canada une ville fondée en l'honneur de la Reine du ciel, et ce foyer de propagation évangélique et de civilisation chrétienne portera le noble, grand et beau nom de Villemarie.

MONTMAGNY

Monseigneur, je dois céder à votre constance et à votre religion. J'aurais été heureux de vous ramener à Québec. Dieu me refuse cette joie; que son saint Nom soit béni! Je m'en retourne tout à l'heure, mais j'emporte en mon cœur l'admiration de votre personne. *(Avec solennité.)* Rester ici, dans les durs et obscurs labeurs d'une colonie à fonder, dans le délaissement et le dénuement des ressources humaines; vivre dans les longs abandons de l'oubli public et de l'exil, non, les âmes vulgaires ne sont pas capables de pareils dévouements! *(Revenant au naturel.)* Monseigneur, le roi ne vous oblige pas de rester ici; mais si ce séjour et ses âpres devoirs vous plaisent, il veut étendre sa puissante protection sur ce rare héroïsme. Voici une lettre...

ROBERT, *à part*

Quoi! c'est fini? Montmagny cède et il n'a pas dit un mot des intérêts des Cent-Associés.

MONTMAGNY, *après avoir retiré la lettre*

Le roi confirme les privilèges accordés à Villemarie et consacre de sa royale volonté vos pouvoirs de gouverneur de Mont-Royal.

ROBERT

Messeigneurs, permettez. J'écoutais, ravi, les magnanimes discours de Monsieur de Maisonneuve. Cette brûlante effusion d'un grand cœur qui ne sait hésiter ni douter devant l'impossible entreprise, qui même s'exalte devant l'obstacle insurmontable, me remplit d'admiration et aussi de stupéfaction. Oh! que la rencontre d'un grand homme édifie nos âmes médiocres! Que ne puis-je joindre mes vœux et mon bon vouloir aux sacrifices et aux vœux d'un si grand Français! Mais une autre condition impose d'autres devoirs et d'autres devoirs inspirent d'autres discours. Permettez donc, Messeigneurs, que la société des Cent-Associés, dont je représente ici les intérêts, se fasse entendre. Elle a des devoirs à remplir et, si l'on respecte ses privilèges, elle ne faillira pas à ses obligations. Or l'établissement de Villemarie préjudiciera à son commerce, au commerce des pelleteries.

MAISONNEUVE, *d'un ton bref*

Monsieur de Maupertal, la Compagnie des Cent-Associés est bien disposée à notre endroit. Mais elle n'est, hélas! qu'un nom officiel, qui couvre les agissements mercenaires d'un conseil, d'un syndicat traître à ses devoirs.

ROBERT, *vivement*

Ce discours m'outrage !

MAISONNEUVE

Pardonnez, Monsieur de Maupertal. Je ne voudrais pas offenser un compatriote qui me marque, en termes flatteurs comme vous faites, ses ardentes sympathies. La forfaiture que je flétris n'est pas votre fait. Votre âme est sincère, sans doute, mais abusée. Mon discours s'adresse à d'autres qu'à Monsieur de Maupertal. Les sieurs Cheffault et de Rosée, puisqu'il me faut les nommer, conduisent tout, ici, et c'est notre grand chagrin. Le Canada est tombé sous la main d'avides exploiteurs ; on dirait que la Nouvelle-France leur a été donnée en proie. Monsieur, je dis tout haut ce que d'autres Français distingués pensent et déplorent dans le secret. Qu'on ne parle point ici des intérêts mesquins des spéculateurs, des hobereaux de Dieppe et de Rouen.

ROBERT, *irrité, mais contenu*

J'attendais de vous un langage...

MONTMAGNY, *interrompant Robert et de la main lui imposant silence*

S'il vous plaît. (*À Maisonneuve.*) Ne contristez pas Monsieur de Maupertal.

(*Montmagny, Maisonneuve et l'aide de camp de M. de Montmagny sortent.*)

ROBERT, *seul, tourné du côté où ils sont disparus*

Il me refuse le droit de parler. Il répond à mes raisons par une fin de non-recevoir, et Montmagny l'appuie de sa muette approbation ! «Mon discours s'adresse à d'autres» : il n'a pas le courage de ses paroles. Qui donc est ici offensé ? (*Sur le devant de la scè-*

ne.) Moi, moi tout le premier. Oui, avec un mépris mal dissimulé, il m'insulte et me rebute. Hé bien! tant pis pour toi, grand homme! Crois-tu que Robert de Maupertal ait l'âme vulgaire d'un valet, faite pour l'opprobre? Tu te trompes, Maisonneuve. Le roi, avec ses lettres et ses emphases, ne lui sauvera pas la vie. La parole royale est belle, mais elle n'est pas un bouclier contre l'Iroquois; la volonté royale ne lui donnera pas le salut dans la fatale embuscade qui se prépare.

(Acte I, scènes 3 à 6, pp. 14 à 28.)

B.   L'Acadie

Texte 3

Le Jeune Latour

Tragédie en trois actes et en vers d'Antoine Gérin-Lajoie *(1844), Montréal, Valois, 1893, 50 p.*

Antoine GÉRIN-LAJOIE naquit à Yamachiche, le 4 août 1824. Après ses études au Séminaire de Nicolet, où il écrivit sa tragédie *Le Jeune Latour* (1844), il fit des études de droit à Montréal. Il collabora à *La Minerve*, à titre de correcteur d'épreuves et de rédacteur. À partir de 1845, il fut tour à tour secrétaire de la Société Saint-Jean-Baptiste, président de l'Institut Canadien, traducteur à l'Assemblée Législative et adjoint du bibliothécaire du Parlement. En 1861, il fut co-fondateur des *Soirées canadiennes*. Il fonda aussi *Le Foyer canadien*, où il publia ses romans de mœurs: *Jean Rivard, le défricheur* (1862) et *Jean Rivard, économiste* (1864). Il mourut à Ottawa, le 7 août 1882.

53

Le père de Roger Latour est revenu d'Angleterre, où il vient d'épouser en secondes noces une dame d'honneur de la reine. On lui a donné deux vaisseaux et des soldats anglais, avec mission de combattre pour gagner à l'Albion Cap-de-Sable, seul territoire encore français de l'Acadie. Or le jeune Latour, demeuré patriote, défend jalousement ce coin de terre. Le père a vainement tenté de gagner son fils à la cause anglaise, le comblant de belles promesses. Fort du respect et de la tendresse filiale de Roger, il s'était cru sûr de le convaincre. Mais ruses et arguments n'ont pu faire fléchir le jeune commandant, fidèle à la France et à son roi.

Scène 8: LE PÈRE, ROGER, RICHARD, GARAKONTHIÉ, WAMPUN.

ROGER

                    Voici le chef des Iroquois,
C'est cet homme fameux, dont le nom, les exploits,
L'adresse, la valeur, la fine politique
Sont aujourd'hui connus dans toute l'Amérique:
C'est Garakonthié. Dans mille occasions
Il ramènera la paix au sein des nations.
Par sa dextérité, par son adroit génie,
Mon père, voulez-vous qu'il nous réconcilie?
Wampun, ce vieux guerrier, ce héros de nos bois,
Seconde aussi mes vœux.

WAMPUN

                    Amis, plus de cent fois
Ma cabane m'a vu revenir des batailles,
Et de mille ennemis j'ai fait les funérailles.

GARAKONTHIÉ

Moi, le sang autrefois rougit mon tomahawk:
Mais la main de la paix l'a jeté dans le lac.

LE PÈRE

Mais ces héros, mon fils, si leur justice est pure,
Ont-ils permis jamais d'outrager la nature?

ROGER

Non, mon père, jamais : leurs parents sont toujours
Après le sol natal leurs plus chères amours.
Ils aiment tendrement l'auteur de leur naissance.

RICHARD

Roger...

ROGER

        Cher précepteur, oh ! ma reconnaissance
Ne saurait oublier quels furent vos bienfaits.
Votre mémoire en moi ne périra jamais
Jusqu'à mon dernier jour, dans le fond de mon âme,
Elle sera, Richard, gravée en traits de flamme.
Vous m'avez inspiré, dès mes plus jeunes ans,
L'amour de mon pays, l'amour de mes parents,
Ce trésor des bons cœurs, cette vertu céleste.
Si j'ai quelque équité, si mon âme déteste
Le sacrilège impie et son discours trompeur :
Si mon œil effrayé ne voit qu'avec horreur
Le fourbe, l'homme injuste, et ces âmes flétries
Qui trament en secret les noires perfidies ;
Enfin si j'ai gagné l'estime de mon roi,
C'est à vous, cher mentor, à vous que je le dois.

RICHARD

Je vous aime, Roger, et je vous le confesse :
Mais je suis cependant accablé de tristesse.
En savez-vous la cause ?... O cruelle douleur...
J'ai su que l'on avait perverti votre cœur...
Que ce cœur, autrefois et si noble et si tendre,
S'est changé, tout à coup, et ne veut plus se rendre
Aux désirs empressés de l'auteur de vos jours ;
Et que malgré ses pleurs vous persistez toujours
À ne lui point céder ce que son droit de père
Vous ravira bientôt dans sa juste colère.

ROGER

Si mon père consent à me laisser parler,
Je pourrai vous répondre avant de m'en aller.

LE PÈRE

Ô Roger, voudrais-tu renouveler ma peine?
Chers amis, néanmoins s'il faut que je vous gêne,
Parlez: peut-être aussi que de cet entretien
Dieu fera par bonheur résulter quelque bien...

GARAKONTHIÉ

Roger, prends garde à toi: le grand roi de la terre
Sur les enfants ingrats fait gronder le tonnerre.

ROGER

Ô mes amis! cessez d'aggraver mes tourments,
Soyez plutôt témoins de tous mes sentiments.
Sachez qu'il m'est cruel de ne pouvoir encore
Contenter le désir d'un homme que j'honore.
Mon père me connaît; il n'en saurait douter,
Je le chéris autant qu'avant de le quitter.
Il connaissait alors quelle était ma tendresse;
Aujourd'hui, pourquoi donc m'accuser de bassesse?
Mais n'importe, mon cœur le chérira toujours,
Et quand même il faudrait, pour conserver ses jours,
D'un zèle trop ardent risquer d'être victime,
J'affronterais les feux, je braverais l'abîme;
Plein de crainte et d'amour, ne sachant résister,
Pour le sauver, partout on me verrait jeter.
Oui, si je vous voyais terrassé par la rage
D'un animal féroce ou d'un monstre sauvage,
Pour apaiser sa faim et conserver vos ans,
J'irais m'offrir moi-même à ses cruelles dents.
Enfin, demandez-moi tout ce qui se peut faire
Sans altérer les traits d'un noble caractère,
Parlez, je vous le jure à la face des cieux,
Mon père, en l'accordant, je serai trop heureux.

RICHARD

Mais l'amour filial peut-il avoir un terme?

ROGER

Oui, certes, je le pense, et je dois rester ferme,
Si pour plaire à l'objet de mon affection
Je ne suis qu'un ingrat envers ma nation;
S'il faut perdre ma gloire, à tant de frais acquise,
Exposer le succès d'une noble entreprise,
Trahir une patrie et ne la plus revoir,
Enfin, s'il faut manquer au plus sacré devoir.

LE PÈRE

Roger, tu vas trop loin; ce coin de l'Acadie,
Ce terroir hérissé, ce sol de barbarie
Que la France naguère a commis à ton bras,
Voilà ce que je veux: ne me rebute pas.
J'ai soigné ton enfance, et pendant vingt années
Mes soins te préparaient d'heureuses destinées.
Ô gage si chéri de mon premier amour,
Quand j'ai perdu ce sein qui t'a donné le jour,
Ah! oui, je m'en souviens, quand ta mère expirante
Me pressa sur son cœur de sa main défaillante,
Et voulut m'embrasser pour la dernière fois,
Elle pleura longtemps, et sa mourante voix
Proféra pour adieu cette seule parole:
Mon cher époux, je meurs... que Roger te console...
Ô Roger... ô mon fils... regarde vers les cieux!
Ta mère y prie encor, rends-toi donc à mes vœux,
Toi qui dois m'adoucir les peines de ce monde...

ROGER

Ah! cessez, ma douleur est déjà trop profonde.
Ne pleurez plus: Pourquoi chercher à m'attendrir?
Je vous chéris encore et je veux vous chérir,
Et je ferai pour vous tout ce qu'on peut attendre
De l'ami le plus cher, et du fils le plus tendre.

Que voulez-vous de plus? pour avoir votre amour
Faudra-t-il mériter de ne plus voir le jour?

GARAKONTHIÉ

Ton cœur est un grand cœur, et tu n'es pas un traître.

RICHARD

Songez du moins, Roger, que votre père est maître.

LE PÈRE

Pense aux maux effrayants qui vont fondre sur toi;
Pense au bien que tu peux t'acquérir près de moi.

ROGER

Vainement voudra-t-on me déclarer la guerre,
En vain l'on m'offrirait le reste de la terre,
Non, tant que je vivrai, ce fort et ce pays
Seront soumis, mon père, aux armes de Louis.

LE PÈRE

Où prends-tu, fils ingrat, une telle insolence?
Tu veux, je le vois bien, provoquer ma vengeance,
Tu voudrais m'irriter; cruel, ne sais-tu pas
Que mes vaisseaux au port sont remplis de soldats?

RICHARD

Réfléchissez, Roger... s'il faut que votre père
Fasse aux plus doux transports succéder la colère...
Mais non, songez plutôt, songez à son amour...
Peut-être il va demain vous quitter sans retour.
Ne vous abusez pas; vous lui devez la vie,
Lui refuseriez-vous ce coin de l'Acadie?
Mais il est temps, je crois, de prendre du repos.
La nuit qui des humains fait oublier les maux,
La nuit sur l'univers étend son noir empire;
Allons, reposons-nous, et que Dieu vous inspire

De pieux sentiments pendant votre sommeil,
Et faites-nous en part après votre réveil.

(Acte I, scène 8, pp. 17 à 21.)

Texte 4

Amador de Latour

*Drame en trois actes et en vers d'*Arthur Geoffrion, *Montréal, Beauchemin, 1900, 106 p.*

Arthur GEOFFRION naquit à Montréal, le 1ᵉʳ septembre 1873. Il fit ses études classiques au Séminaire de Sainte-Thérèse et celles de droit à l'Université Laval de Montréal. Brillant avocat, il fut envoyé en 1907 comme agent officiel d'immigration à Paris. À son retour, en 1909, il devint greffier au Parlement de Québec. En 1930, il entra à la Fraternité sacerdotale et fut ordonné prêtre le 7 octobre 1934. Il œuvra par la suite comme prédicateur. Outre son drame *Amador de Latour* (1900) et sa comédie *Pour la mairie* (1902), il publia quelques poésies dans *Les Annales térésiennes* et *La Revue du Pianiste*. Il écrivit en outre une dizaine de drames religieux et un grand nombre de poèmes touchant la spiritualité. Il mourut à la Pointe-du-Lac, le 6 janvier 1959.

Amador de Latour, jeune commandant français au fort du Cap-de-Sable, vient de repousser une attaque anglaise menée par nul autre que son propre père, vendu à l'ennemi. Un second traître, Le Dunois, a donné ordre à Griffart, un complice, d'assassiner Amador; puis, déjouant lui-même son propre complot, il a fait mine de sauver temporairement le jeune commandant. Craignant tout de même la dénonciation de Griffart, Le Dunois vient de poignarder ce dernier et de le jeter à la mer. Un chef indien, Le Renard, a tout aperçu sans se faire voir et a tout raconté à Dubosq, vieux serviteur fidèle, qui décide d'intervenir.

Scène 8: DE LATOUR, LE DUNOIS, DUBOSQ.

DE LATOUR

C'est vous, mon bon Dubosq, vous tombez à merveille.

LE DUNOIS, *à la cantonade*

Le vieil oison !

(*Gracieusement à Dubosq, en s'inclinant.*)

Mentor !

DUBOSQ

Depuis hier, je surveille...

LE DUNOIS, *riant*

L'Anglais ?... il s'est enfui...

DE LATOUR

Je voudrais votre avis.
Que faire de Griffart ?... Nous sommes indécis.
Devrais-je au loin chasser ce soldat inutile,
Pervers ?

LE DUNOIS

Un spadassin ! Je broierais ce reptile.

DUBOSQ

Amador, vous croyez conjurer le danger
En éloignant Griffart ; je vous dois protéger :
Griffart fut un agent, je connais son complice...

DE LATOUR

Un complice, Dubosq !...

DUBOSQ

J'en ai le sûr indice,
Une tête ordonnait, dans l'ombre machinant.

LE DUNOIS, *à la cantonade*

De l'audace !

(Naturel.)

Un complice, encor un vil manant !
Qu'il s'approche !

DUBOSQ

Griffart n'est pas le plus coupable.

LE DUNOIS, *à la cantonade*

Quelles preuves a-t-il ?

(Naturel.)

Et vous êtes capable
De nous livrer le nom de ce conspirateur ?
Aux coquins il est temps d'inspirer la terreur.

DUBOSQ, *le regardant fixement*

Je suis du même avis.

DE LATOUR

Et moi de ce mystère
Je veux la vérité, sans voiles et sincère.
Dubosq, vous accusez...

DUBOSQ, *faisant un pas sur Le Dunois*
qui recule sous le feu des regards de Dubosq

J'accuse Le Dunois...
D'être un assassin !

LE DUNOIS

Moi ?

DE LATOUR

Lui ?

DUBOSQ

Vous, bandit, deux fois
Nous vous avons surpris !

LE DUNOIS

Erreur, mensonge infâme !

DUBOSQ

Oh ! sur mes cheveux blancs, devant Dieu, sur mon
[âme,
Je dis vrai.

DE LATOUR, *étonné*

Vous errez.

LE DUNOIS

Vous paieriez cet affront,
N'étaient ces cheveux blancs qui vous ornent le front.

DE LATOUR

Vos soupçons, cher Dubosq, ne sont-ils pas futiles ?

DUBOSQ

J'ai les preuves en main.

LE DUNOIS

Radotages séniles !
Ces preuves ?...

DUBOSQ

À l'instant.

(Il tire un coup de sifflet : Galaise paraît.)

Scène 9 : DE LATOUR, LE DUNOIS,
GALAISE, DUBOSQ.

DE LATOUR

Faites venir Griffart.

DUBOSQ

Griffart...

(Il regarde fixement Le Dunois.)

Il s'est enfui par-dessus le rempart.

DE LATOUR

Où ?

DUBOSQ, *désignant Le Dunois*

Cet homme le sait.

LE DUNOIS

Mensonge !

DUBOSQ

Pourquoi feindre ?

Aujourd'hui, Le Dunois, je puis enfin t'atteindre.

LE DUNOIS, *dédaigneux*

J'attends !

(Dubosq dit un mot à Galaise qui disparaît.)

Scène 10: DE LATOUR, LE DUNOIS, DUBOSQ.

DE LATOUR

      Ainsi, Griffart emporte son secret ;
Nous restons sans savoir quel complice il aurait.

LE DUNOIS

Ce vieillard a rêvé, sa parole m'outrage.

DE LATOUR

Dubosq, que signifie un semblable langage ?
Sans preuves, vous blessez cet homme, un fier soldat ;
Il a sauvé mes jours ; finissons ce débat.
Vous l'accusez, prouvez !

LE DUNOIS

      Gratuite flétrissure !

DUBOSQ

Oui, j'accuse cet homme et je suis en mesure
De prouver l'attentat de ce vil spadassin.

LE DUNOIS

Vos preuves ?...

DUBOSQ

      Les voici :

*(À cet instant Griffart, les habits déchirés, la fi-
gure en sang, entre, soutenu par le Renard: à
pas saccadés il se dirige sur Le Dunois qui recule
et pâlit. Galaise entre avec deux soldats.)*

Scène 11: LES MÊMES, plus GRIFFART
et le RENARD.

LE DUNOIS, *en apercevant son complice,*
s'écrie effaré:

Lui, Griffart!

GRIFFART

Assassin!

LE DUNOIS

Les morts reviennent donc...

GRIFFART, *parlant d'un ton saccadé*

Sur le seuil de ma tombe
Où je descends bientôt, une tâche m'incombe:
Réparer en entier le mal que j'ai commis.
En me précipitant dans ces fosses profondes,
Le Dunois, tu croyais les noyer sous les ondes,
Mais il existe un Dieu: le Renard qui veillait
M'a sauvé du trépas pour clamer ton forfait
Et démasquer enfin ton hideux artifice.

LE DUNOIS

Infâme scélérat, de quel noir maléfice
M'accuses-tu?... Ma main sauvait le commandant.

GRIFFART

Et cette même main m'avait payé comptant
Pour le frapper.

LE DUNOIS

Tu mens!

GRIFFART

                              Assez de comédie !
Confesse, Le Dunois, ta noire perfidie.

LE DUNOIS

Je ne te connais pas.

GRIFFART, *tirant un papier*

                         Et ce papier, bandit,
Que tu m'as quémandé ? Lisez…

    (Il passe le papier à de Latour.)

LE DUNOIS *s'élance pour arracher le papier*

                              Papier maudit !
Vous ne le verrez pas !

LE RENARD, *s'élançant entre de Latour
        et Le Dunois*

                              Si le reptile avance,
Je lui brise les dents !

    (Deux soldats s'emparent de Le Dunois.)

DUBOSQ

                    Votre mâle assurance…
Vous quitte, mon ami.

LE DUNOIS

                    Malheur à toi, vieillard !

DE LATOUR, *courroucé*

Enfin la vérité m'apparaît sur le tard.
Aveugle que j'étais !… cet écrit vous accuse
Et me dévoile enfin la scélérate ruse.
En ces murs, tu jetais le venin du poison,

Dans les ombres tramant ta lâche trahison.
Tu paieras par la mort ta noire perfidie.

LE RENARD

Mort au chien!

DE LATOUR

Sous mes yeux, jouant la comédie,
Tu te fis applaudir pour un brave guerrier.
Je te pressais la main, la main d'un meurtrier.
Trafiquant! Tu vendais tes frères de bataille,
Pour recueillir demain l'or anglais.

DUBOSQ

Valetaille!

DE LATOUR

Tu tramais notre perte et, ton plan écroulé,
Tu poignardes Griffart pour n'être dévoilé;
Et tu venais ramper comme un fauve reptile,
Prêt à mordre la main qui te donnait asile.

(Désignant Dubosq.)

Tu bavais sur cet homme, un cœur noble et sans peur,

(Désignant Griffart.)

Tu frappais ta victime. À genoux, vil trompeur!

LE DUNOIS

M'agenouiller, jamais! ah! je n'ai repentance.
Je puis rester debout pour savoir ma sentence.
Je te hais, de Latour, sois content! j'ai perdu...
Tu riras sur mon corps au gibet suspendu,
Mais avant de mourir, je veux te broyer l'âme,
Y faire entrer mon fiel.

DE LATOUR

Que veux-tu donc, infâme?

LE DUNOIS

Me rire de tes pleurs et tomber satisfait.
Un tiers — tu le connais — me payait mon forfait.

DE LATOUR

Tu chercherais en vain à disculper tes crimes,
À vouloir impliquer de nouvelles victimes.

LE DUNOIS

Payé rubis sur l'ongle, écoute... on me comptait
Ton fort, tes pouvoirs si Griffart t'exécutait...
Parle, assassin, dis-nous le quantum de la vente:
Deux mille francs, quel prix!...

DUBOSQ

Judas!

DE LATOUR

Cet homme invente.

LE DUNOIS

Sais-tu qui m'employait?... l'homme porte fleuron,
Il te touche de près, c'est un noble baron!...

DE LATOUR

Grands dieux, se pourrait-il?...

LE DUNOIS

Tu perces le mystère:
L'auteur premier du coup...

DE LATOUR, *le désignant*

C'est toi, toi!

LE DUNOIS, *ricanant*

C'est ton père !

DE LATOUR

Tu mens !

Scène 12: LES MÊMES, plus
CLAUDE DE LATOUR.

DE LATOUR père *entre ; démarche lente ;*
d'une voix grave :

Il ne ment pas, le coupable, c'est moi !

(Acte III, scènes 8 à 12, pp. 87 à 97.)

69

II
LA CONQUÊTE

A. Les événements

Texte 5

Les Anciens Canadiens

Drame en trois actes de Camille Caisse, *en collaboration avec* Arcade Laporte *(1864), tiré du roman du même nom de Philippe Aubert de Gaspé, Montréal, Beauchemin, 1894, 50 p.*

L'abbé Joseph-Camille CAISSE naquit à Saint-Paul-de Joliette, le 14 juillet 1841. Il fit ses études au Collège de L'Assomption et au Grand Séminaire de Montréal, où il fut ordonné prêtre le 17 décembre 1865. De 1865 à 1873, il fut professeur de philosophie et préfet des études au Collège de L'Assomption. En collaboration avec l'abbé Arcade Laporte, il écrivit et fit jouer par ses élèves une adaptation des *Anciens Canadiens* **de P.A. de Gaspé, sous le titre d'***Archibald Cameron of Locheil ou un épisode de la guerre de Sept Ans en Canada* **(1864). Une seconde édition en 1894 devait restituer à la pièce le titre original du roman. Au cours d'un séjour comme aumônier de la maison-mère des Sœurs des Saints-Noms de Jésus et de Marie, à Montréal, il rédigea l'histoire de** *L'Institut des Frères des Écoles chrétiennes* **(1883). Curé pendant plus de trente ans, il mourut à Marlboro, Mass., le 15 novembre 1915.**

*Jadis sauvé de la détresse par des Canadiens, un jeune offi-
cier écossais, Archibald Cameron, reparaît sur les bords du Saint-
Laurent, quinze ans plus tard, à la tête d'un des régiments chargés
d'anéantir la Nouvelles-France. Un terrible combat se livre dans
l'âme d'«Arché» (ainsi l'appelaient les Canadiens), partagée entre la
fidélité à sa patrie d'origine et la reconnaissance envers ses amis
français. Un officier supérieur, l'intraitable Montgomery, le surprend
dans ses réflexions.*

Scène 5: ARCHE, MONTGOMERY.

MONTGOMERY

Que faites-vous ici?

ARCHÉ, *se contenant*

J'ai laissé reposer mes soldats près d'une rivière
qui se trouve à quelques arpents. Je me proposais d'y
passer la nuit; en attendant le crépuscule, j'étais venu
revoir des lieux qui me rappellent des souvenirs.

MONTGOMERY

Il n'est pas encore tard. Vos soldats maintenant
reposés peuvent faire encore une longue marche; vous
irez camper près de cet endroit qu'on appelle les plaines
d'Abraham. Sur votre passage, vous mettrez le feu à
toutes les habitations françaises que vous rencontrerez.
D'ailleurs je vous suivrai à petite distance.

ARCHÉ

Mais faut-il incendier aussi les demeures de ceux
qui n'opposent aucune résistance? On dit qu'il ne reste
que des femmes, des vieillards et des enfants dans ces
habitations.

MONTGOMERY

Il me semble, lieutenant, que mes ordres sont bien clairs et précis. Vous mettrez le feu partout où vous passerez. Mais j'oubliais votre prédilection pour nos ennemis.

ARCHÉ, *se mordant les lèvres de rage,*
puis se contenant

Deux de ces demeures, ce groupe de bâtisses que vous voyez et un moulin sur la rivière où vous bivouaquez, appartiennent au seigneur d'Haberville, à celui qui, pendant mon exil, m'a reçu et traité comme son propre fils. Au nom de Dieu ! major, donnez vous-même l'ordre d'avancer.

MONTGOMERY

Je n'aurais jamais cru qu'un officier de Sa Majesté Britannique eût osé parler de sa trahison envers son souverain.

ARCHÉ, *se contenant à peine*

Vous oubliez, major, que je n'étais qu'un enfant ; mais encore une fois, au nom de ce que vous avez de plus cher au monde, donnez l'ordre vous-même et ne m'obligez pas de manquer à l'honneur, à la gratitude, en promenant la torche incendiaire sur les propriétés de ceux qui, dans mon infortune, m'ont comblé de biens.

MONTGOMERY, *en ricanant*

J'entends ; Monsieur se réserve une porte pour entrer en grâces avec ses amis, quand l'occasion s'en présentera (*Il sort.*).

Scène 6: ARCHÉ, *seul*

ARCHÉ, *il se promène quelque temps,
puis éclatant tout à coup*

Il était donc inspiré par l'enfer, ce prophète de malheur, lorsqu'il disait à Locheil: «Garde ta pitié pour toi-même, Arché, lorsque contraint d'exécuter un ordre barbare, tu déchireras avec tes ongles cette poitrine qui recouvre pourtant un cœur noble et généreux». Tu as bonne mémoire, Montgomery; tu n'as pas oublié les coups de plat de sabre que mon aïeul donna à ton grand-père dans une auberge d'Édimbourg; mais moi aussi j'ai la mémoire tenace et, tôt ou tard, je doublerai la dose sur tes épaules; car tu seras trop lâche pour me rencontrer face à face. Sois-tu maudit, toi et ta famille; puisses-tu, moins heureux que ceux que tu prives d'abri, ne pas avoir lorsque tu mourras une seule pierre pour reposer ta tête. Puissent toutes les furies de l'enfer... *(Se radoucissant.)* Quel contraste entre la cruauté de cet homme sanguinaire et la générosité de ces peuplades que nous traitons de barbares!!! *(Ici on entend les miliciens qui viennent en chantant: «Noble et belle patrie».)* Mais quels sont ces chants? *(Il écoute.).* Ah! je les reconnais, ce sont les chants de ces braves enfants du Canada, que j'aime à l'égal de mes compatriotes. *(Il écoute encore.)* Ils viennent par ici. Retire-toi, Archibald, tu n'es pas digne de paraître devant eux. *(Il sort par le côté opposé aux miliciens.)*

Scène 7: DE SAINT-LUC ET LES MILICIENS.

DE SAINT-LUC

Halte-là! soldats, reposons-nous un peu en attendant le capitaine d'Haberville.

JOSÉ

Il doit pas tarder à résoudre; car je l'ai vu tout à l'heure, puis il disait comme ça qu'il voulait plus se séparer de nous autres.

FONTAINE

Ouf! quelle longue marche! J'en suis tout harassé depuis les pieds jusqu'à la tête. Et pi qu'c'est bête comme tout de marcher avec ces grands fizils là; ça vous barre les jambes, puis ça vous fait baiser votre grand' mère ben plus souvent que vous y voudriez, allez.

DUBÉ

Ça viendra, mon brave, avec de l'exercice.

FONTAINE

L'exercice, l'exercice, j'en ai ben assez pris de l'exercice, depuis que j'ai quitté Saint-Jean-Port-Joli, ma paroisse.

JOSÉ

Tu es rien qu'au commencement, mon pauvre Fontaine; jusqu'ici tu as goûté que c'qui s'appelle les douceurs du camp. Mais j'espère que bientôt tu connaîtras à fond la vie d'un bon troupier. Mais... voici not' commandant. (*Tous à leur poste. On présente les armes à d'Haberville. De Saint-Luc donne le commandement: «Présentez armes! Déposez armes!»*)

Scène 8: LES PRÉCÉDENTS, JULES.

JULES

Mes amis, l'heure du combat est sonnée; quelques moments encore et l'Anglais connaîtra une fois de plus ce que peut la valeur du soldat canadien. Marchons au combat avec confiance. Que le nombre des ennemis ne nous effraie pas. Notre victoire n'en sera que plus belle. Et lorsque le devoir le commande, le soldat canadien ne compte pas le nombre. Il ne veut que la victoire ou la mort.

TOUS, *d'une voix forte*

Oui, la victoire ou la mort!

JULES

Amis, encore un moment et la trompette guerrière annoncera l'instant solennel du combat. Canadiens-français, souvenez-vous que vous êtes les fils des héros et des martyrs: combattez et mourez s'il le faut pour Dieu et la patrie...

TOUS

Mourons pour Dieu et la patrie!

(Acte II, scènes 5 à 8, pp. 32 à 36.)

Texte 6

L'Intendant Bigot

Opéra inédit de Joseph Marmette *(1872), tiré de son roman du même nom; manuscrit conservé aux archives du Séminaire de Québec, fonds Brodeur, polygraphie 229, n. 4-I.*

Joseph MARMETTE naquit à Saint-Thomas de Montmagny, le 25 octobre 1844. Il fit ses premières

76

études au Séminaire de Québec et son droit à l'Université Laval. Tout en exerçant la fonction de trésorier provincial (1867-1882), il collabora à des revues et des journaux, dont *L'Opinion publique* et *Le Monde illustré*. Il publia des romans historiques qu'il adapta pour la scène. Mentionnons *François de Bienville* (1870), *L'Intendant Bigot* (1871) et *Le Chevalier de Mornac* (1873). En 1884, après un séjour à Paris, il fut nommé directeur-adjoint des Archives du Canada. Deux ans plus tard, il fut délégué à l'Exposition des Indes et des Colonies, à Londres. Il mourut à Ottawa, le 7 mai 1895.

François Bigot, intendant de la Nouvelle-France, s'est enrichi honteusement aux dépens de la colonie. Malgré la famine qui règne dans la ville de Québec, il a invité ses complices à un grand bal, donné la nuit de Noël.

Scène 1: L'INTENDANT BIGOT, LE MAJOR PÉAN, MADAME PÉAN, INVITÉS, DOMESTIQUES.

BIGOT

Vous gagnez, cher major. Je joue cinquante mille francs ce que vous avez devant vous.

LE CHŒUR

Cinquante mille francs !

PÉAN

Accepté. *(Autre tournée de cartes.)*

BIGOT *souriant*

Vous avez gagné, cher major. Mon secrétaire vous paiera demain. *(Se levant.)* Ne disiez-vous pas tantôt que les bourgeois murmurent contre nous et se plaignent de ce que nous les pressurons?

PÉAN

Non seulement ils murmurent, mais ils crient famine et nous menacent.

BIGOT

Qu'importe, pourvu qu'ils payent! *(Il rit.)*

LE CHŒUR

(Éclats de rire.)

Scène 2: LES MÊMES, M. DE ROCHEBRUNE.

M. DE ROCHEBRUNE, *apparaissant drapé dans une vieille capote militaire usée jusqu'à la corde, une décoration sur la poitrine — la croix de Saint-Louis — et tenant par la main sa petite fille Berthe, pauvrement vêtue*

Oui, riez, Messieurs.

LE CHŒUR

Ô ciel!

M. DE ROCHEBRUNE

Allez, gaudissez-vous, valets infidèles, car le maître est loin et le peuple que vous pillez sans merci courbe la tête. Allons, plus de vergogne! Il fait si bon, n'est-ce pas, pour des roués de votre espèce, de faire des orgies alors que la famine règne sur la ville entiè-

re... Prenez garde pourtant, mes maîtres! car de l'escro-
querie à la trahison il n'y a qu'un pas à faire; et si le
voleur risque au moins sa réputation, le traître joue toujours sa tête... Écoutez!... L'ennemi s'avance... J'entends au loin le bruit de son avant-garde qui franchit la
frontière... Manquant de vivres et de munitions, nos
soldats, inférieurs en nombre, retraitent pour la première fois... L'Anglais les suit... il s'approche... il arrive... Les batailleurs rusés entourent nos murailles...
Bien qu'épuisés par la disette, par la lutte, nos soldats,
nos miliciens, nos paysans disputent avec acharnement
le sol de la patrie... La victoire va peut-être couronner
leurs héroïques efforts... Mais non! Des hommes éhon-
tés se sont dit: «Le moment est venu d'étouffer le
bruit causé par nos exactions sous le fracas de la chute
du pays. Entendons-nous avec l'Anglais...» Et, guidés
par un traître, je vois nos ennemis tant de fois vaincus
surprendre et écraser nos frères... Honte et malheur!
ce traître, c'est par vous qu'il sera soudoyé!

BIGOT

Tudieu! maraud, qui es-tu?

M. DE ROCHEBRUNE

Qui je suis? Écoutez. Vieux débris de mon régi-
ment, obligé de quitter le service, par suite de blessures
reçues dans la glorieuse bataille de la Monongahéla, je
n'avais plus, depuis un an, que ma demi-solde pour me
faire vivre avec ma pauvre enfant que voici. Insuffisante
déjà pour nous faire subsister tous deux, cette pension
ne m'a pas été payée depuis deux mois. Et quand je me
suis présenté chez cet homme *(il montre Péan)*, pour
lui représenter la cruauté d'une pareille injustice, ses
valets m'ont jeté à la porte. Et *(il chancelle mais se
redresse)* il y a quatre jours que je n'ai pas mangé...

Je gardais ma dernière bouchée de pain pour mon enfant. La pauvrette elle-même n'a rien pris de la journée. Nous mourons de froid et de faim.

LE CHŒUR, *exclamations de
pitié de la part des femmes*

M. DE ROCHEBRUNE, *se redressant*

Ah! puisse la malédiction d'un vieillard mourant et première victime de vos brigandages stigmatiser votre mémoire et, spectre funèbre, escorter votre agonie au voyage de l'éternité!

BIGOT

Par la mordieu, marauds *(Il s'adresse aux valets.)*, ne mettrez-vous pas ce fou furieux à la porte?

M. DE ROCHEBRUNE

Arrière, manants! *(Il fait quelques pas, chancelle et tombe. Berthe se jette sur le corps de son père en pleurant.)*

LE CHŒUR, *cris d'effroi des femmes*

Scène 3: LES MÊMES, LAVIGUEUR,
DOMESTIQUE DE BIGOT.

LAVIGUEUR, *se précipitant vers M. de Rochebrune,
se penche sur son cadavre, lui met la main
sur la poitrine et s'écrie*

Il est mort.

BIGOT

Tant mieux, il devenait gênant.

LAVIGUEUR, *se redressant et enlevant*
Berthe dans ses bras

Je ne suis pas riche, mais il ne sera pas dit que Jean Lavigueur, aura laissé mourir de faim une créature du bon Dieu. (*À Bigot.*) Monsieur, à partir de ce soir, je ne suis plus votre serviteur. Je m'en vais vivre avec les honnêtes gens. (*Il sort. Deux valets emportent M. de Rochebrune.*)

Scène 4: LES MÊMES, moins LAVIGUEUR.

SOURNOIS, *refermant la porte*

Au diable le vieux fou.

MADAME PÉAN, *à moitié pâmée et s'éventant*

Mon Dieu! je ne dormirai pas de la nuit, c'est bien sûr.

LE CHŒUR

Qui vit jamais pareille impudence?

BIGOT

Bah! ce n'est rien. Allons, mesdames, un peu de danse nous remettra. Violons, en avant!

(Acte I, scènes 1 à 4, pp. 1 à 4.)

81

Jacques Cartier ou Canada vengé

Drame en cinq actes de Joseph-Louis Archambault, *Montréal,*
Eusèbe Senécal, 1879, 39 p.

Joseph-Louis ARCHAMBAULT naquit à Sainte-Anne de Varennes (Verchères), le 19 juin 1849. Après avoir complété ses études au Collège de Saint-Hyacinthe et à l'Université Mc Gill, il fut reçu avocat en 1871. Il exerça le droit pendant plus de cinquante ans et fut Conseiller du Roi et Substitut du Procureur-Général. Tout au long de sa carrière juridique, il s'adonna au journalisme et à la politique. Il collabora à diverses revues et écrivit surtout sur des sujets politiques, comme *Étude politique* (1887) et *Mœurs judiciaires* (1897). Son drame *Jacques Cartier ou Canada vengé* remonte à 1879. À l'issue d'un stage de quinze années comme avocat en chef de la ville de Montréal (1898-1913), il fut promu bâtonnier du barreau de cette ville. Il mourut à Westmount, le 26 mai 1925.

À la cour de France, en 1760: le conseil des ministres s'est rassemblé autour de Louis XV, afin de tenir débat sur l'avenir du Canada.

Scène 1: le vicomte de JOLICŒUR, ministre des
travaux publics; le marquis Jean MOREAU,
ministre des affaires étrangères;
Francis de MONCY, courtisan du roi;
Georges BERNIS, ami de la Pompadour;
LOUIS XV.

JOLICŒUR

Messieurs, c'est réellement une affaire très grave à décider que celle qui nous est soumise. Depuis longtemps je cherche à sortir des embarras de la situation. Il me semble que la question est bien simple: devons-nous, dans l'intérêt du pays et lorsque notre gouvernement a tant d'obligations à rencontrer, continuer notre protection à cette terre éloignée du Canada qui a déjà coûté des sommes énormes au budget? Je crois pour ma part que le temps de la prudence est arrivé et il importe de connaître exactement quels sacrifices on attend encore de nous.

MOREAU

L'avenir de la France est intéressé au sort de ce jeune pays. Les résultats obtenus jusqu'ici sont peu de chose, il est vrai, en comparaison des efforts tentés par l'administration dans le but de développer la colonie. Cependant je dois avouer que la possession de ce territoire important est la clef de la civilisation européenne sur le continent américain. L'homme d'état doit avant tout étudier les avantages généraux qui résultent de l'application d'une politique ferme et définie... Qui sait si l'occupation de cette contrée lointaine n'aura pas une influence considérable sur les destinées de la France?

MONCY

La voilà, la belle affaire! Que diable venez-vous nous chanter, avec vos questions d'état? Allons donc!... Sommes-nous des enfants? Les revenus que vous avez engloutis là-bas nous auraient certes fait des rentes profitables ici. Pendant qu'on se déchire à l'étranger avec des antropophages, on ferait bien mieux de donner des amusements à la Cour pour distraire Sa Gracieuse Majesté des fatigues du pouvoir: ce serait beaucoup plus humain.

BERNIS

Et surtout plus galant! Je vous demande, mes amis, «que nous importe quelques arpents de neige» perdus dans l'immensité d'un pays sauvage?... Les cœurs y sont vite refroidis!... Et voyez donc: c'est un endroit où l'on vous arrache sans cérémonie la chevelure, pendant qu'ici au moins on peut en conserver pour ceux... qui n'en ont plus. N'est-ce pas que j'ai raison?

LOUIS XV

Voilà un noble langage et qui reproduit exactement la pensée de cette bonne marquise, Madame de Pompadour. J'en suis sûr, elle serait heureuse d'entendre répéter de si belles choses. Permettez-moi, monsieur, en son nom, de vous féliciter pour des paroles si humaines.

BERNIS

Majesté, je suis confus d'une telle faveur; mais croyez-moi, je saurai à l'instant reporter sur la gracieuse marquise toute la part qui lui revient de l'inappréciable avantage dont vous venez de me gratifier. Combien son cœur palpitera d'émotion en apprenant que toute la Cour s'incline devant l'ascendant souverain de ses charmes.

LOUIS XV, *à part*

Oui, et que mon autorité s'efface devant les désirs d'une femme...

MOREAU

Sire, le temps des décisions énergiques est arrivé. Au milieu des fumées du plaisir, votre cœur est assez grand pour montrer à la France le chemin de la gloire et de l'honneur. À d'autres, la tâche d'étouffer en elle l'amour et l'ambition des nobles conquêtes. Notre pays est fait pour le dévouement et l'héroïsme. Représentant du sang royal, c'est à vous qu'il appartient de donner l'exemple des vertus antiques qui furent l'apanage de votre race et l'héritage du peuple que vous gouvernez... Je vous en conjure, Majesté, songez au salut de la France et à la cause sacrée du Canada.

BERNIS, *se tournant avec moquerie*

Ah! les troubadours! toujours les mêmes avec leur refrain éternel de gloire et d'immortalité. Pauvres Don Quichotte! ils ne rêvent que châteaux, tourelles et madrigaux. Mais de la dame de leur pensée, point! Ah! je leur en souhaite, par-delà la Manche, au beau pays du Canada!...

(Un page entre, tenant à la main un pli cacheté adressé au roi. Ce dernier, après l'avoir examiné d'une manière distraite, le remet au ministre des affaires étrangères pour en faire lecture.)

MOREAU, *à haute voix*

«Monseigneur et mon maître. Parti il y a trois ans, sous les auspices d'un roi aimé de son pays, pour la terre lointaine du Canada, j'ai vu sa puissance briller au milieu d'un peuple soumis à son autorité. Enfant de la France, je n'avais qu'une ambition: rendre son nom glorieux sur la terre étrangère; qu'un seul désir: continuer l'œuvre d'agrandissement de mon ancêtre, Jacques Cartier d'illustre mémoire. Ai-je réalisé cette noble espérance? Sire, vous le savez comme moi, j'ai sacrifié ma patrie, j'ai tenté les périls de la mer pour aller porter bien loin sous d'autres cieux le souvenir de ce mot si cher au cœur français, celui de sa France bien aimée. Le sauvage qui habite ce continent éloigné ne connaît pas il est vrai notre civilisation, mais c'est un peuple fier et ami; avec une protection efficace nous verrons bientôt les naïfs enfants de la forêt s'asseoir au banquet de la vie intellectuelle et partager tous les honneurs d'une société policée. Au nom du vieil honneur français, sire, je vous en conjure, donnez une pensée à ce petit coin de terre, qui est assez vaste déjà pour conserver l'amour de son roi et à un de vos fidèles et dévoués sujets tendez une main généreuse, afin que le spectacle de votre paternelle sollicitude serve à proclamer les bienfaits de son autorité. Signé : Jean Canada, citoyen de Saint-Malo et arrière-neveu de Jacques Cartier. »

MONCY

Comment ? encore le vieil honneur français ! En voilà une belle ! Je voudrais bien savoir si l'honneur de mon pays peut se loger quelque part dans la cervelle d'un peau-rouge. Allons ! je suis d'avis, moi, qu'on laisse ces gens-là tranquilles chez eux... Quant à votre brave marin, l'arrière-neveu de Jacques Cartier, comme il s'intitule, si cela suffit à sa gloire, eh bien ! il peut boire sans cérémonie à la santé de la France dans le crâne du premier sauvage qu'il aura scalpé... Nous saurons bien lui rendre le salut d'ici.

BERNIS

Mille tonnerres ! il n'est pas difficile, ce petit malouin-là. Encore des secours. Et les provisions donc ? Je voudrais bien savoir ce qu'en dirait la Pompadour... Au fait, *(À voix basse.)* elle a brûlé tant de fois ses vaisseaux pendant sa vie qu'elle doit être parfaitement renseignée sur la navigation au long cours.

LOUIS XV

Mes chers ministres, de grâce, ne troublez donc pas le repos de cette bonne marquise. Parlons de choses sérieuses, car je veux en finir avec la glorieuse folie du navigateur de Saint-Malo. Je dois vous dire, messieurs, que j'ai songé à cette affaire longtemps. C'est une entreprise téméraire que l'établissement d'une colonie française sur la terre d'Amérique. Comment? après les sacrifices énormes et inutiles que mon gouvernement s'est imposés, on oserait encore me demander de grever le trésor public pour un résultat éphémère? Eh bien, non! *(Se levant avec colère.)* Je le jure en face de la France: sur l'honneur de ma couronne royale, je ne permettrai plus désormais à un de mes sujets d'aller traîner sur le sol inconnu le nom du pays que je gouverne. J'ordonne: qu'on m'amène ici l'auteur de la supplique que vous venez d'entendre. *(On fait entrer Jean Canada, les autres se retirent.)*

Scène 2: LOUIS XV, JEAN CANADA.

LOUIS XV

Monsieur, je viens de soumettre à mon honorable conseil la demande de secours que vous faites dans votre lettre afin de mettre à exécution le projet de colonisation du Canada commencé par votre ancêtre. En référant à des sources bien autorisées, ce conseil a été informé que votre conduite dans cette affaire était de nature à donner des inquiétudes au pays. Nous avons découvert l'organisation d'un vaste complot destiné à mettre en péril la constitution de l'État et la vie de plusieurs de mes loyaux sujets qui vous portaient ombrage. En conséquence, je vous donne avis que vous aurez à répondre de l'accusation portée contre vous et vous serez traité suivant toutes les rigueurs de la loi. La Cour est instruite de ce fait et, à l'instant même, vous aurez à vous justifier devant la commission royale chargée de s'enquérir de votre crime. *(Le roi se retire.)*

Scène 3: JEAN CANADA, *seul*

JEAN CANADA *se promène silencieusement,
puis s'arrête*

Suis-je le jouet d'un rêve? Moi dénoncé, moi
accusé d'un noir attentat aux libertés de la nation?...
Non, cela ne se peut pas. Et pourtant je l'ai entendu
prononcer, cet arrêt fatal qui va me livrer à la colère
de mes ennemis!... J'ai lu dans leurs yeux la condamnation de mon ingrate patrie... Ah! malheureux!... Qu'as-
tu donc fait pour mériter ce sort cruel?... Ils vont venir
dans l'instant, tes accusateurs, pour te confondre comme un vil criminel, et tu n'aurais rien à leur répondre?
Perfidie, lâche trahison!... Quoi? L'adieu suprême de
ma mère au moment du départ, les terreurs de l'océan
écumant de rage autour de mon frêle navire... les angoisses poignantes de l'exil... les amertumes de l'en-
nui... les privations de toutes sortes... oh! non, rien
de tout cela ne me sera compté dans cette infâme dénonciation dirigée contre mon honneur!... La vengeance, la haine brutale, la tyrannie jalouse auront
donc seules le droit de témoigner contre moi!... *(avec
colère)* Ah! arrière, bourreaux lâches et scélérats, insul-
teurs de ma patrie! Oui, arrière!... Elles ont été forgées
pour vous, ces chaînes meurtrières que le bras du salut
public va river à mes faibles mains. Et ces noirs ca-
chots où la persécution me précipitera dans l'instant,
c'est aussi pour vous qu'ils ont été creusés, afin d'y
cacher la honte et l'ignominie de vos forfaits... Venez
donc, je vous y convie; l'heure est arrivée pour vous
de prononcer entre la sentence suprême qui me voue à
l'affront, au déshonneur, et l'arrêt qui me réhabilite
et me venge de la complicité du crime... Choisissez...
(Jetant les yeux au ciel, il s'écrie après une pause:)
Mon Dieu! pardonnez à mon trouble et à la colère qui
m'aveugle. Envoyez-moi plutôt le courage qui éclaire

et me donne la force de repousser les complots de mes ennemis. Vous savez l'intention droite de ma pensée. Ah! veuillez faire triompher la sainte cause de la France dont j'ai été l'humble instrument. Protégez le souvenir de Jacques Cartier, mon noble devancier. Par les larmes de ma mère, au nom de tout ce que j'ai de plus cher sur le sol de la patrie, inspirez au roi l'amour des grandes choses et celui de la justice, afin qu'il écarte les conseils hypocrites des adulateurs. À vous aussi je pardonne, vous mes compatriotes qui avez détourné vos cœurs des nobles lois du devoir et de l'honneur... *(Il entend du bruit.)* Les voici qui approchent. Seigneur, ayez pitié de moi... *(Faisant quelques pas.)* Venez, je suis prêt pour la lutte suprême... J'abandonne sans rancune le sort de ma cause au jugement que la postérité va prononcer par vos lèvres!

Scène 4: LOUIS XV, JOLICŒUR, MONCY, BERNIS, MOREAU, JEAN CANADA.

JOLICŒUR, *président de la commission,*
à Jean Canada

Prisonnier, vous êtes dénoncé sous le nom de Jean Canada, navigateur, et vous êtes accusé devant votre roi d'avoir conspiré contre le salut de l'État et contre la vie de vos concitoyens. Qu'avez-vous à répondre maintenant à cette accusation?

JEAN CANADA, *se tournant du côté du roi*

Sire, devant mon Dieu, je déclare que je ne suis point coupable de l'offense dont on m'accuse. J'aime mon pays et toujours j'ai travaillé à faire respecter le nom français sur la rive étrangère. Je suis entre vos mains et j'en appelle à votre justice.

MONCY

La défense de cet homme me paraît bien faible. L'accusation est d'une extrême gravité et ce n'est pas en faisant appel à la clémence du tribunal que l'accusé peut espérer échapper à la rigueur des lois ; cette déclaration ne me suffit pas.

BERNIS

Évidemment c'est un traître et un imposteur. Il mérite condamnation.

MONCY

C'est un visionnaire ; cet homme conspire contre l'État et [le trône].

MOREAU

Majesté, il importe de discuter sans passion le cas qui nous est soumis. Comme membre de cette commission, mon premier devoir en face de la solennelle déclaration que vient de faire l'accusé est de dégager ma responsabilité du jugement que mes honorables collègues vont bientôt prononcer dans cette affaire. Cet homme, dit-on, est coupable du crime de lèse-majesté et d'avoir porté atteinte aux [lois du royaume]. Où est la preuve ? Et de quel droit nous, ministres de l'État, pouvons-nous le juger ? Je le veux bien, messieurs : pour venger l'honneur souillé de notre patrie, le sentiment de l'humanité doit fléchir et s'effacer ; mais pour perdre un homme innocent, ne craignez-vous pas de vous faire les complices de lâches assassins ? *(Un temps.)* Vous le voyez. Il est là devant nous sans défense, comptant sur la justice de ce tribunal. Vous avez l'accusé, où sont les dénonciateurs ? Oui, la question est fort simple : devons-nous écouter la voix d'un malheureux qui en appelle à son Dieu et à son roi, ou celle de la haine qui se cache et qui nous demande une

condamnation sans formules et sans motifs précis? Ah!
le crime de cet homme, il est bien connu. Seuls les ennemis du nom français sont impuissants à le découvrir.
Vous l'avez lu comme moi, n'est-ce pas, dans son regard calme et tranquille? Sous ces traits hâves et ridés,
une grande et noble pensée s'est longtemps reposée.
Pour servir son pays, il a fait cette suprême folie de
chercher une terre d'exil et de vivre séparé de toutes
jouissances. Il a eu l'humiliation: nous avons eu la
gloire. Il vient aujourd'hui encore demander pour la
France de nouveaux triomphes... et pour lui le droit
d'épuiser la coupe des vicissitudes et des humiliations
subies par son ancêtre. Que lui importe le sacrifice de
sa liberté, de sa fortune, quand la patrie est abaissée
et gémit dans les fers? Ah! messieurs, je l'affirme devant vous: c'en est trop. Pour de pareilles contra-
dictions il ne peut y avoir place sur le sol d'une grande nation. Quant à nous, si nous avons perdu en face
de nos ennemis irrités le pouvoir souverain de la justice, du moins avons-nous celui de la conscience en présence du devoir. Pour moi, quelle que soit votre décision et celle du pays, je le déclare hautement: cet homme n'est pas coupable et doit être acquitté.

MONCY

Il est coupable.

BERNIS

Sa conduite exige un châtiment exemplaire.

MONCY et BERNIS, *au président*
de la commission

Nous vous le livrons.

(*Acte II, scènes 1 à 4, pp. 17 à 26.*)

B. Les conséquences

Napoléon à Sainte-Hélène

Drame en un acte de Firmin Prud'homme, *Montréal, La Miner-ve, 1831, 16 p.*

Firmin PRUD'HOMME (*fl.* 1831-1848), comédien français en tournée au Canada, s'attacha à notre coin de pays et y séjourna quelque temps. Il fut membre du barreau de Montréal. Particulièrement sensible aux malheurs de la race canadienne-française, il écrivit et fit représenter en 1831 *Napoléon à Sainte-Hélène*, un arrangement de scènes historiques où l'Empereur est indirectement perçu comme l'image du Canada français d'après 1760, coupé de ses liens avec la mère-patrie. En 1843, il publia à Toulouse *Quelques mots sur la doctrine de Samuel Hahnemann suivis de deux observations du Docteur Prud'homme*. Plus tard, à Paris, parut sa *Première épître aux hommes de bonne volonté* (1848).

Prisonnier dans l'île Sainte-Hélène, Napoléon y fait la prome-nade, en compagnie du général Bertrand. Sur le point d'enjamber une certaine limite, les deux promeneurs voient surgir un factionnai-re qui croise la baïonnette.

Scène 4: NAPOLÉON, BERTRAND, UN SOLDAT.

LE SOLDAT

On ne passe pas.

BERTRAND

Comment, malheureux !

LE SOLDAT

Toutes les sentinelles ont l'ordre de faire feu si l'on dépasse cette enceinte. (*Le soldat se retire.*)

Scène 5: NAPOLÉON, BERTRAND.

BERTRAND

Ô comble d'ignominie... à quelle humiliation sommes-nous réduits!...

NAPOLÉON

Silence, Monsieur, respectons la consigne d'un soldat... Voyez, je suis calme, et c'est moi qu'on outrage... Je ne m'étais pas trompé, on me suit, on m'espionne.

BERTRAND

Permettez-moi, sire, d'aller trouver Hudson Lowe, et de lui témoigner toute l'indignation que m'inspire une aussi lâche injure!...

NAPOLÉON

Maréchal, parlez à cet homme, mais n'oubliez pas que c'est en mon nom... quant à moi, mon parti est pris; s'il persiste dans cet odieux système d'espionnage, je m'enferme dans Longwood, et je me condamne, dès ce jour, à une entière réclusion... Me renfermer dans l'espace de quelques toises, moi, qui parcourais à cheval toute l'Europe... Mais je sens que ce ne sera pas pour longtemps; bientôt j'irai habiter une demeure plus étroite... le cercueil...

BERTRAND

Ah! sire, que dites-vous?

NAPOLÉON

Mon ami, le coup est porté, je sens que l'heure ne tardera pas à venir.

BERTRAND

Votre majesté veut donc me faire mourir de chagrin!

NAPOLÉON

Tais-toi, enfant, et écoute ton vieux général, ton ami, ton frère... Quand je serai mort, que mes cendres soient déposées près de la fontaine des saules... J'avais rêvé une tombe plus glorieuse... sous la Colonne!... peut-être un jour!... Mon fils, mon enfant... je mourrai sans le voir!... Maréchal, s'il vous est permis d'arriver jusqu'à lui, dites-lui qu'il n'oublie pas qu'il est né prince français, et qu'il ne porte jamais les armes contre la France. Ah! que je souffre, c'est un couteau qu'ils ont mis là, et ils ont brisé la lame dans la plaie... *(Un temps.)* L'œuvre est consommée! ils ont tué l'ennemi commun, et bientôt Napoléon sera en paix avec l'Europe... Venez, Bertrand, suivez moi, *(Avec un sentiment bien marqué.)* allons à Longwood. *(Napoléon donne le bras au grand Maréchal, ils remontent ensemble le rocher, qui est à droite; parvenu au sommet, Napoléon se tourne vers la mer, ôte son chapeau, met un genou en terre, et s'écrie:)* Adieu, France!

(Scènes 4 et 5, pp. 14 à 16.)

Édouard le confesseur, roi d'Angleterre

Tragédie en cinq actes de Jean-Baptiste Proulx *Sous le pseudonyme de Joannes Iovhanné), Montréal, Beauchemin, 1880, 106 p.*

Mgr **Jean-Baptiste PROULX naquit à Sainte-Anne-de-Bellevue, le 17 janvier 1846. Il fit ses études au Collège de Sainte-Thérèse, où il revint comme professeur de rhétorique et directeur après son ordination, le 25 juillet 1869. Tour à tour missionnaire, chapelain, aumônier, curé et vice-recteur de l'Université Laval (Montréal), il écrivit sur des questions touchant l'Église, l'université et la colonisation. Sous le titre de *Mélanges littéraires* (1884), il groupa des récits de voyage, des œuvres théâtrales et des allocutions. En plus d'autres ouvrages, parus entre 1882 et 1888, il publia un roman à succès: *L'Enfant perdu et retrouvé ou Pierre Cholet* (1887). Il écrivit et fit monter pour les élèves huit œuvres théâtrales, dont les principales sont: *Édouard le Confesseur, roi d'Angleterre* (1880), *L'Hôte à Valiquet ou Le Fricot sinistre* (1881), *Le Mal du Jour de l'An ou Scènes de la vie écolière* (1882). Il mourut à Ottawa, le 1ᵉʳ mars 1904.**

Deux nobles comtes bretons, Léofric et Siward, déplorent la tyrannie qui pèse sur l'Angleterre depuis sa conquête par le Danemark. En outre, la mort imminente du roi Hardicanut menace de prolonger indéfiniment le gouvernement despotique du régent Godwyn, traître vendu aux intérêts danois et dont la rapacité ne connaît pas de bornes. Les deux seigneurs bretons, demeurés fidèles au prétendant légitime Édouard (réfugié en Normandie), souhaitent avidement le retour de ce dernier et son accession au trône. Convoqués en même temps que l'évêque Brithowald au chevet du roi mourant, les deux comtes devisent gravement en attendant l'arrivée du prélat.

Scène 1: LÉOFRIC, SIWARD.

SIWARD

Nous ne manquerons pas notre entrée chez le roi ; nous arrivons au moins une demi-heure avant le temps fixé.

LÉOFRIC

Je souhaiterais que, en attendant, l'évêque Brithowald vînt nous rejoindre. J'ai bien hâte de le revoir.

SIWARD

Il est pour vous un ami d'enfance.

LÉOFRIC

Nous avons étudié ensemble dans notre jeunesse ; puis ensemble, en des jours meilleurs, nous avons vécu à la cour d'Éthelred.

SIWARD

On le dit un grand serviteur de Dieu.

LÉOFRIC

C'est un saint, Siward, un véritable saint, un homme de retraite, de silence, de mortification, de jeûnes, de prières, d'extases et de ravissements. Ses vertus lui ont gagné la confiance de la cour danoise ; pourtant on ne l'a jamais vu, par des complaisances coupables, flatter la puissance de nos nouveaux maîtres ; il est resté franchement et sincèrement breton. C'est lui (je m'en souviens, et quel beau jour de fête c'était que celui-là !) c'est lui qui fit couler les eaux du baptême sur le front de notre Édouard.

JEAN

Crime! vous avez donc de rien?

CHARLOT

Pardonnez, m'sieu! nous avons beaucoup d'affaires.

JEAN

Avez-vous du poisson?

CHARLOT

De l'anguille.

JEAN

À la bonne heure! Ça s'place su' l'gril, et c'est vite paré.

CHARLOT

Va falloir qu'vous attendiez un p'tit brin. Mon frère Thomas est allé à la pêche, et aussitôt qu'il s'ra rentré, on vous en f'ra cuire.

JEAN

S'il en attrape!... Mais quand s'ra-t-il de retour?

THIBAUT

Au plus dans deux p'tites heures.

JEAN

J's'rai ben loin d'icitte, alors! Mais vous avez pas des œufs? *(Il fait sonner l'F.)*

THIBAUT

Des œufs?... Est-y possible! fallait don' l'dire tout d'suite. Combien c'que vous en voulez?... Quatre? —

433

Charlot, cours des l'ver dans l'poulailler!... apportes-en six! *(Charlot sort.)*

JEAN

À la fin!

THIBAUT

Si nous avons des œufs?... Et pourquoi qu'on n'aurait pas des œufs!... Des poules qu'y en a pas d'mieux! Ça n'a pas d'plumes aux pattes, mais ça pond tous les jours que l'bon Dieu fait, et ça couve jamais.

CHARLOT, *revenant, un œuf à la main*

Père! j'sais pas c'que ça veut dire; j'en trouve rien qu'un. I'paraît qu'la tempête de c'matin a empêché nos poules de pondre.

THIBAUT

Approche, qu'on l'voie. Est-i' marqué?

CHARLOT

Quiens! mais oui; i' y a une voix d'charbon d'sus.

THIBAUT

Malhureux! veux-tu me r'porter ça dans l'nique, tout d'suite!... C'est l'vieux-t-œuf qu'on laisse toujours sous les poules pour les encourager à pondre. *(À Jean.)* Escusez-le, i' sait pas encore ça...

JEAN

Mais, voyons donc! I'est pas possible que dans un'aubarge vous ayez rien du tout; du lait, du beurre, du fromage?

CHARLOT

Oh! là! là! Si c'est pas un vrai guignon! I'en avait tant tout à l'heure, d'ces choses-là, su' la table!

THIBAUT

C'est vrai: tout est parti ce matin, par le train pour Québec. L'avait ben encore un peu d'lait, mais Charlot, en bon étourdi qu'il est, a laissé la porte d'la laiterie ouvarte, et nos deux chats y sont entrés et l'ont tout bu.

JEAN

Vous avez don' pas aut'chose, car alors...

CHARLOT

Si fait! des légumes en masse: des choux, des oignons, des pétaques...

THIBAUT

Des beaux navots, des citrouilles suparbes...

JEAN

Assez! assez! j'ai pas l'temps d'attendre après! Ça va prendre trois heures au moins pour les faire cuire.

CHARLOT

Dites don', père!... Si j'allais chercher des provisions chez l'voisin? Ça n'prendrait pas d'temps, et m'sieu s'rait satisfait.

THIBAUT

C'est bon! dépêche-toé! *(Charlot sort.)*

Scène 5: JEAN, THIBAUT.

THIBAUT

En attendant le r'tour de mon fils, est-ce que vous accepteriez un p'tit coup d'appétit? J'veux pas vous laisser sous la mauvaise impression qu'on n'peut pas vous r'cevoir comme i' faut icitte.

JEAN

C'est pas de r'fus. J'vous r'marcie ben!

THIBAUT

Qu'est-ce que vous allez boire?

JEAN

J'goûterais ben à vot' étoffe du pays qu'vous m'avez vantée, t'-à-l'heure.

THIBAUT

J'vas vous en chercher dans la barre. *(Il sort.)*

Scène 6: JEAN, *seul*

JEAN

En v'là t'y un' drôle d'aubarge? Y a rien à manger, excepté qu' du pain, du poivre et du sel; maigre repas! Mais ils sont allés m'en qu'ri'... Par exemple, la boisson n'manque pas, c'est toujours un' bonne chose.

(Scènes 3 à 6, pp. 11 à 19.)

On demande un acteur

Farce en un acte de Régis Roy, *Montréal, Beauchemin, 1896, 35 p.*

Régis ROY: bio-bibliographie, p. 269.

Monsieur Lascène, gérant d'une troupe de théâtre, est à la recherche d'un acteur pour rôles secondaires. Un premier aspirant se présente...

Scène 2: LASCÈNE, BAPTISTE.

BAPTISTE *entre et se découvre*

Bonjour, m'sieu !

LASCÈNE

Bonjour !

BAPTISTE

Fait frette, eh m'sieu?

LASCÈNE

Oui. J'ai trois paires de bas dans les pieds et je gèle quand même...

BAPTISTE

Moé, j'n' ai pas pantoute !

LASCÈNE

Alors, comment fais-tu?

BAPTISTE

Je gèle itou !... C'est-i' icitte ousqu'est m'sieu Lascène?

LASCÈNE

Oui, c'est moi.

BAPTISTE

Oui!... ah! c'est vous qui avez besoin d'un magicien?

LASCÈNE

Oui, oui!... Eh bien?... *(À part.)* J'espère que ce gaillard-là ne vient pas pour s'engager en réponse à mon annonce d'hier.

BAPTISTE

Eh ben! m'sieu Lascène, voulez-vous ti d'moé?

LASCÈNE

Ah! mon garçon, je ne crois pas que tu fasses mon affaire.

BAPTISTE

Vous l'savez pas! vous m'avez jamais essayé.

LASCÈNE

Non! mais je puis voir tout de suite, à l'air d'une personne, s'il y a dans elle l'étoffe d'un acteur.

BAPTISTE

Ah! pour d'l'étoffe, m'sieu Lascène, j'en ai d'l'étoffe!... T'nez, mon capot, i'est en étoffe, et pis d' la bonne, j'vous assure!... Poupa l'a ach'tée su' *(Nommer quelque marchand de la ville où l'on joue.)*...

LASCÈNE

Ce n'est pas cela que j'ai voulu dire! Tu ne m'as pas compris, mon garçon... Mais... dis-moi, comment t'appelles-tu?

438

BAPTISTE

Moé?

LASCÈNE

Oui!

BAPTISTE, *niaisement*

Comme poupa!

LASCÈNE

Et ton père?

BAPTISTE

Comme moé!

LASCÈNE, *à part*

Décidément, j'ai affaire à un rude imbécile!... Mais prenons-nous y d'une autre manière. (*Haut.*) Comment s'appelle ta mère?

BAPTISTE

Mouman?

LASCÈNE

Oui.

BAPTISTE

J'n ai jamais eu!

LASCÈNE

Qu'est-elle devenue?

BAPTISTE

Ça faisait quatre ans qu'elle était morte quand j'sus v'nu au monde!

439

LASCÈNE, *à part*

Je n'en viendrai pas à bout! Adoptons une autre tactique. *(Haut.)* As-tu des frères et des sœurs?

BAPTISTE

Oui, même qu'un' de mes sœurs s'est mariée dernièrement.

LASCÈNE

Ah! tu as une sœur de mariée?

BAPTISTE

Oui, d'puis quinze jours.

LASCÈNE

Avantageusement?

BAPTISTE

Eh?... de quoi?

LASCÈNE, *souriant*

A-t-elle pris un bon parti?

BAPTISTE

J'cré ben.

LASCÈNE

Ah!

BAPTISTE

Son mari mène un grand train.

LASCÈNE

Allons donc!

BAPTISTE

D'abord que j'vous dis!... Il est chauffeur su' la ligne de Québec!...

LASCÈNE, *à part*

Pas trop mal, après tout!

BAPTISTE

Pis j'ai un d'mes frères de marié aussi!

LASCÈNE

Vraiment?

BAPTISTE

Eh ben!... d'puis qu'mon frère et ma sœur sont mariés, ça fait dix personnes de plusse qui s'tutoyent dans not'famille.

LASCÈNE

Comment ça?

BAPTISTE, *lentement*

C'est ben simple!... (*Vivement.*) Mon frère et sa femme, deux; ma sœur et son mari, quatre; mon frère et pis mon beau-frère, six; ma sœur et pis ma belle-sœur, huit; mon beau-frère et ma belle-sœur, dix.

LASCÈNE, *à part*

J'ai affaire à un drôle de caractère. Poussons plus loin pour voir ce qu'il dira. (*Haut.*) Quel âge as-tu, mon garçon?

BAPTISTE

Vingt-deux ans aux prunes de c't automne!

LASCÈNE

Mais, dis donc, tu es chauve de bien bonne heure?

BAPTISTE

Ce n'est pas étonnant; i' paraît que j'l'étais déjà en venant au monde.

441

LASCÈNE, *à part*

Pendant que j'y pense, je vais lui demander de quel parti politique il est. Quelle réponse me donnera-t-il ? Quelque chose de ridicule, j'en suis sûr. *(Haut.)* De quelle couleur es-tu, mon garçon ?

BAPTISTE

Moé ?

LASCÈNE

Oui !

BAPTISTE

J'sus blond !... chantain !...

LASCÈNE

Non !... je veux dire en politique.

BAPTISTE

Ah !... estusez ; j'comprends ! J'sus bleu !

LASCÈNE

Comment ! un Canadien, un catholique, comme toi, tu vas voter pour des Orangistes !

BAPTISTE

J'sus pas un tourne-capot.

LASCÈNE

Mais si ces gens-là gagnent les élections, sais-tu ce qui va arriver ?

BAPTISTE

Non.

LASCÈNE

Ils massacreront tout ce qui parle français, et tu
marcheras dans le sang jusqu'aux genoux!

BAPTISTE

Eh ben!... on s'chaussera pour!

(Scène 2, pp. 6 à 13.)

Texte 50

Le Sourd

Dialogue-bouffe en un acte de **Régis Roy**, *publié à la suite de*
Consultations gratuites, *Montréal, Beauchemin, 1896, pp. 35-48.*

Régis ROY: bio-bibliographie, p. 269.

*Le gastronome Fricotinard attend l'arrivée de Dinanville, son
voisin qui souffre de surdité.*

Scène 1: FRICOTINARD, *seul*

FRICOTINARD, *entre en fredonnant*

« Ah! que l'amour est agréable! » *(S'interrompant.)*
Mesdames et Messieurs, vous voyez en moi un homme
complètement heureux. *(Il prise.)* Je vais vous dire...
Ce soir, je donne chez moi un grand balthazar, pour fêter l'anniversaire de la naissance de mon épouse Eudoxie... Le repas sera superlificocanteux, si j'ose employer cette locution... La société sera nombreuse... et
j'espère que nous allons rire... C'est même pour cela
que j'ai invité mon voisin Dinanville... un poète très

bon garçon... mais qui a le malheur d'être sourd comme... la statue de Maisonneuve, si j'ose employer cette métaphore. *(Il prise. Dinanville entre.)*

Scène 2: FRICOTINARD, DINANVILLE.

DINANVILLE, *à la cantonade*

« Viens, mon Elvire ; viens, ma reine... »

FRICOTINARD

Tiens ! quand on parle du loup, on en voit la... si j'ose employer ce proverbe. *(À Dinanville qui s'est approché.)* Mon cher Dinanville, j'étais en train de me parler de vous.

DINANVILLE

Vous dites ?

FRICOTINARD, *un peu plus haut*

Que je me parlais de vous.

DINANVILLE, *lui serrant la main*

Merci, pas mal ; et vous ?

FRICOTINARD

Mais, comme vous voyez... toujours en gaieté.

DINANVILLE, *tendant une oreille*

Eh ?

FRICOTINARD

Je dis que je suis toujours en gaieté.

DINANVILLE

Ma surdité ?... Oh ! cela va mieux, j'entends très bien par moments.

FRICOTINARD

Il y paraît... cela se voit! enfin ne le contrarions pas, il est assez malheureux d'être sourd. *(À Dinanville.)* Ah! ça, vous savez que c'est ce soir mon grand dîner?

DINANVILLE

Comment?

FRICOTINARD, *fort*

C'est ce soir mon grand dîner!

DINANVILLE, *tirant son foulard*

J'ai du noir au bout du nez?

FRICOTINARD

Ah! c'est trop fort!

DINANVILLE

Vous dites que j'en ai encore?

FRICOTINARD, *avec impatience*

Je dis que c'est trop fort!

DINANVILLE

Eh?

FRICOTINARD, *exaspéré*

C'est trop fort!

DINANVILLE, *s'essuyant le nez*

Ah! très bien, que je frotte plus fort.

FRICOTINARD, *à part*

Décidément, ça devient agaçant... le malheureux est sourd comme trente-six pots. *(Criant.)* C'est ce soir que je donne à dîner et je compte sur votre présence.

445

DINANVILLE

Ne criez donc pas si fort, je vous dis que j'entends mieux... Oui, vous pouvez compter sur ma romance. Je la chanterai ce soir à votre table, elle est presque terminée... voilà six jours que je travaille à cette improvisation. (*Il chante.*) «Viens, mon Elvire. Mon E...» (*Parlé.*) Je ne sais pas si je dois mettre mon Elvire ou mon Héloïse. Allons, décidément je penche pour Elvire... Comprenez-vous?... Elle vire... (*Chantant.*) «Viens, mon Elvire; viens, ma reine...» (*Parlé.*) Comment trouvez-vous ça?

FRICOTINARD

C'est gentil, c'est fin.

DINANVILLE

Eh?

FRICOTINARD

Je dis que c'est fin.

DINANVILLE

Mais non, ce n'est pas la fin.

FRICOTINARD, *à part*

Le malheureux a l'ouïe galvanisée. (*Criant.*) Je vous dis que c'est fin, ou, si vous l'aimez mieux, que c'est charmant.

DINANVILLE

Oui: vous avez raison, c'est le commencement, mais soyez sans inquiétude, cela sera fait pour ce soir.

FRICOTINARD

Alors vous nous chanterez cela à la fin du repas?

DINANVILLE, *fâché*

Comment! cela ne se peut pas; vous allez voir, je vais la terminer séance tenante. *(Il tire un calepin de sa poche.)* Je me sens en veine d'écrire... Vous allez être émerveillé.

FRICOTINARD

Mais vous allez vous fatiguer la tête et le cerveau.

DINANVILLE

Vous dites?

FRICOTINARD, *fort*

Je crois que vous allez vous fatiguer le cerveau.

DINANVILLE

Si j'aime la tête de veau? Oh! mon cher, j'en mangerais assis sur un paratonnerre. Mais laissez-moi écrire, je vous prie. Je ne vous demande que cinq minutes.

(Scènes 1 et 2, pp. 35 à 39.)

INDEX DES OEUVRES

449

450

INDEX DES AUTEURS

451

TABLE DES MATIÈRES

III. LES MŒURS

A. L'éducation

B. La famille

C. Vices et travers sociaux

l'anglomanie

l'ivrognerie

la cupidité

l'hypocrisie

DANS LA MÊME COLLECTION

ACHEVÉ D'IMPRIMER SUR
LES PRESSES DES ATELIERS
MARQUIS DE MONTMAGNY
LE 15 JUIN 1978 POUR
LES ÉDITIONS LEMÉAC INC.

Êtes-vous toujours décidés à sacrifier votre vie pour la défense de vos droits?

TOUS

Oui! oui! mille vies si nous les avions! vive la liberté!

LÉON

Oui! vive les peuples libres! les peuples qui peuvent pratiquer en paix la religion des ancêtres, les peuples qui ne connaissent d'autres lois que celles qu'ils se donnent eux-mêmes!

L'UN DES REBELLES

Mort aux tyrans! mort aux bourreaux des nations!

LÉON

Cachez vos armes et retournez vite chez vous, afin de ne pas éveiller de soupçons. Moi, je reste ici... on ne me prendra pas, soyez-en sûrs...

TOUS

Vive notre capitaine! Vive Papineau! vive la liberté! *(Ils sortent. La sorcière entre.)*

Scène 13: LÉON, LA SORCIÈRE.

LA SORCIÈRE, *sans voir Léon*

Ah! les gueux! les canailles! Ils ne veulent pas me donner ma part d'argent! Ils boivent tous seuls le rhum qu'ils ont volé à Lozet!... j'appelle sur eux les malédictions de l'enfer... Tonkourou! Ruzard! oh! vous me le paierez!... *(Elle agite une petite fiole pleine d'une liqueur rouge.)* Malheur! malheur! Il y aura du sang

de répandu!... J'ai fait un pacte avec le démon!... oh!
mes beaux jours passés! Ah! l'enfer me brûle!... (*Elle
regarde dans la fiole.*) Ah! je vois des étendards! je
vois des soldats furieux! (*Elle porte la fiole à son oreille.*) J'entends le bruit du canon! j'entends les cris des
blessés! j'entends le râle des mourants!... Victoire aux
patriotes! mort aux tyrans!... (*Silence.*) Ah! mort aux
patriotes! victoire aux bourreaux!... l'échafaud! l'échafaud!... La liberté naît dans le sang!... (*Elle aperçoit
Léon.*) Va-t'en! les loups te guettent! Tu vas être dé-
voré!... Les voici! les voici!... cache-toi! tu vas les
voir!... (*La sorcière et Léon se cachent. Ruzard et
Tonkourou entrent ivres et chancelant.*)

Scène 14: TONKOUROU, RUZARD.

TONKOUROU, *riant aux éclats*

Ha! ha! ha! ha! on l'a mis dedans! on l'a mis
dedans. On l'a mis dedans comme il faut, hein? (*Il rit.*)
Encore un coup à sa santé. (*Il boit et passe la bouteille
à Ruzard.*)

RUZARD

Salut! capitaine Léon! Salut! que le diable t'emporte! ah! je triomphe! oui!... je triomphe! Les Anglais
sont arrivés! Il va être pincé! oui pincé!...

TONKOUROU

Il va être pendu comme...

RUZARD

Oui! il va être pendu comme... (*Ils rient.*)

TONKOUROU

Il se croit bien caché, on va le dénicher...

RUZARD

On va le dénicher...

TONKOUROU

On va aller chercher les constables...

RUZARD

Oui, allons, de suite... en canot...

TONKOUROU

On va dire à la vieille d'avoir l'œil sur lui...

RUZARD

Oui, la vieille... On l'a mise à sa place, hein?

TONKOUROU

La vieille folle!... As-tu la fiole d'eau d'amour?

RUZARD

Oui *(Il prend la fiole)* tiens! la voici. C'est ça qui va rendre la Louise amoureuse... *(Il rit et laisse tomber la fiole, qui se brise.)* Ah!...

TONKOUROU

Ah! l'amour qui s'en va... c'est mauvais signe...

RUZARD

J'en aurai d'autres...

TONKOUROU

D'autres amours?

RUZARD

Non, d'autres herbes.

TONKOUROU

Ces herbes-là sont rares.

RUZARD

Bah! je m'en ris! quand le capitaine Léon sera au bout de la corde, j'aurai bien la fille à Lozet.

TONKOUROU

Allons à la Vieille-Église, avertir les constables... Ils vont bien nous payer...

RUZARD

Oui, on va avoir une bonne poignée d'argent... et pas une *cope* pour la bonne femme Simpière.

TONKOUROU

Pas une maudite *cope*! Allons!... *(Ils partent toujours titubants.)*

Scène 15: LÉON, LA SORCIÈRE.

LÉON

Les traîtres! les misérables!... *(Il marche.)*

LA SORCIÈRE, *riant*

Ha! ha! ha! je te le disais bien!... moi je pourrais te sauver... je peux conjurer l'enfer.

LÉON

Arrière! laisse-moi! laisse-moi! *(Il marche.)* Trahi! encore trahi! Pourvu qu'ils ne livrent pas mes amis!... Mais ils ne me prendront pas! oh! ils ne me prendront jamais!...

LA SORCIÈRE

Pourquoi refuses-tu mes services ? Ils m'ont mal-traitée, je veux me venger...

LÉON

Je te l'ai dit, je ne veux rien de toi... Laisse-moi tranquille !

LA SORCIÈRE

Prends garde !... toi aussi !...

LÉON, *s'adossant à un arbre*

Les traîtres ! les traîtres ! je ne leur ai pourtant jamais fait de mal... *(Il marche et s'arrête tout à coup.)* Les voilà qui partent en canot !... oh ! les imprudents !... dans l'état d'ivresse où ils sont !... Mon Dieu ! ils vont verser !... ils vont verser !... Ah !... les voilà à l'eau ! Ils vont se noyer ! ils se noient !...

LA SORCIÈRE

C'est bon pour eux ! Vive la mort !...

LÉON, *paraissant lutter contre une mauvaise pensée*

Mon Dieu !... Arrière, mauvaise pensée !... Non ! non ! Il faut que je les sauve. *(Il ôte son habit.)*

LA SORCIÈRE, *se cramponnant à lui*

Non ! laisse-les périr !...

LÉON, *cherchant à se débarrasser*

Laisse-moi ! laisse-moi ! je veux les sauver !

LA SORCIÈRE

Tu ne les sauveras pas !...

LÉON, *repoussant la vieille qui tombe*

Je les sauverai pour l'amour de Dieu. *(Il s'élance vers le fleuve.)*

(Acte III, scènes 8 à 15, pp. 22 à 25.)

Texte 12

Papineau

Drame en quatre actes de Louis Fréchette *(1880), s.l.n.d., 121 p.*

Louis-Honoré FRÉCHETTE naquit à Saint-Joseph de la Pointe-Lévy (Lévis), le 16 novembre 1839. Il fit ses études classiques au Séminaire de Québec, au Collège de Sainte-Anne-de-la-Pocatière et au Séminaire de Nicolet. Il termina ses études de droit à l'Université Laval en 1864. Dix ans plus tard, il fut élu député de Lévis au Parlement fédéral. Après deux voyages aux États-Unis, il s'orienta du côté du journalisme et collabora à plusieurs journaux et revues. Outre des recueils de poésie aussi connus que *La Voix d'un exilé* (1869) et *La Légende d'un peuple* (1887), il écrivit près d'une dizaine d'œuvres théâtrales dont les principales sont *Félix Poutré* (1871), *Papineau* (1880), *Le Retour de l'exilé* (1880) et *Véronica* (1899). Vers la fin de sa carrière d'homme politique et d'écrivain, il exerça d'importantes fonctions et reçut plusieurs titres honorifiques. Il mourut à Montréal, le 31 mai 1908.

Les Patriotes se préparent à la révolte armée. Le docteur Wolfred Nelson, le notaire Philippe Pacaud et deux autres personnages (George Laurier et Desrousselles) se sont donné rendez-vous à Saint-Denis, où Papineau doit les rejoindre.

Scène 5: NELSON, GEORGE,
DESROUSSELLES, une dizaine de Patriotes.

NELSON

Quelle heure est-il, George?

GEORGE

Minuit vient de sonner, général.

NELSON

M. Papineau devrait être ici.

GEORGE

En effet.

DESROUSSELLES

Peut-être ne viendra-t-il pas.

NELSON

Vous dites?

DESROUSSELLES

Je dis: peut-être ne viendra-t-il pas.

NELSON

M. Papineau a promis d'être ici...

DESROUSSELLES

C'est vrai.

NELSON

Eh bien?

DESROUSSELLES

Mais il pourrait en être empêché...

NELSON

Quand M. Papineau promet, il vient toujours.

DESROUSSELLES

Mais enfin, il pourrait lui être arrivé quelque chose... *(Nelson s'éloigne en haussant les épaules.)*

GEORGE

Dites donc, monsieur Desrousselles, on vous dit que M. Papineau a promis d'être ici cette nuit, et jamais M. Papineau n'a manqué à sa parole, entendez-vous? Quand même une armée serait là pour lui barrer le passage, il viendrait. On nous affirmerait qu'il a reçu vingt balles dans la poitrine, qu'il faudrait encore l'attendre.

DESROUSSELLES

Il vaut le patron de la paroisse alors: il serait de force à nous arriver en portant sa tête dans ses mains. «Caput in manibus».

GEORGE

Ce ne serait peut-être pas le premier individu qui passerait par ici sans avoir la sienne sur les épaules. *(On rit.)*

DESROUSSELLES

Vous trouvez ça drôle, vous autres? Pas moi. *(On rit encore.)* «Servum pecus!»

NELSON

Voyons, monsieur Desrousselles, ne vous fâchez pas; c'est un simple badinage.

DESROUSSELLES

Oh! je ne me fâche pas, mon général. Seulement

quand on a fait toutes ses études et qu'on a presque porté la soutane, on aime à se faire respecter. Le militaire, c'est bien beau ; mais « cedant arma togae », vous comprenez ?

GEORGE

Voyons, laissons cela. (À Nelson.) Vous parliez des nouvelles que vous aviez reçues de Québec et des paroisses du nord, général...

NELSON

Oui ; et, comme je vous le disais, ces nouvelles sont excellentes. Le peuple se prépare partout à prendre les armes. L'acte inqualifiable que vient de commettre le gouvernement, en mettant à prix la tête de Papineau et celle des autres chefs patriotes, a redoublé l'indignation qu'avaient déjà soulevée les excès commis à Montréal par les membres du « Doric Club ». Les « Fils de la Liberté » sont organisés et se tiennent prêts à tout événement. Enfin, une lettre que j'ai reçue hier du docteur Chénier, de Saint-Eustache...

LES PATRIOTES

Hourrah pour Chénier !

NELSON

... m'annonce que dans cette paroisse, ainsi qu'à Sainte Scholastique, à Saint-Benoît et à Saint-Jérôme, partout le peuple se soulève et qu'avant un mois trois mille patriotes bien armés pourront marcher sur Montréal. Êtes-vous prêts à en faire autant ?

LES PATRIOTES

Oui, oui !... Hourrah pour Nelson !

137

Scène 6: LES PRÉCÉDENTS, PACAUD.

PACAUD, *entrant tout essoufflé*

Général! Patriotes! Une grande nouvelle!... Vive le Canada!... Vive la république!... Hourrah pour Papineau!...

LES PATRIOTES

Hourrah pour Papineau!

NELSON

Soyez le bienvenu, capitaine Pacaud; nous vous attendions.

GEORGE

Mon cher Philippe!

PACAUD

Mon cher George! *(Ils se serrent la main.)*

NELSON

Vous aviez une nouvelle à nous apprendre, disiez vous?

PACAUD

Oui, tonnerre! Et une fameuse encore!... Mais M. Papineau n'est pas ici?

GEORGE

Pas encore arrivé.

PACAUD

Alors je ne me serai pas fait attendre, tant mieux.

NELSON

Mais cette nouvelle, enfin?

PACAUD

Patience donc, général ; il faut laisser souffler un homme... Imaginez-vous...

NELSON

Quoi ?

PACAUD

Que le docteur Davignon et Desmarais... Ouf !...

NELSON

Eh bien ?

PACAUD

Vous savez qu'ils étaient prisonniers, n'est-ce pas ?

NELSON

Oui.

PACAUD

Et que trente homme de cavalerie... sous le commandement du capitaine Moulton... les emmenaient à Montréal... enchaînés comme des malfaiteurs, n'est-ce pas ?...

NELSON

Eh bien ?

PACAUD

Vous ne me croirez jamais...

NELSON

Mais parlez donc !

PACAUD

Délivrés, mes petits amis ; délivrés !...

NELSON

Délivrés?... Comment?... Quoi?...

GEORGE

Par qui?

PACAUD

Par les Patriotes, parbleu!

NELSON

Ce n'est pas possible!

PACAUD

Eh! oui, c'est possible! Comme ils descendaient sur le chemin de Longueuil avec les prisonniers, Bonaventure Viger et le docteur Dugas, suivis d'une dizaine d'autres braves, se sont jetés tout à coup à la tête des chevaux, assommant celui-ci, culbutant celui-là, sabrant à droite et à gauche; et pif! paf!... allons, les balles sifflaient comme de la grêle. Ça ne fait rien: cinq minutes après, la cavalerie était en fuite et les prisonniers, délivrés!

LES PATRIOTES

Hourrah!...

NELSON

C'est une plaisanterie que vous nous débitez là; c'est trop beau pour être vrai!

PACAUD

Comment? mais c'est tout ce qu'il y a de plus certain. Mon frère Narcisse en arrive; il y était!

LES PATRIOTES

Hip! hip! hourrah pour Viger!

DESROUSSELLES

« Dispersit superbos et exaltavit humiles ! »

PACAUD

Dites donc, monsieur Desrousselles, pensez-vous qu'il ait du sang sauvage, Bonaventure Viger ?

DESROUSSELLES

Ça se pourrait bien. « Nil mirari ! Nil mirari ! »

NELSON

Tiens, oui, c'est vrai... Votre vieille théorie, monsieur Desrousselles ! Vous n'y renoncez pas ?

DESROUSSELLES

Non, non, je n'y renonce pas ! Cette théorie-là, voyez-vous, docteur, tout extraordinaire qu'elle paraisse au premier coup d'œil...

NELSON

Oui, oui, très bien ; vous nous expliquerez cela un autre jour, n'est-ce pas, monsieur Desrousselles ? Un autre jour !

DESROUSSELLES

C'est que, si vous vouliez, ce serait l'affaire de quelques instants seulement...

GEORGE

Voyons, voyons, c'est assez ! Nous avons des choses plus importantes que votre théorie à discuter pour le moment.

DESROUSSELLES

Mais, messieurs...

PACAUD

Voyons donc!... Puisqu'on vous dit que c'est assez...

GEORGE

Tu avais besoin, aussi, d'entamer le sujet, toi! Tu sais bien qu'une fois sur cette corde-là il n'en finit plus.

UN PATRIOTE, entrant

Monsieur Papineau!

Scène 7: LES PRÉCÉDENTS, PAPINEAU.

PAPINEAU *entrant*

Bonsoir, messieurs! (*Nelson, George, Pacaud et Desrousselles s'avancent au-devant de Papineau qui leur donne à chacun une cordiale poignée de main.*)

NELSON

Vous nous trouvez dans la joie, monsieur Papineau. Avez-vous appris la nouvelle de Longueuil?

PAPINEAU

L'affaire du docteur Davignon? Oui; cela pourrait bien précipiter les événements; c'est grave.

NELSON

Oui, mais le premier avantage est à nous; c'est important.

PAPINEAU

Tout cela dépend, mon cher Nelson; et c'est ce que nous allons considérer cette nuit... à huis clos, si vous le voulez bien; c'est-à-dire en présence des chefs seulement. Ces braves gens n'auront pas d'objection sans doute à se retirer pour nous permettre de discuter plus à notre aise.

NELSON

Sans doute. (*Aux patriotes.*) Allons, mes amis, maintenant que vous avez eu le plaisir de saluer notre illustre chef, vous voudrez bien, je l'espère, nous laisser seuls avec messieurs les officiers. Nous avons à délibérer sur des matières graves et d'une nature toute particulière. Vous comprenez-cela, n'est-ce pas ?

LES PATRIOTES s'apprêtant à sortir

Oui, oui !

DESROUSSELLES, de même

Certainement ! sans doute ! « Non licet omnibus adire Corinthum ! »

PAPINEAU

Mes braves amis, un mot avant de nous séparer. Comme vous le savez sans doute, la tête de votre ami le docteur Nelson, la mienne et celle de tous vos chefs politiques viennent d'être mises à prix ; c'est-à-dire que le premier venu peut nous tuer comme des chiens, sans encourir la vindicte des lois. Au contraire, il aura droit à une récompense considérable. On nous met hors la loi pour crime de haute trahison. Le gouvernement de Lord Gosford n'a plus d'iniquités à commettre ! Cet acte arbitraire, injuste, tyrannique, met le comble à nos griefs. L'histoire dira que, pendant cinquante ans, on a vu dans ce pays la justice foulée aux pieds, la concussion triomphante, les honneurs, le pouvoir, le trésor public aux mains d'une poignée d'intrigants malhonnêtes, la violation systématique de toutes les lois constitutionnelles, le mépris des droits du peuple garantis par les traités, la majorité de la nation insultée, bafouée, humiliée, outragée, et que, lorsque des hommes courageux se sont levés pour protester, n'ayant à la main d'autre arme que le drapeau de la justice et de leurs droits, on les a traqués comme des bêtes fauves et poursuivis comme des criminels dangereux... Nous, coupables de haute trahison! Est-ce parce que nous sommes constamment en butte à toutes sortes de persécutions odieuses? Est-ce parce que des bandes de forcenés se ruent la nuit sur nos demeures paisibles? Est-ce parce que l'on saccage nos imprimeries et que l'on massacre les Patriotes en pleines rues de Montréal?... Nous, des rebelles? Mais qu'avons-nous donc fait sinon réclamer des privilèges que la constitution anglaise nous garantit? Depuis quand la résistance légale peut-elle constituer un crime de haute trahison? On parle de nos assemblées! Mais la liberté de discussion est l'une des premières franchises populaires reconnues par la couronne britannique. Est-ce parce que nous ne sommes que des colons qu'on nous refuserait les plus simples prérogatives des sujets anglais?... Ah! qu'on y prenne garde! car si l'on s'obstine à nous refuser les privilèges de sujets, nous pourrions bien réclamer les droits de citoyens!...

TOUS

Bravo! bravo!

PAPINEAU

En attendant, mes amis, nous nous mettons sous la sauvegarde de votre courage et de votre fidélité. Nous devons nous entendre cette nuit sur le parti qui nous reste à prendre. J'espère que nous ne serons pas obligés de recourir à la force pour nous protéger; mais, en tous cas, que nos persécuteurs sachent que, si les Canadiens français n'ont jamais hésité à verser leur sang sur les champs de bataille pour l'honneur du drapeau de l'Angleterre, ils n'en considèrent pas moins que la première des loyautés, c'est celle qu'ils doivent à leur propre pays !

NELSON

Bravo ! C'est cela !

LES PATRIOTES

Hourrah pour Papineau !...

PAPINEAU

Allons, au revoir, mes amis ; et que Dieu vous garde ! *(Il serre la main des Patriotes qui sortent avec Desrousselles.)*

Scène 8 : PAPINEAU, NELSON, PACAUD deux autres CHEFS DES PATRIOTES

Aussitôt que les Patriotes sont sortis, l'on approche la table vers le milieu de la scène, et l'on s'assied à l'entour, Papineau en tête, et Nelson à sa droite.

PAPINEAU

Maintenant, mes amis, la situation est solennelle. Inutile de faire un long préambule. Vous savez où nous en sommes. Il s'agit d'adopter un parti, de décider ce que nous allons faire.

NELSON

Je suis tout décidé, quant à moi.

PACAUD

Et moi aussi !

GEORGE

Et moi aussi !

LES AUTRES, *à tour de rôle*

Et moi aussi !

PAPINEAU

Et vous avez décidé… ?

NELSON

De résister jusqu'à la mort !

TOUS, *excepté Papineau*

C'est cela !

PAPINEAU

Prenez garde, messieurs ; vous assumez une grande responsabilité. Savez-vous que c'est la guerre civile que vous proclamez là ?

PACAUD

Parbleu, si nous le savons !

PAPINEAU

Et que la guerre civile, c'est la mort pour un grand nombre, la ruine pour des milliers, et peut-être l'échafaud pour les promoteurs de l'insurrection ?

NELSON

Non !… c'est l'indépendance ! c'est la gloire ! c'est la république ! c'est la liberté !

TOUS, *excepté Papineau et Nelson*

Vive la liberté !

PAPINEAU

Ah ! si vous disiez vrai !…

146

PACAUD

Oui, vive la république canadienne! Vive notre premier président, Louis-Joseph Papineau!

PAPINEAU

Mes amis, c'est de l'enthousiasme, tout cela.

NELSON

Soit! mais c'est l'enthousiasme qui fait les héros.

PACAUD

Et ce sont les héros qui font les grandes choses!

NELSON, *debout*

Papineau, écoutez-moi. Nous n'avons plus à hésiter. Les troupes anglaises sont peut-être en marche à l'heure qu'il est. Un jour ou l'autre elles arriveront ici — après demain peut être — et alors il faudra soit leur résister, soit nous rendre honteusement. Si nous nous rendons, nous irons tous pourrir dans les prisons de Montréal pendant des années peut-être; puis l'on nous enverra finir notre misérable existence sous quelque climat meurtrier des mers australes. Et le pays — notre pauvre pays — sera plus écrasé, plus bafoué, plus misérable que jamais, car il lui manquera ses meilleurs défenseurs. La tyrannie triomphante redoublera, et la population française — votre race, monsieur Papineau! — découragée, pour ainsi dire décapitée, pliera à jamais le cou sous le joug; et après avoir croupi dans l'ignorance, l'abrutissement, l'ilotisme, finira par disparaître de la face du monde civilisé. Voulez-vous de cette alternative?

PAPINEAU, *se levant*

Non! mille fois non!

NELSON

Si nous nous défendons, au contraire, le cri de liberté va retentir d'un bout à l'autre du pays. Les populations se soulèveront comme un seul homme; et, nouveaux Guillaume Tell, nouveaux Washington, nous aurons inscrit nos noms dans l'histoire, parmi les émancipateurs des peuples!

PACAUD

Bravo!

PAPINEAU

Et si vous êtes vaincus?

NELSON

Nous ne pouvons pas être vaincus! La délivrance de Davignon et de Desmarais va enthousiasmer la population. Les premiers avantages remportés tripleront la confiance et le courage de nos hommes. Les troupes anglaises sont peu nombreuses dans le pays. L'Angleterre, à cette saison de l'année, ne pourra envoyer ni armes ni soldats... et nous, nous aurons derrière nous... la grande république américaine!...

TOUS, *excepté Papineau*

Vive la république américaine!

NELSON

Et puis, après tout, si nous succombions... si nous étions vaincus... n'oublions jamais que le sang versé pour la liberté ne l'est jamais inutilement. C'est une semence féconde qui germe toujours, et qui fleurit tôt ou tard!

PACAUD

Et, quant à moi, j'aime mieux mourir comme un

148

soldat, les armes à la main, que de vivre plus longtemps la tête sous le talon des bureaucrates.

TOUS, *excepté Papineau*

C'est cela !

NELSON

Et puis — laissez-moi vous dire, monsieur Papineau — chaque chose a son temps. Vous avez, pendant des années, lutté à la tribune et dans les assemblées populaires ; c'est à notre tour de lutter sur un autre terrain. Vous avez joué votre rôle d'homme d'État ; le nôtre commence, et c'est celui de soldat ! Ce n'est plus le sarcasme ni l'imprécation qu'il faut lancer contre nos adversaires, ce sont des coups de fusils !... En êtes-vous, vous autres ?

TOUS, *excepté Papineau*

Oui, oui, oui ! *(Ils se lèvent.)*

PAPINEAU

Allons, mes pauvres amis, vous l'aurez voulu !... Le sort en est jeté !... Je ne veux pas être un obstacle à votre héroïque détermination... mais, quoiqu'il arrive, rappelez-vous que je n'ai jamais voulu l'effusion du sang. Nous sommes entre les mains de Dieu maintenant... Qu'il fasse que nous réussissions !

NELSON

Bravo !... *(Il se jette dans les bras de Papineau.)* Maintenant c'est à la vie, à la mort !

PACAUD

Vive Louis-Joseph Papineau !

(Acte II, tableau IV, scènes 5 à 8, pp. 56 à 68.)

Félix Poutré

Drame en quatre actes de Louis Fréchette *(1862), Montréal, Félix Poutré & Cie, 1871, 50 p.*

Louis-Honoré FRÉCHETTE: bio-bibliographie, p. 134.

Un habitant de Napierville, Félix Poutré, a prêté serment à la cause des Fils de la Liberté. Engagé à fond dans le mouvement insurrectionnel, il a combattu à la tête d'une compagnie de patriotes; mais, faute d'un armement adéquat, il a échoué devant l'armée britannique. Il croit pouvoir trouver refuge chez son père. Mais ce dernier lui apprend que Camel, un traître, vient de le dénoncer au gouvernement et cherche à le livrer contre une récompense.

Scène 7: POUTRÉ, FÉLIX.

POUTRÉ

Eh bien, mon cher Félix, qu'est-ce que tu vas faire maintenant?

FÉLIX

Je ne serais pas fâché de le savoir moi-même.

POUTRÉ

Mais tu vas être arrêté!

FÉLIX

C'est bien possible, mais qu'y faire? Peut-être me relâcheront-ils; je n'ai pas tant fait après tout.

POUTRÉ

Tu n'as pas tant fait? Mais y penses-tu, Félix? Tu as organisé des compagnies; tu as couru les villages pendant plus d'un mois pour assermenter les patriotes; tu as fait des discours contre le gouvernement; enfin tu étais capitaine d'une compagnie, tu t'es battu à Odeltown, et tu dis que tu n'as pas tant fait!... Ah! bien, moi je te dis que tu en as fait bien plus qu'il n'en faut pour... pauvre enfant *(Il essuie une larme.)*... Allons, pas de faiblesse; plus le malheur est grand, et plus il faut se montrer courageux. Tiens, Félix, la seule chose qui te reste à faire...

Scène 8: POUTRÉ, FÉLIX, BÉCHARD.

BÉCHARD, *entrant*

Que Félix ne reste pas ici une minute de plus, on le cherche. *(Apercevant Félix.)* Va-t'en! va-t'en tout de suite; le Colonel X... vient de donner l'ordre de t'arrêter...

POUTRÉ

Mon Dieu, que faire?

FÉLIX

Comment diable a-t-il pu savoir que j'étais arrivé?

BÉCHARD

S'il ne t'a pas vu, il s'en doute. Dans tous les cas, en passant devant ce vieux misérable de Colonel, j'ai aperçu Camel qui sortait de la maison...

POUTRÉ

Oh! le gredin!...

BÉCHARD

« Prends garde de les manquer », lui dit le bonhom-

151

me ; je l'ai vu comme je vous vois là avec sa tuque rouge et ses gros yeux de chat-huant. «Craignez pas, lui répondit Camel, je vais commencer par Félix ; il y a longtemps que je le guette, celui-là. — Eh bien va chez son père tout de suite, reprit le Colonel, car s'il est revenu, le vieux a le nez long ; il ne le gardera pas longtemps». J'ai bien vu qu'il s'agissait de vous autres, et j'ai piqué droit à travers les champs pour venir vous avertir. Si les chemins eussent été beaux, je ne serais peut-être pas arrivé à temps ; mais avec ces chemins-là, ils doivent bien être encore à un bon quart de lieue d'ici. C'est donc à peu près dix minutes qui te restent. Ainsi profites-en ; tu vois que ça presse.

FÉLIX

Merci, merci, mon cher Béchard. (*Il lui serre la main.*)

BÉCHARD

C'est bon, c'est bon ! allons, bonsoir. Je suis pressé, car je ne suis pas trop clair de mon affaire, moi non plus. Mais tenez, père Poutré, j'ai tant couru qu'une petite goutte ne me ferait pas de mal !

POUTRÉ, *apportant une bouteille et des verres*

Ah, pauvre enfant ! et moi qui suis assez sot pour n'y pas penser !... Tiens, vois-tu, il y a des moments où l'on n'a pas la tête à soi. Je te prie bien de m'excuser, car ce n'est pas mon habitude de mal recevoir mes meilleurs amis.

BÉCHARD

Ce n'est rien, père Poutré ; je sais bien que ce n'est pas le cœur qui manque. (*Ils trinquent.*)

POUTRÉ

À des jours meilleurs !

FÉLIX et BÉCHARD, *ensemble*

À la liberté du Canada!

BÉCHARD

Là-dessus, braves amis, adieu et bonne chance!
(Il sort.)

FÉLIX

Adieu!

Scène 9: POUTRÉ, FÉLIX.

POUTRÉ

Tu vois, Félix, tu n'as pas un moment à perdre!
Sauve-toi, sauve-toi dans le bois des *Trente*. J'irai t'y
porter à manger demain. *(On frappe.)* Sauve toi au nom
du ciel! *(Félix sort à gauche.)* Qui est là?

Scène 10: POUTRÉ, CAMEL.

CAMEL, *en dehors*

Ouvrez donc, père Poutré; Vous n'avez pas peur
des amis.

POUTRÉ

C'est lui, le gueux! *(Il ouvre.)*

CAMEL, *entrant*

Je vous souhaite le bonsoir, père Poutré.

POUTRÉ

Bonsoir.

153

CAMEL, *s'asseyant*

Les temps sont durs, père Poutré.

POUTRÉ

Oui, les pauvres Canadiens vont avoir de bien mauvais quarts d'heure à passer.

CAMEL

C'est bien leur faute ; quel besoin avaient-ils de se révolter contre le gouvernement ? Y a-t-il un pays au monde aussi heureux que celui-ci ?

POUTRÉ

Hum !

CAMEL

Comment ? vous ne trouvez pas les Canadiens heureux de vivre sous notre bon gouvernement ?

POUTRÉ

Écoute, Camel, ne viens pas me tendre des pièges. Je n'ai pas bougé, moi ; j'ai cru que c'était une folie. Je l'ai même dit aux jeunes gens. Malheureusement, une fois le branle donné, rien n'a pu arrêter ces pauvres enfants-là... Mais de ce que je dis qu'ils ont fait une folie, à dire que le gouvernement est bon, il y a loin. Je ne dis pas, entendons-nous, qu'il soit mauvais ; je ne dis rien du tout. Mais avant de dire qu'il est bon, tu sais... mon cher... Au reste, il ne s'agit pas de cela ; qu'y a-t-il à ton service ?

CAMEL

Ainsi, père Poutré, vous pensez que le gouvernement n'est pas bon ?

POUTRÉ

Je ne dis rien, Camel, entends-tu? Laissons cela et dis-moi ce que tu viens faire ici!

CAMEL

Oh! histoire de jaser en passant... mais vous vous couchez bien tard, père Poutré; attendez-vous quelqu'un?

POUTRÉ

Tu es bien curieux. J'ai bien le droit, je suppose, de me coucher quand bon me semble.

CAMEL

Allons donc, ne vous fâchez pas, père Poutré. Avez-vous entendu parler des événements? On dit qu'il y a eu bien des malheurs... bien des prisonniers faits surtout.

POUTRÉ

Tant pis!

CAMEL

Pourquoi donc tant pis? Est-ce que ces vauriens-là ne méritent pas d'être punis pour leur conduite?

POUTRÉ

Si l'on punissait les vrais coupables, ce ne seraient peut-être pas ceux-là qui en souffriraient.

CAMEL

Et qui sont les vrais coupables?

POUTRÉ

Les vrais coupables? Écoute, Camel: ce sont ceux

qui vendent et livrent leurs compatriotes pour de l'argent, des honneurs et des titres.

CAMEL

Allons, allons, père Poutré, vous vous fâchez toujours. Je n'ai certes pas l'intention de rien dire contre un homme comme vous; mais quand il s'agit de la canaille qui est allée se battre à Odeltown, il me semble qu'on peut bien dire son fait.

POUTRÉ

Est-il juste de traiter de canaille de braves gens qui n'ont été que trompés? Je trouve cent fois plus méprisables...

CAMEL

Ceux qui les punissent?

POUTRÉ

Non, mais ceux qui les cherchent! Tiens, Camel, quand on voit à pareille heure un oiseau de mauvais augure comme toi, on sait ce que cela veut dire. Si tu t'imagines me tromper avec tes mines innocentes, tu te trompes toi-même. Je connais ta scélératesse et ta lâcheté, va; je sais que tu t'es faufilé parmi les compatriotes pour essayer ensuite de les livrer au gouvernement; je sais que, frustré dans tes desseins, tu n'as dû la vie qu'à la clémence de ceux que tu voulais perdre; je sais que tu es parvenu d'une façon ou d'une autre à t'échapper du cachot où l'on t'avait enfermé; enfin, je sais ce que tu viens faire ici aussi bien que toi-même, et ce qu'il y a de plus vil de ta part, c'est que tu cherches à me tirer les vers du nez, comme on dit, pour en emmener deux au lieu d'un. Ah! je te connais depuis longtemps, Camel!

CAMEL

Eh bien, faisons notre devoir, alors. Je voudrais bien que ce fût un autre que moi, père Poutré ; mais comme on m'a choisi, il faut bien que j'agisse.

POUTRÉ

Pas d'hypocrisie, Camel ! tu viens chercher Félix, eh bien, tu t'en iras comme tu es venu ; il n'y est pas. Et si tu as peur en t'en retournant, ce qui arrive souvent, chante : « J'ai trouvé le nid du lièvre ! » cela t'empêchera peut-être de frissonner au bruit des feuilles. Ainsi Félix n'y est pas ; va-t'en, car je ne suis pas disposé à endurer plus longtemps dans ma maison ta face de valet volontaire !

CAMEL

Père Poutré, voici un *warrant* qu'il faut que j'exécute ; et comme M. le Colonel est informé que Félix est ici — car il le sait, c'est inutile de le nier — je vais le chercher, père Poutré ; il faut que je le trouve.

POUTRÉ

Eh bien, cherche.

CAMEL

Vous feriez mieux de vous épargner ce désagrément, père Poutré. À quoi bon nier ? Félix est arrivé ici aujourd'hui ; on sait ce qui se passe, allez. Pourquoi me forcer de faire le tour de la maison et de fureter dans tous les coins ?

POUTRÉ, *prenant violemment le bras de Camel*

Plus de paroles, entends-tu ! Quand je te dis que Félix n'y est pas, c'est que c'est vrai. Si tu ne me crois pas, cherche ! Fais ton infâme métier et va-t'en vite !

Tu finiras bien par aller où tu envoies les autres, serpent! Ainsi fais ta recherche!

CAMEL

Tenez, père Poutré, je sais que vous êtes incapable de mentir...

POUTRÉ

Pas de flagorneries! Tu as un devoir à remplir, dis-tu, eh bien, fais-le vite et délivre-moi de ta présence.

CAMEL

Si vous me donnez seulement votre parole d'honneur que Félix n'est pas ici, père Poutré, je m'en contenterai.

POUTRÉ

Cherche, lâche! laisse-moi tranquille avec tes avances! Je ne veux pas te devoir même l'apparence d'un ménagement!

CAMEL

Je vois bien que toutes les recherches sont inutiles; le luron est bien caché. Dans ce cas, père Poutré, je n'ai qu'un mot à dire. Votre fils est un traître au gouvernement; il est caché; vous devez savoir où il est, et puisque vous ne voulez pas le livrer, j'ai le droit de vous arrêter comme suspect et comme recelant un rebelle. *(Il tire un sifflet de sa poche, siffle et plusieurs soldats entrent.)* Soldats, arrêtez cet homme! *(Les soldats obéissent.)* Maintenant, père Poutré, vous allez être conduit en prison, et vous n'en serez libre que lorsque vous aurez déclaré où est votre fils; et si vous ne le faites pas, vos propriétés seront brûlées et la loi se chargera de votre personne!

POUTRÉ

Infâme!

CAMEL

Silence!... Père Poutré, encore une fois, je vous somme au nom de la loi de déclarer où est votre fils, Félix Poutré.

Scène 11: LES PRÉCÉDENTS, FÉLIX.

FÉLIX, *entrant*

Le voici!

POUTRÉ

Mon Dieu!

CAMEL

Soldats, laissez cet homme et arrêtez celui-ci. Félix Poutré, au nom de la Couronne d'Angleterre, je vous fais prisonnier. Vous allez tenir compagnie à votre ami Béchard que je viens de faire arrêter.

FÉLIX

Pauvre Béchard, victime de son dévouement!

POUTRÉ

Qu'as-tu fait, mon pauvre Félix?

FÉLIX

Mon pauvre père, c'est moi qui ai tiré le vin, c'est à moi de le boire. Je ne consentirai jamais à ce que vous souffriez pour ce dont je suis seul coupable. Pardonnez-moi tous les chagrins que je vous cause, et laissons l'avenir entre les mains de la Providence ; elle veillera sur les jours de votre enfant. (*Il l'embrasse.*) Adieu!

(*Acte II, scènes 7 à 11, pp. 20 à 26.*)

Le Retour de l'exilé

Drame en cinq actes de **Louis Fréchette,** *adaptation du roman* «*La Bastide rouge*» *d'Élie Berthet, Montréal, Chapleau & Lavigne, 1880, 72 p.*

Louis-Honoré FRÉCHETTE: bio-bibliographie, p. 134.

Après vingt-deux années d'exil et des courses interminables sur toutes les mers du monde, un ancien Patriote de 1838, Auguste DesRivières, revient au pays natal dans le plus total dénuement. Son premier souci est d'aller réclamer sa maison et son domaine de Sillery, confiés jadis à un commis, Antoine-Pierre Jolin. Or ce dernier, trop bien installé dans la fortune de son ancien maître, reçoit la visite de l'exilé avec une contrariété évidente.

Scène 4: AUGUSTE, JOLIN.

JOLIN, *à part*

Tenons-nous bien.

AUGUSTE

Eh bien, mon vieux Jolin, à nous deux maintenant ! Veux-tu ?

JOLIN

D'après ce que je vois, vous revenez vous établir dans le pays?

AUGUSTE

Oui.

JOLIN

Le retour de l'enfant prodigue.

AUGUSTE

L'enfant prodigue? Mais tu sais bien, vieux Jolin, que je n'ai pu comme lui dissiper mon héritage.

JOLIN

Sans doute, car vous n'aviez pu l'emporter.

AUGUSTE

Tu feins de ne pas me comprendre... Tu dois bien penser cependant que mon intention, en remettant les pieds ici, est de revendiquer le dépôt que je t'ai confié en partant. C'est l'héritage de mon père, et après tant de revers, je ne serai pas fâché d'en jouir en paix.

JOLIN

Mais, au moment de votre départ, vous m'avez cédé vos biens par actes réguliers.

AUGUSTE

Ah! très bien; mais tu oublies que cette vente était purement fictive, maître Jolin; car tu m'avais signé toi-même à l'avance une déclaration qui l'annulait. Cette déclaration, cette contre-lettre, comme on appelle les actes de ce genre, te constituait seulement dépositaire de ma fortune; tu étais obligé de tout me restituer à ma première demande.

JOLIN

Mais... cette... contre-lettre... n'existe plus... sans doute...

AUGUSTE

Eh bien, quand cela serait, la perte de cet acte serait-elle une raison pour un ancien serviteur de ma famille de retenir ce qui m'appartient légitimement ?

JOLIN, *se levant brusquement*

La contre-lettre est perdue ! Ah ! je le savais bien, moi ; il ne faut jamais s'abandonner au désespoir !

AUGUSTE, *se levant de table*

Jolin, je ne veux pas croire encore aux soupçons que tes paroles tendraient à m'inspirer. Il m'en coûterait trop de te regarder comme un fripon.

JOLIN

Ah ! ah ! ah !... la bonne histoire ; ce pauvre garçon revient tel qu'il est parti... ah ! ah ! ah ! C'est toujours le même écervelé que son père lui-même avait surnommé *La Bourrasque*. Ah ! oui, *La Bourrasque ;* pas de tête ! pas de tête ! Il vient réclamer cette fortune sans laquelle je ne pourrais plus vivre, et il n'a pas le précieux papier pour m'obliger à cette restitution. Il l'a perdu, le pauvre enfant... le pauvre niais... le pauvre fou !... Il l'a perdu... ah ! ah ! ah ! il l'a perdu !

AUGUSTE

Comme tu vas vite en besogne, vieux Jolin ! T'ai-je dit que cet acte était perdu ? Est-il donc si difficile de conserver une feuille de papier ?

JOLIN

Hein ! c'était donc une épreuve ?

AUGUSTE

Peut-être. Dans tous les cas, cette épreuve ne t'a pas été favorable ; aussi je me montrerai sévère envers un déloyal fondé de pouvoir ; tu peux t'y attendre.

JOLIN

Non, non, c'est impossible, ce papier n'a pu échapper à la destruction, à tous les naufrages dont vous parliez tout à l'heure. Vous avez imaginé quelque ruse pour me tromper. Mais j'ai l'œil ouvert.

AUGUSTE

Jolin ! Tu sens que l'âge a modifié mon tempérament ; car tu sais bien qu'autrefois, vieux coquin, je n'aurais pas souffert ces insolences sans te rompre les os... Mais causons tranquillement. Me croyais-tu assez imprudent, malgré ma légèreté, pour ne pas laisser cette contre-lettre au Canada ?

JOLIN

Ce n'est pas probable, car j'ai pris les informations les plus minutieuses...

AUGUSTE

Dans mon intérêt, sans doute, vertueux Jolin. Eh bien, tiens, écoute ; je vais te révéler certaines circonstances que tu me parais ignorer. En quittant Québec, après la mort de mon beau-frère, pour aller prendre part aux malheureuses échauffourées de 1838, je devais assurer le sort de celle qui m'avait tout sacrifié. Le jour donc où je conclus avec toi cette vente simulée de mes propriétés, je signai secrètement chez un autre notaire un nouvel acte par lequel j'abandonnais à Berthe de Blavière le revenu de tous les biens dont tu étais le dépositaire. À cette pièce je joignis la contre-lettre avec un testament. Je mis le tout sous cachet, et je le remis au notaire Dumont, en le chargeant de les faire parvenir à Berthe.

JOLIN

Ils ne lui sont pas parvenus, car personne n'a jamais rien réclamé de moi en vertu de ces papiers.

AUGUSTE

Je le sais, et c'est ce qui me fait croire, comme on me l'as assuré, que la malheureuse enfant, ne pouvant survivre à son chagrin, est allée mourir obscurément quelque part aux États-Unis.

JOLIN

Ainsi donc ces papiers sont restés entre les mains de Dumont? Il n'a pourtant jamais voulu convenir qu'il eût un dépôt venant de vous.

AUGUSTE

C'était son devoir de notaire.

JOLIN

Mais Dumont est mort, et son successeur...

AUGUSTE

À quoi bon ces explications? Les papiers existent, cela doit te suffire. Ils te seront montrés quand il sera temps.

JOLIN

Mais... mais... on vous les a donc rendus?

AUGUSTE

Pouvait-on refuser de me les restituer?

JOLIN

Mais alors, vous les avez sur vous ; vous pouvez...

AUGUSTE

Curieux ! mais en voilà assez pour ce soir. J'éprouve le besoin de prendre un peu de repos... Fais tes réflexions, Jolin ; on dit que la nuit porte conseil. Emploie-la bien, *caro mio* ; agis loyalement avec moi, et je ne te chicanerai pas trop sur tes comptes. À tort ou à raison, tu es riche, très riche, je le sais ; même en me restituant ce qui m'est dû, tu pourrais vivre dans l'opulence... Crois-moi donc ; la loyauté et la bonne foi te serviront mieux que la ruse ou la violence.

JOLIN

Certainement, mon cher monsieur Auguste, nous nous entendrons aisément... Seulement, si vous pouviez me laisser voir cette contre-lettre...

AUGUSTE

Tu la verras, mais pas ce soir ; le sommeil me gagne ; dans quelle chambre as-tu fait préparer mon lit ?

JOLIN

Dans la chambre jaune ; Thibeault va vous y conduire. *(Il sonne et Thibeault entre avec un bougeoir qu'il remet à Auguste.)*

AUGUSTE

La chambre jaune ! elle est bien triste et bien solitaire. C'est là que mourut ma vieille gouvernante, il y a près de quarante ans... Enfin, soit, je ne crains rien des vivants ni des morts... Bonsoir, Jolin ; Dieu te donne des idées de paix ! *(Tout en parlant, il s'empare furtivement d'un couteau de table, dont il examine la pointe, et sort.)*

Scène 5: JOLIN, THIBEAULT.

JOLIN, *seul*

Allons, je l'aurai échappé belle! Heureusement que La Bourrasque est toujours La Bourrasque... Il a la contre-lettre dans sa poche, je l'ai deviné. Avant deux heures, je me moquerai de ses menaces. Thibeault, où est Bertrand?

THIBEAULT

Y a un bout de temps qu'il doit être dans le parc, comme tous les soirs, à attendre vos ordres.

JOLIN

Dis-lui que j'ai affaire à lui. *(Pantomime.)* Tu comprends?

THIBEAULT

C'est pas difficile.

JOLIN

Dépêche-toi.

THIBEAULT

Ça y est. *(Il sort.)*

Scène 6: JOLIN, *seul*

JOLIN

Jolin, voici le moment de mettre la dernière main à ta fortune... ou de perdre tout ce que tu possèdes. Question de vie ou de mort, Jolin! Oui, il faut lui enlever ce maudit papier, il le faut... à tout prix!... Ah! ma fortune! Il veut m'arracher ma fortune... mon bien,

mon argent, ma vie!... Tout ce que j'ai passé la première partie de mon existence à désirer, et dont je n'ai
pu profiter encore dans la seconde! Cette fortune pour
laquelle je risque tous les jours la prison et l'échafaud!...
Ah! nous allons voir!... Non, monsieur Auguste Des-
Rivières, vous ne m'arracherez pas ainsi le cœur. Auriez-vous tous les démons de l'enfer à votre service,
vous ne réussirez pas. Plutôt vous étrangler de mes propres mains... Oui, oui, un meurtre, s'il le faut... la potence plutôt que la ruine... Oh! que je sois damné, mais
que je sois riche!... riche!... riche!...

(Acte II, tableau III, scènes 4 à 6, pp. 26 à 31.)

V

L'AFFAIRE RIEL

Texte 15

Riel

Drame en quatre actes et un prologue de Charles Bayèr *et* E. Parage, *Montréal, L'Étendard, 1885, 75 p.*

Charles **BAYÈR** (*fl.* 1885-1901) était un magistrat d'origine belge qui avait dû s'expatrier pour des motifs peu reluisants. On sait qu'il dirigea une hôtellerie avec son épouse, à Montréal, à partir de 1887. On ne lui connaît qu'une œuvre littéraire, son drame *Riel* (1885), écrit en collaboration avec E. Parage... En 1901, il quitta le pays pour la France, où il mourut après cette date.

Le commissaire George MacKnave avait reçu mission d'exposer au gouvernement fédéral les souffrances des Indiens et des Métis de la Saskatchewan. Mais il a préféré calomnier ce peuple dépossédé, afin de se venger de leur chef, Louis Riel. Le père de Riel avait jadis fait destituer le père de MacKnave de sa charge de Commissaire de la Baie d'Hudson et George n'avait jamais pardonné aux Riel de les avoir fait souffrir de la pauvreté. C'est donc en vain que Riel et «L'Esprit Errant» (jeune Indien) se sont présentés chez MacKnave pour connaître la réponse du gouvernement. La prison pour Riel et la mort pour L'Esprit Errant ont été les seuls fruits de cette démarche. Éplorée, la mère de L'Esprit Errant, la farouche Takouaga, a choisi de venger son fils en faisant évader Riel

et en enlevant à MacKnave sa fille Nelly, dont elle était la nourri-
ce et qu'elle a rebaptisée Kaïra. Douze ans plus tard, les Indiens
et les Métis n'ont toujours rien obtenu du gouvernement et sont au
bord de l'insurrection.

Scène 1: TAKOUAGA, KAÏRA.

TAKOUAGA, *regardant la jeune fille à la dérobée*

Toujours triste et rêveuse!... D'où peuvent venir
ces nuages, qui assombrissent son front? Quelle douleur profonde lui fait ainsi pencher la tête?... Peut-être
en suis-je la cause? N'ai-je pas, il y a douze ans, arra-
ché cette frêle enfant aux bras d'une mère éplorée?...
depuis ce jour, ne l'ai-je pas condamnée à vivre de notre
vie rude et vagabonde? La fleur de serre chaude ne
peut s'épanouir sur le rocher neigeux... Tôt ou tard le
vent du nord la flétrit et la brise. Pourtant, j'ai reporté
sur elle tout l'amour que j'avais pour mon fils... Je l'aime..., mais elle reste indifférente à mes caresses. Combien de fois n'ai-je pas songé à lui révéler le secret de
sa naissance... à la rendre à son père... *(avec colère)*
à son père! à MacKnave!... MacKnave, l'assassin de
mon fils!... Non!... non!... Ma haine pour lui est plus
forte que mon amour pour toi, ô Kaïra... Devrais-tu en
mourir et moi expier de douleur... non, non... jamais!...
Le cœur de l'Indien est ainsi fait: il peut se briser, mais
il ne pardonne pas. *(Elle s'approche de Kaïra et l'appelle.)* Kaïra!

KAÏRA, *comme réveillée d'un rêve*

C'est toi, Takouaga?

TAKOUAGA

Quelles tristes pensées assombrissent le front de
ma fille bien-aimée?

170

KAÏRA

Je ne sais... un sentiment indéfinissable de tristesse s'est emparé de moi. Cette vie errante, ces courses sans fin à travers l'immense solitude des prairies, les dangers, les souffrances de chaque jour énervent mon courage... Je me sens au cœur un vide immense. Il me semble qu'aucune affection véritable ne veille sur moi.

TAKOUAGA

C'est mal, Kaïra, de douter de l'amour de Takouaga pour sa fille... Kaïra n'aime donc pas sa mère?

KAÏRA

Pardonne-moi, Takouaga, si je t'offense; j'ai pour toi une grande affection... mais, il me semble... que je ne t'aime pas... comme une fille devrait aimer sa mère. (*Francœur arrive en canot. Bruit au fond.*)

Scène 2: KAÏRA, TAKOUAGA, FRANCŒUR, DES MÉTIS.

TAKOUAGA

Voilà notre hôte qui revient de la chasse.

KAÏRA, *surprise et comme troublée*

Francœur... (*Francœur, au fond de la scène, serre la main aux Métis.*)

UN MÉTIS

Bonjour, frère!

FRANCŒUR

Bonjour, frères!

UN MÉTIS

La chasse a-t-elle été bonne?

FRANCŒUR

Assez! Voyez... (*Il montre le canot.*) Mais à part du gibier, je rapporte encore une bonne nouvelle.

UN MÉTIS

Quoi donc?

FRANCŒUR

J'ai rencontré, de l'autre côté du lac, les deux guerriers que vous aviez chargés d'un message pour Louis Riel; ils reviennent accompagnés du grand chef; je les ai laissés contourner le lac avec leurs chevaux et j'ai aussitôt traversé pour vous prévenir; ils seront ici avant une heure.

UN MÉTIS

Frères, notre protecteur Riel arrive; allons tous à sa rencontre. (*Ils sortent. Francœur descend sur le devant de la scène.*)

Scène 3: FRANCŒUR, TAKOUAGA, KAÏRA.

FRANCŒUR, à *Takouaga*

Bonjour, mère; vous trouverez dans le canot tout ce qu'il faut pour dîner. Je vous préviens que j'ai une faim de chasseur.

TAKOUAGA

Takouaga ne vous fera pas attendre longtemps. (*Elle va au canot, y prend le gibier et rentre dans la tente. Francœur dépose son fusil près de la tente de Kaïra, en s'approchant de la jeune fille.*)

172

FRANCŒUR

Bonjour, petite sœur Kaïra !

KAÏRA, *émue*

Bonjour, frère !

FRANCŒUR

Eh, mais, d'où vient cette pâleur ? Pourquoi ces jolis yeux sont-ils voilés de larmes ? Vous souffrez, Kaïra ?

KAÏRA

Non !

FRANCŒUR

Qu'avez-vous alors ?

KAÏRA

Je ne sais.

FRANCŒUR, *faisant le geste d'un homme qui a une idée*

Quel âge a Kaïra ?

KAÏRA

Seize fois déjà j'ai vu l'érable rougir et la neige couvrir la terre.

FRANCŒUR

Seize ans... (*À part, en mettant la main sur son cœur.*) La maladie est là. (*Haut.*) Ma sœur aime un jeune guerrier de sa tribu, qui n'a sans doute pas eu l'esprit de s'en apercevoir ?

KAÏRA, *confuse*

Non !

FRANCŒUR, *à part*

Elle a rougi ! C'est cela. Le jeune guerrier peut dire qu'il a de la chance. *(Haut.)* Allons ! petite sœur Kaïra, chassez ces vilains papillons noirs... vite un joli sourire... là, à la bonne heure !... maintenant que vous voilà plus gaie, je vais, avant le dîner, m'occuper de mes préparatifs de départ.

KAÏRA, *se levant, émue*

Vous partez ?

FRANCŒUR

Sans doute ! Je ne puis pourtant pas me faire naturaliser Peau-Rouge et passer ma vie à chasser le buffle ou l'orignal...

KAÏRA, *chancelante*

Ah !...

FRANCŒUR

Mes vacances sont finies ; mon journal me réclame ; je pars demain.

KAÏRA

Ah ! *(Elle tombe sur le banc de gazon.)*

FRANCŒUR, *se penchant sur elle et l'enlaçant dans ses bras*

Ciel ! aveugle que j'étais !... Kaïra, chère Kaïra !...

KAÏRA, *chancelante*

George !...

FRANCŒUR

Ma bien-aimée !

KAÏRA

Je t'aime !... (*Franc œur pose un baiser sur le front de Kaïra*)

Scène 4 : ABRAHAM, FRANCŒUR, KAÏRA.

ABRAHAM

Ah ! ah ! oh ! oh ! Barton si che fous téranche !... che ne fous afais bas fu. (*À part.*) Che les afais pien fus ; ch'ai l'œil et le pon !...

FRANCŒUR

Tiens ! ce vieux juif d'Abraham. D'où viens-tu, vénérable fils d'Israël ?

ABRAHAM

Che fiens ?... Che fiens du fort Calgary, où ch'ai été renouveler mes brofisions de marchandises ; ch'ai tu pon gin, te la boudre, peaucoup de boudre... Foyez-fous, il se manigance ici quelque chôse... ch'ai l'œil et le pon, voui !... c'est un article qui se fendra pien, voui ! (*Jetant un regard oblique à Francœur.*) ch'ai aussi de chôlis pichoux ! hein ! hein ! (*Il rit bêtement.*) Bas cher, hein ! hein ! (*Il pousse Francœur du coude, ouvre sa boîte et en exhibe quelques articles.*) Hein ! bour les cheunes chens faire gâdeau aux chôlies filles. Hein !

FRANCŒUR, *riant*

Allons ! c'est bon, vieux malin, donne-moi ton plus joli collier.

ABRAHAM

Le blus chôli, c'est cher !... vingt biastres !

FRANCŒUR

Je ne t'en ai pas demandé le prix ; donne.

ABRAHAM, *à part*

Les amoureux, ça ne marchante chamais !... Ponne affaire !... ch'ai l'œil et le pon !... voui ! (*Il donne son collier contre argent comptant, qu'il examine attentivement, puis, satisfait, il se met à ranger dans sa boîte ses bijouteries.*)

FRANCŒUR, *à Kaïra*

Chère Kaïra, accepte ce collier comme un gage de mon amour pour toi ; c'est mon cadeau de fiançailles.

KAÏRA

Merci, mon ami, et en retour voici le mien. (*Elle enlève de son cou la petite croix que Riel lui avait donnée et la présente à Francœur.*) Puisse cette petite croix te porter bonheur. (*Bruit. Tous les guerriers rentrent avec Riel.*)

Scène 5 : LES MÊMES, RIEL, LA NUÉE ORAGEUSE, MÉTIS ET SAUVAGES.

MÉTIS ET SAUVAGES

Hurrah ! hurrah ! Vive Riel !...

RIEL

Frères, j'ai reçu votre message il y a quatre jours ; quel nouveau danger menace mes frères ?

LA NUÉE ORAGEUSE

Eh ! quoi, ignores-tu ce qui se passe ?

RIEL

Que mon frère, la Nuée Orageuse, parle d'abord.

LA NUÉE ORAGEUSE

Soit!... Mais avant que des paroles amères ne sortent de ma bouche, permets que, suivant l'usage, le calumet circule parmi nous. Le sage ne parle qu'après avoir apaisé la colère qui agite son âme; la précipitation rend la langue fourchue. (*Pendant cette tirade, Indiens et Métis se sont assis à terre en demi-cercle. La Nuée Orageuse et Riel sont au milieu. Le calumet passe de bouche en bouche. Lorsque la cérémonie est terminée:)*

RIEL

Maintenant, chef, je t'écoute.

LA NUÉE ORAGEUSE, *parlant avec calme et lentement*

Depuis que le Grand Esprit fit la terre qui nous porte et qu'il alluma le soleil qui nous éclaire, nous vivions libres, heureux et tranquilles dans nos solitudes. Un jour, jour maudit! sur le grand lac salé qui borde nos côtes, nous aperçûmes d'immenses maisons flottantes; des arbres entiers servaient de support à de grandes voiles que le génie du mal et des tempêtes enflait de son souffle. De ces grandes barques descendirent des hommes d'une autre race et d'une autre couleur que la nôtre. Ils vinrent s'asseoir à nos feux et demandèrent à partager notre nourriture et nos wigwams. Ils acceptèrent de fumer avec nous le calumet de paix et furent reçus en frères. Bientôt ces faces pâles ne demandèrent plus à partager; ils parlèrent en maîtres et voulurent tout avoir: nos pêcheries, nos territoires de chasse et jusques à nos squaws. Ils avaient des armes aussi terribles que la foudre et que nous ne connaissions

177

pas alors. Que pouvaient contre elles nos arcs et nos tomahawks? Ils furent les plus forts. Alors il nous chassèrent devant eux comme de vils troupeaux, tuant ceux de nos frères qui résistaient ou restaient en arrière. Ah! ils pouvaient tout nous prendre, même notre vie!... ils ne frappaient que nous seuls. Mais ils ont pris la terre qui nous a vus naître et que le Grand Esprit nous avait donnée: la terre où sont enfouis les ossements de nos aïeux; la terre, cet héritage sacré qui nous a été confié par nos pères pour être transmis à nos enfants. *(Pendant la fin de cette tirade, il s'est excité peu à peu. Se levant exalté:)* Ah! la perte du sol chéri de sa patrie a fait au cœur de l'Indien une plaie profonde que rien ne cicatrisera, qui saignera à travers les âges et dira à chaque génération nouvelle: «Souviens-toi! souviens-toi!»

RIEL

Est-ce là tout? Et mon frère, le vaillant chef des Pieds-Noirs, n'a-t-il contre l'usurpateur que ces anciens griefs, à peu près oubliés aujourd'hui?

LA NUÉE ORAGEUSE

Lorsque la Compagnie de la Baie d'Hudson nous a vendus comme un vil bétail au gouvernement anglais, nous avions espéré trouver dans nos acquéreurs sinon de la justice, du moins de la pitié. Notre espoir a été déçu; on nous a chassés du territoire que, depuis le commencement du monde, nous parcourions en liberté; on nous a relégués dans un pays stérile que traverse bien rarement un troupeau de buffles égarés; notre seule nourriture est un peu de lard pourri que l'on nous donne en échange de nos plus belles fourrures; on nous affame pour mieux nous voler. La mesure est comble.

RIEL

Frère, les paroles qui viennent de sortir de ta bouche ne m'apprennent rien de nouveau; je connais vos griefs et depuis longtemps je travaille à vous faire obtenir justice. Cependant, malgré le mauvais vouloir du gouvernement, je vous supplie, dans votre intérêt, de ne pas encore lever l'étendard de la révolte. Verser le sang, c'est offenser Dieu. Je vais faire à Ottawa une dernière tentative. Jurez-moi que jusqu'à mon retour vous ne ferez pas parler la poudre.

TOUS

Mais... (*Bruit confus de voix contradictoires.*)

RIEL

Je le veux... Vous le jurez?

LA NUÉE ORAGEUSE

Puisque le chef l'ordonne, nous le jurons!

TOUS, *se levant*

Nous le jurons!

Scène 6: LES MÊMES, GABRIEL DUMONT.

GABRIEL DUMONT, *entrant*

Trop tard!

TOUS

Gabriel Dumont!

RIEL, *s'avançant vers lui*

Que veut dire mon fidèle ami?

GABRIEL DUMONT

Vous espérez justice ou pitié?... Eh! bien, on a

179

trouvé que la misère ne nous tuait pas assez vite; on a chargé des gens de nous assassiner.

RIEL

Parles-tu sérieusement?

GABRIEL DUMONT

Hélas! il n'est que trop vrai! jugez-en. Ce matin nous nous rendions avec quelques trappeurs à la pointe nord du lac pour y relever nos trappes, lorsque tout à coup nous nous voyons entourés d'un fort détachement de la police montée, commandé par le major Crozier. Nous ignorions ses intentions, quand il fit un signe à ses hommes. Immédiatement, sans sommation aucune, une fusillade épouvantable est dirigée contre nous.

TOUS

Vengeance!

RIEL

Continue!

GABRIEL DUMONT

La précipitation à obéir à cet ordre odieux empê-cha les soldats de bien viser. Mes amis et moi, nous nous jetons à terre et, grâce à la fumée de la poudre qui nous cachait à nos ennemis, nous rampons sur les mains et nous parvenons à gagner le taillis qui borde la route. Nous étions sauvés.

RIEL

Et alors?

GABRIEL DUMONT

Alors, avant de nous disperser, mes douze amis et moi, nous déchargeons nos carabines, et quatorze hommes de la police, le front troué d'une balle, roulent dans la neige.

LA NUÉE ORAGEUSE

Quatorze?... Mais vous n'étiez que treize.

GABRIEL DUMONT, *montrant sa carabine*

J'ai une carabine à deux coups. Eh! bien, Riel?

RIEL, *s'exaltant*

Oui! la mesure est comble!... Puisque, les premiers, ils ont versé le sang, que ce sang et tout celui qui va couler retombe sur leurs têtes. Mes amis, le sort en est jeté! allons, mes fidèles Métis, fourbissez vos armes; et vous, braves guerriers indiens, déterrez la hache de guerre. C'est Riel qui marchera à votre tête. Aux armes!

TOUS

Aux armes!

LA NUÉE ORAGEUSE

Qu'ordonne notre chef?

RIEL

Que le grand conseil, composé des douze principaux chefs, se réunissent à l'instant dans ton wigwam, afin d'y discuter notre plan de campagne. *(Il passe devant Francœur, qui le salue.)* Quel est ce jeune homme?

UN MÉTIS

Un journaliste américain en vacances.

RIEL

Monsieur? *(Il le salue.)*

FRANCŒUR

George Francœur, reporter du *Courrier des États-Unis*.

RIEL

À quelle nationalité appartenez-vous ?

FRANCŒUR

Je suis canadien-français.

RIEL

Un Canadien français ? Béni soit Dieu qui vous a amené parmi nous, mon jeune ami ; témoin impartial des événements qui se préparent, vous plaiderez notre cause devant l'opinion publique. Vous serez l'historien de nos batailles...

FRANCŒUR

Et le chantre de vos victoires.

(Acte I, scènes 1 à 6, pp. 25 à 35.)

Texte 16

Riel

*Tragédie en quatre actes d'*Elzéar Paquin, *Montréal, Beauchemin, 1886, 143 p.*

Elzéar PAQUIN naquit à l'Île-Bizard, près de Montréal, le 22 décembre 1850. Après ses études de médecine à Montréal, il exerça sa profession surtout à Chicago. Il occupa ses loisirs à écrire sur l'his-

toire de ses compatriotes. Parmi ses ouvrages, mentionnons *La Cité du mal contre la Cité du bien* (1881) et *Le Triomphe des idées catholiques sur le libéralisme* (1883). Fervent nationaliste, il chercha à faire connaître son pays avec sa tragédie *Riel* (1886) et son essai *La Colonie canadienne-française de Chicago* (1893). Il mourut à Montréal, le 17 janvier 1947.

Louis Riel a échoué dans sa tentative de mener les Métis à la victoire contre le gouvernement d'Ottawa. Condamné à mort après sa reddition en mai 1885, il attend depuis six mois son exécution. Pendant ce temps, ses deux principaux lieutenants, Gabriel Dumont et Michel Dumas, se sont réfugiés aux États-Unis, où ils se morfondent dans leur impuissance à sauver leur chef.

Scène 4: DUMONT, *seul*

DUMONT, *il marche et paraît très fatigué et très sombre*

Depuis de longs mois, de montagnes en montagnes, de collines en collines, de vallées en vallées, nous allons à la bonne aventure. Nous sommes morts de fatigue et, si ce n'était des secours de quelques braves amis, nous n'aurions plus aujourd'hui de souffle de vie. Au milieu de nos misères, nous nous étions encore fait illusion: nous ne pouvions pas nous imaginer que le gouvernement d'Ottawa n'avait pas enfin libéré nos compatriotes, déjà alors retenus trop longtemps dans la prison. À notre grand étonnement, ce matin, nous voyons tout le contraire sur des journaux canadiens que des amis viennent de nous passer! Nos concitoyens ne sont pas encore mis en liberté!... et, est-ce croyable, Riel est encore dans les fers subissant pour la troisième fois les tortures d'une condamnation à mort. Pourquoi accorder un troisième répit à notre magnanime chef, ce grand défenseur de la patrie et de la liberté? Le gouvernement devrait savoir que tous ces sursis font descendre dans l'âme de ce brave patriote les supplices de la mort. Ces remises ne sont que le résultat de l'intrigue et m'apparaissent comme la plus cruelle supercherie pour maintenir la province de Québec dans une fausse espérance. Ah! je remercie surtout les journaux français et libéraux du Canada pour l'intelligence et le cœur qu'ils montrent par rapport à notre cause, en vouant à l'exécration publique tous les bourreaux politiques qui déshonorent la capitale de la Puissance. *(Il regarde.)* Allons! Voilà mon ami Dumas. *(Il regarde encore.)* Mais avec qui est-il?... Dans tous les cas, cet inconnu m'a l'air d'un vrai gentilhomme. *(Il s'avance vers eux.)*

Scène 5: DUMONT, DUMAS, L.-O. DAVID.

DUMAS

Dumont, j'ai le plaisir de vous faire connaître M. Laurent-Olivier David, de Montréal, dont nous avons entendu parler si souvent.

DUMONT, *il donne de chaudes poignées de main à L.-O. David*

Que je suis heureux, honorable compatriote, de faire votre connaissance.

L.-O. DAVID

Mon cher M. Dumont, je vous déclare sincèrement que je ne suis pas moins flatté d'avoir pu vous rencontrer ce soir. On m'a annoncé que vous n'étiez pas loin d'ici, et je me suis empressé de vous rendre une visite.

DUMONT

Ce n'est pas tous les jours qu'en Canada vous rencontrez sur leur route de pauvres exilés comme nous.

L.-O. DAVID

M. Dumont, il y a dans notre pays des exilés bien différents de vous deux. Nous avons des hommes d'État, dans la capitale du Canada, qui sont loin d'avoir, aux yeux de la patrie, autant de mérites et de gloire que vous deux et que tous vos compatriotes faits prisonniers. Ce sont des misérables beaucoup éloignés du patriotisme et d'une politique fondée sur le bien de la nation. Voilà pourquoi la plus grande partie du peuple qu'ils représentent les a bannis, expulsés de son estime, de son respect et de sa confiance. À ce point de vue, comme vous pouvez le comprendre, ce sont des exilés qui ne peuvent s'attirer aucune considération ni aucune sympathie.

DUMONT

M. David, croyez-vous sincèrement que le ministère d'Ottawa va se faire le bourreau de Riel?

L.-O. DAVID

Oui, malheureusement, à la grande honte du pays et de tous les peuples civilisés.

DUMAS

La politique de l'administration fédérale est-elle un tissu de méfaits si révoltants?

DUMONT

Par rapport à nous, le cabinet d'Ottawa a continuellement suivi une politique à double face.

L.-O. DAVID

Mes amis, les hypocrites qui trônent sur les banquettes ministérielles à Ottawa ont toujours cherché à nous montrer, dans la lenteur de leurs procédés, une détermination ferme de ravir au gibet la tête de votre valeureux chef. Mais la clairvoyance de *La Patrie,* de Montréal, et d'un bon nombre d'hommes patriotiques les a portés à crier bien fort pour réveiller le peuple fasciné par les séductions et endormi par les promesses trompeuses des serpents d'Ottawa.

DUMONT

Je vous félicite, M. David, pour avoir inauguré ce mouvement national destiné à sauver la vie de Riel des sicaires orangistes.

DUMAS

On peut dire -aussi que ce mouvement généreux met en relief l'honneur du nom canadien-français.

L.-O. DAVID

Nos démarches, après avoir rencontré des dénis de justice à Regina, à Winnipeg, en Angleterre et à Ottawa, ont abouti enfin, quoique tard, à faire sortir de sa torpeur la députation franco-conservatrice de la province de Québec. Elle a enfin ouvert les yeux sur le coup que nous préparaient les agissements sombres et tortueux du ministère fédéral, traître à tous sentiments d'humanité. Elle a envoyé au vieux sir John un télégramme lui annonçant qu'elle ne pourrait plus lui donner son support, s'il n'épargnait pas au pays l'humiliation d'une pendaison politique.

DUMAS

Tant mieux.

DUMONT

Comme de raison, mieux vaut tard que jamais.

L.-O. DAVID

C'est vrai, mais je n'en persiste pas moins à croire que le gouvernement n'adoptera pas une politique de clémence.

DUMAS

Comment? le premier ministre de la Puissance du Canada ne suit-il que les instincts les plus pervers et les plus sordides?

DUMONT

Est-il si peu soucieux de sa réputation d'homme d'État?

DUMAS

Y a-t-il une personne raisonnable qui puisse prétendre que les troubles de 1869-70 font de Riel un rebelle?

DUMONT

Ils n'étaient que la plus noble revendication nationale contre la plus noire et la plus basse conspiration militaire.

DUMAS

C'était la patrie en état de défense ou en lutte contre des envahisseurs étrangers et pleins de crimes.

L.-O. DAVID

Vous avez raison, mes amis, et je ne peux m'expliquer comment il se fait que le ministre Chapleau, qui a si éloquemment défendu Ambroise Lépine, soit devenu si avili au point de ne pas avoir encore offert sa résignation.

DUMAS

Est-il assez méchant pour affirmer que Riel s'est conduit en rebelle, lors des troubles de l'hiver dernier?

DUMONT

Non, puisque le gouvernement a confessé sa négligence criminelle en accordant à nos compatriotes au moins 2,000 titres, au milieu des sinistres nuages de la fumée de nos combats?

DUMAS

Pourquoi le cabinet de sir John A. MacDonald continue-t-il ainsi à s'attirer le mépris par sa politique indéterminée, couarde, louche, mesquine?

L.-O. DAVID

Je vais vous en dire la raison la honte au front: c'est que pour se maintenir au pouvoir il compte sur le gibet où Riel est injustement condamné à être offert en holocauste à la loge orangiste.

DUMAS

Ignore-t-il que la composition d'un tribunal de deux juges de paix et de six jurés ne pouvait équitablement juger Riel?

DUMONT

N'est-il pas évident à ses yeux, comme aux yeux de tout l'univers que le verdict porté contre ce héros est une parodie de justice?

DUMAS

Et la sentence donc prononcée par ce juge mannequin nommé Richardson, qu'en pensez-vous, M. David?

L.-O. DAVID

Oh! elle comporte une des plus graves illégalités!

DUMONT

Pourquoi donc alors les ministres d'Ottawa aspirent-ils à l'exécution d'un patriote comme Riel?

DUMAS

Est-ce parce qu'ils ne reconnaissent pas la recommandation en grâce du jury?

DUMONT

Oh! les misérables et vils architectes de potence! Ils savent qu'ils sont cause de ce qu'ils appellent nos rébellions et, en dépit de leur conscience, ils auraient l'audace de consommer un véritable assassinat judiciaire!

DUMAS

Écoutez, Dumont, je ne peux me figurer que Sir John et les autres ministres seraient assez traîtres pour se couvrir de tant de déshonneur!

DUMONT

Pourquoi pas? Ne restent-ils pas impassibles devant les prières d'un million et demi de Canadiens français qui demandent la grâce du valeureux prisonnier de Regina?

L.-O. DAVID

Ne se montrent-ils pas inexorables en présence de Mgr Grandin qui les supplie de ne pas conduire Riel à l'échafaud?

DUMONT

Les pleurs, les gémissements, les lamentations de la mère et de la femme de ce martyr de notre cause ne viennent-ils pas se briser sur eux comme sur un roc inébranlable?

DUMAS

Ce sont donc des tigres affamés de vengeance?
(*On frappe.*)

L.-O. DAVID

Je crois que quelqu'un frappe à la porte. (*Dumas
va à la porte et revient avec un télégramme à l'adresse
de L.-O. David. Ce dernier ouvre la dépêche.*) Mes
amis, je n'en suis pas surpris!... Croyez-moi... on m'annonce que le gouvernement vient d'envoyer à Regina le
commandant de la police de la Puissance, Sherwood,
avec le mandat de mise à mort!

DUMAS

C'en est donc fait de notre ami Riel!... Riel dont
le cœur n'a battu que pour sa patrie!

DUMONT

Oh Riel! Vous avez toujours tout sacrifié pour le
bien de vos compatriotes, et demain la couronne du
martyr va descendre sur votre tête pour sanctionner et
proclamer la fécondité, la stabilité et la grandeur de vos
œuvres, et pour rendre votre nom immortel.

DUMAS

Et vous, ô reine d'Angleterre, vous laissez ces ministres assassins jeter un outrage aussi sanglant à la
figure d'une nationalité dont tous les membres ont constamment été les sujets les plus fidèles.

L.-O. DAVID

Mes amis, qu'est-ce que Riel peut attendre du gouvernement impérial?

DUMAS

Que sir John MacDonald et tous ses complices

montent sur la potence à la place de ce noble citoyen qui, pour délivrer son pays, n'a pas craint de se mettre en face de l'oppression et de la tyrannie !

L.-O. DAVID

C'est bien ce qu'ils méritent, puisqu'ils sont des oppresseurs et des tyrans. Mais n'oubliez pas que Riel a jeté la terreur dans la nation anglaise, et c'est pourquoi elle ne lui pardonnera jamais. Jeanne d'Arc, la vierge d'Orléans, a été condamnée à être dévorée par les flammes sur un bûcher, pour avoir épouvanté une armée anglaise. Le grand Napoléon, la terreur de l'Europe, après avoir commandé aux empereurs et aux rois du monde, vint demander l'hospitalité du peuple anglais. Ennemie de la France et des Bonaparte, l'Angleterre a conduit à l'océan le potentat déchu, l'a enfermé à l'île Sainte-Hélène et l'a retenu jusqu'à son dernier soupir dans cet îlot pestilentiel. Avant qu'il tombe, cet empereur avait fait trembler le trône de la fière Albion et, toute terrifiée, elle n'a pu ni oublier ni pardonner.

DUMONT

Malheur donc à ceux qui font peur à la nation britannique, qui se croit la race supérieure !

DUMAS

Mais qui n'a pas honte de persécuter, d'opprimer, de tyranniser les nations plus faibles, comme l'Irlande, par exemple !

DUMONT

Le gouverneur général du Canada, de concert avec ses ministres, a certainement le droit, au moins de fait, d'exercer la prérogative royale en maintenant ou en commuant une sentence de mort portée contre un des sujets de Sa Gracieuse Majesté. Pourquoi envoient-ils tous ensemble Riel à l'échafaud, lorsque toutes les nations civilisées leur demandent de commuer la peine capitale à laquelle il est condamné si criminellement?

L.-O. DAVID

Je vous le dis: les ministres fédéraux sont les suppôts des loges orangistes.

DUMONT

Quoi! en signant l'arrêt de mort, ils savent qu'ils se font les instruments de la haine et des préjugés de ces sectaires barbares!

DUMAS

Et ils ne redoutent pas l'indignation du pays? Car les orangistes ne sont pas les seuls qui constituent l'électorat.

L.-O. DAVID

Ils font leurs calculs et ils se figurent que la sécurité de leur portefeuille dépend des loges sanguinaires de l'orangisme, et voilà pourquoi le décret de mort vient d'être expédié à Regina.

DUMONT

Les trois ministres canadiens-français, Langevin, Chapleau et Caron, ont donc consenti à livrer leur frère et leur race à la secte la plus diabolique et la plus révolutionnaire qu'il y ait sur la terre.

DUMAS

Mais pour qui prennent-ils donc les Canadiens français qu'ils représentent au cabinet d'Ottawa? Comptent-ils sur l'impunité, après une trahison aussi dégradante?

DUMONT

Que l'esprit et le cœur du peuple anglais soit si peu soucieux du sort de Riel, je me l'explique: il est l'ennemi séculaire de tout ce qui est français et catholique. Que sir John MacDonald et les loges orangistes veulent et ordonnent l'exécution de Riel, je peux en trouver une raison, logique pour eux, dans leur haine contre les franco-canadiens et leur sainte religion. Mais je ne peux me rendre compte comment Langevin, Caron et Chapleau ont pu se décider à livrer à l'ennemi leur sang, leur foi, leur nationalité.

DUMAS

Il faut qu'ils soient des traîtres et des lâches !

DUMONT

On peut pardonner à des ennemis, mais à des lâches, à des traîtres, jamais !

DUMAS

Si la province de Québec n'a pas perdu tout sentiment d'honneur et de dignité, jamais elle n'accordera de pardon à ces trois vils et misérables politiciens qui l'ont trahie d'une manière si humiliante et si odieuse.

(Acte IV, scènes 4 et 5, pp. 99 à 108.)

SECONDE PARTIE

SOCIÉTÉ QUÉBÉCOISE

1

LA POLITIQUE

Texte 17

La Conversion d'un pêcheur
(de la Nouvelle-Écosse)

*Opérette en un acte d'*Elzéar Labelle *(1869), dans « Mes Rimes », Québec, P.-G. Delisle, 1876, pp. 117-148.*

Elzéar LABELLE naquit à Montréal, le 14 novembre 1843. Il commença ses études au Collège de L'Assomption et les poursuivit chez les Jésuites de Montréal. Il pratiqua le droit durant quelques années avec Alfred Mousseau, futur premier ministre du Québec. Il s'adonna en même temps à la poésie et à la chanson. À partir de 1861, il fournit au *Colonisateur* plusieurs articles, récits et poésies sentimentales. En 1869, il écrivit son unique comédie: *La Conversion d'un pêcheur (de la Nouvelle-Écosse)*, allusion à Joseph Howe et à sa bruyante opposition à la Confédération (à laquelle le ministre se rallia lorsque sa province eut reçu d'importantes concessions du gouvernement fédéral). En septembre 1875, miné par la maladie, il prit sa retraite dans la famille Tassé, à Saint-Vincent-de-Paul. Son recueil *Mes rimes* fut publié un an après sa mort, survenue à Montréal, le 24 octobre 1875.

La récente formation de la Confédération canadienne a réduit les provinces maritimes à une grande pauvreté: les poissons fuient les rivières, le sol est inculte, le commerce est stagnant. Morufort, pêcheur de la Nouvelle-Écosse, est donc venu à pied jusqu'à Montréal pour s'informer de la politique du Canada, responsable à ses yeux du désastre économique de sa province. Il est tombé sur un cultivateur québécois, Pierrichon, qui revient du marché, tout réjoui de la grasse recette de ses produits. Pour Pierrichon, la Confédération est source de prospérité: c'est la corne d'abondance de tout le Canada. Devant les protestations justifiées de Morufort, Pierrichon entreprend de semer le doute dans l'esprit du pêcheur.

PIERRICHON

Si j'pouvions l'convertir; un homme qu'a fait deux cents lieues *rien qu'exprès* pour v'nir nous troubler; c'en s'rait-i un fameux service rendu au pays; et pi qu'on dirait: «C'est encore c'diable de Pierrichon qu'a fait ça!» car, voyez-vous, j'avons déjà d'la réputation pour ces choses-là, si ben qu'aux dernières élections j'avons ben r'çu vingt belles piast'es, sans compter les dix qu'un p'tit Monsieur de la ville a fourrées dans la poche de Marichette: c'était pour payer not'e temps, comme on dit; si j'avions pensé qu'c'aurait été pour faire de la corruption, j'aurions jamais souffert ça, ni Marichette non plus! parc'que, c'est pas pour nous vanter, mais y'a d'la conscience là d'dans. Mais donnons-y pas l'temps d'réfléchir. Dites donc, Monsieur Morufort, ç'a ben des caprices, la politique, hein?

MORUFORT

Eh! *mon gueux*! est-c'que ça sait c'que ça veut? et t'nez! voulez-vous que j'vous dise c'que j'en pense, moé, de c'qui z'appellent leur politique?

PIERRICHON

J's'rais ben curieux d'connaître vot'e *opignon* là-d'sus.

MORUFORT

Eh! ben, j'crai qu'c'est une vieille blague cousue d'fil rouge et bleu, là ousque l'plus fort s'bourre tant qu'i peut.

PIERRICHON

J'avions ben à peu près la même idée, mais j'avions toujours cru qu'c'était une blaque *rouge* racc'modée avec du *bleu*.

MORUFORT

Bah! le racc'modage vaut pas mieux qu'la blague, allez!

PIERRICHON

Pourtant! quand l'*fil bleu* est *Siré*, j'vous dis qu'ça tient bon.

MORUFORT

Oui, mais tout c'*cirage*-là en met pas plus dans not'e poche, et ça répare pas les malheurs d'mon pays.

PIERRICHON

Tiens, vous v'là encore avec vos idées tristes; mais, dites donc, vous croyez don qu'on vous veut ben du mal?

MORUFORT

Dam, c'en a ben l'air.

PIERRICHON, *à part*

Ça doit êt'e le moment d'employer l'grand moyen. (*Haut.*) T'nez, Monsieur Morufort, dans la politique, voyez-vous, i faut garder son sang *fret* et maîtriser ses passions, comme dit Monsieur le Curé.

199

MORUFORT

Oui, mais c'est qu'y a queuq'chose qu'on peut pas maîtriser si facilement; c'est la faim, Monsieur Pierrichon.

PIERRICHON

Mais, parbleu! on s'adresse aux amis, et quand y'en a pour un, y'en a ben pour deux; et t'nez, c'est pas pour me vanter, mais j'cré qu'y a moyen d'arranger ça entre nous deux.

MORUFORT

Comment! vous crayez que...

PIERRICHON

Eh! oui; mais pour ça, i faut faire des p'tits sacrifices. Pourquoi, par exemple, que vous laisseriez pas vot'e pays et pi vous en v'nir rester dans l'nôt'e?

MORUFORT

Moé laisser mes morues pour vos castors! mais vous y pensez pas, Monsieur Pierrichon; qu'est-c'que dirait l'père Howe? lui qu'a tant crié!

PIERRICHON

Bah! on trouv'ra ben l'moyen d'y couper l'sifflet, allez, à vot'e vieux père Howe.

MORUFORT

Mais qu'est-c'que j'viendrais faire par *icite*?

PIERRICHON

Si c'est *guinqu'ça* qui vous inquiète, soyez pas en peine. J'avons justement parlé à not'e député pour placer mon *filleau* dans les affaires du gouvernement, et i m'a dit hier qu'la place était sûre, malgré qui z'en aient

200

pas besoin; mais, voyez-vous, ces gens-là aiment à encourager l'commerce; eh! ben, mon *filleau* attendra une aut'e chance et vous prendrez la sienne.

MORUFORT

Comment! moé une place!... mais ça s'peut pas, Monsieur Pierrichon, moé qu'a tant dit de bêtises cont'e vot'e gouvernement.

PIERRICHON

Pas si bête d'aller l'dire.

MORUFORT

C'est vrai qu'c'était ent'e nous aut'es, et pis qu'la colère du moment m'a fait dire des choses... enfin; vous comprenez?... on s'excite... on s'excite... on s'monte... et pis on finit par devenir injuste.

PIERRICHON

Oh! j'connais ça, j'connais ça. *(À part.)* J'crai qu'j'avons touché la corde sensible.

MORUFORT

Dites donc; combien qu'ça paiera-t-i?

PIERRICHON

Oh! disons 400 piast'es et pi...

MORUFORT

Et pi...?

PIERRICHON, *bas*

Quequ'un pourrait nous entend'e, parlons-en pas; mais on sait c'que ça veut dire.

MORUFORT

Mais, dites donc, pensez-vous que j'pouvons remplir la place comme i faut?

PIERRICHON

Ça, c'est pas ben important dans les affaires du gouvernement, mais y'en a pas d'plus *capable* que vous, parc'que, voyez-vous, i s'agit d'nommer un Inspecteur de foies d'morue; et vous qu'on a déjà surnommé Morufort...

MORUFORT, *à part*

J'connaissons plus la morue qu'son huile de foie, mais n'importe, i paraît qu'c'est pas nécessaire. *(Haut.)* Dites donc, c'est-y payable en papier, les quat'e cents piast'es?

PIERRICHON

En or!

MORUFORT

En or?

PIERRICHON

Allons, un bon mouvement! pensez à votre Anastasie.

MORUFORT

Eh! ben!...

PIERRICHON

Vous vous rendez?

MORUFORT

Dam, la somme me paraît ben p'tite; parc'que,

voyez-vous, lorsqu'on a des capacités, eh! ben, ça vaut son prix.

PIERRICHON

C'est vrai, mais vous savez, y'a le... hu... hum... par-dessus le marché... chut! on pourrait nous enten-d'e...

MORUFORT

Oui! Mais vous êt's ben sûr qu'la chose est sûre?

SOLO

PIERRICHON

Sur notre sol ami, sans défiance,
Venez vanter notre gouvernement;
En ce pouvoir conservez confiance
Et, sur l'honneur, vous en serez content.
Allons, Monsieur, c'en est assez, je gage,
Pour vous prouver que ceux-là sont plus fins,
Qui, comprenant les paroles du sage,
Font bonne mine à leurs puissants voisins.

DUO

MORUFORT

Oui, je me rends, mais en cela je pense

PIERRICHON

Oui, s'il se rend, c'est que vraiment il pense

MORUFORT

Que nul ici ne blâmera ce fait.

PIERRICHON

Que nul ici ne blâmera ce fait.

203

MORUFORT

Car comme moi grand nombre qu'on encense

PIERRICHON

Car comme lui grand nombre qu'on encense

MORUFORT

Font volte face au seul mot d'intérêt.

PIERRICHON

Font volte-face au seul mot d'intérêt.

MORUFORT

Si, parvenu dans ma pauvre province,

PIERRICHON

Si, parvenu dans ma pauvre province,

MORUFORT

Je vois, un jour, mon vieux républicain,

PIERRICHON

Il voit, un jour, son vieux républicain,

MORUFORT

Je lui dirai: vous parlez bien, mon prince,

PIERRICHON

Il lui dira: vous parlez bien, mon prince,

MORUFORT

Mais, avant tout, il faut avoir du pain.

PIERRICHON

Mais, avant tout, il faut avoir du pain.

(pp. 140 à 147.)

Si les Canadiennes le voulaient

Pièce en un acte de Félicité Angers *(Sous le pseudonyme de Laure Conan) (1886), dans «Si les Canadiennes le voulaient! Aux jours de Maisonneuve»*, Montréal, Leméac, 1974, pp. 37-71.

Félicité ANGERS naquit à Saint-Étienne-de-la-Malbaie, le 9 janvier 1845. Après ses études chez les Ursulines de Québec, elle revint à son village natal, où elle se consacra à la lecture et à la création littéraire. Sous le pseudonyme de Laure Conan, elle publia plusieurs œuvres: romans, nouvelles et monographies historiques. Mentionnons entre autres *Un amour vrai* (1879), *Angéline de Montbrun* (1881) et *L'Oublié* (1900) qu'elle adapta au théâtre sous le titre de: *Aux Jours de Maisonneuve* (1920). Son autre pièce, *Si les Canadiennes le voulaient!* remonte à 1886. Elle fit paraître ses hagiographies et monographies sous la forme de recueils ou d'articles parus dans diverses revues, dont *Les Nouvelles Soirées canadiennes*. En 1921, la maladie vint ralentir ses activités littéraires. Retirée à la Villa Notre-Dame-des-Bois de Sillery, en 1923, elle mourut à l'Hôtel-Dieu de Québec, le 6 juin 1924, sur le manuscrit à peine terminé de son dernier roman: *La Sève immortelle* (1925).

La scène se passe à Québec, un soir d'octobre de 1885, chez Madame Dermant. Celle-ci et sa nièce, Mademoiselle du Vair, s'affairent à la broderie, tout en causant des événements et des hommes du jour avec Monsieur Vagemmes, un habitué de leur salon. D'un commentaire à l'autre, la conversation s'engage sur les dangers qui menacent la nationalité canadienne-française et sur leur état politique et social.

MME DERMANT

Vous croyez donc vraiment qu'il y a chez nous abaissement du caractère et affaiblissement de l'esprit national ?

M. VAGEMMES

Madame, je crois que le vieil honneur français vit toujours chez notre peuple ; mais les classes élevées me semblent tristement dégénérées. Ce n'est pas chez les anciens Canadiens qu'il aurait fallu chercher ce que nous avons vu et ce que nous voyons.

MME DERMANT

Alors, on avait une patrie avant d'avoir un parti.

M. VAGEMMES

Oui ! alors on avait du patriotisme, et aussi la fierté grande et simple, et l'éclat de la probité et de l'honneur.

MME DERMANT

Et maintenant il paraît *que les hommes publics passent d'un camp à l'autre comme les moutons sautent d'un champ dans l'autre pour avoir plus d'herbe.*

M. VAGEMMES

Il y a du vrai dans cette malice un peu cruelle. Le patriotisme pour les politiques n'est plus guère qu'un cheval de bataille et une ritournelle de convenance ; mais on a l'esprit de parti avec ses aveuglements et ses étroitesses, avec ses puérilités et ses férocités. Ajoutez-y la rage de parvenir, de jouir, de briller, et toutes les bassesses qui s'ensuivent.

MME DERMANT

C'est le mal du temps. Et chez nous, après tout, monsieur, il n'est encore qu'à la surface.

M. VAGEMMES

Madame, nous avons déjà des plaies bien profondes, et qui iront vite se creusant et s'enflammant, si l'on n'y porte remède.

MME DERMANT

Il y a des plaies qu'on rend mortelles en les touchant, savez-vous cela ?

M. VAGEMMES

Oui, Madame. Et je sais aussi que pour guérir il ne suffit pas de mettre le doigt sur le mal.

MME DERMANT

Évidemment, vos connaissances médicales sont à la hauteur des miennes. Mais, bien que nos plaies soient encore fraîches, qui voudrait se charger du traitement ?

M. VAGEMMES

Je ne sais pas qui voudrait : mais qui devrait, je le sais bien ; et c'est aux Canadiennes que cela revient.

MME DERMANT

Vous voudriez nous donner la petite besogne d'assainir la politique et de régénérer la société ?

M. VAGEMMES

Je voudrais vous mettre à tout soigner — même cette lèpre infâme de vénalité qui nous gagne.

MME DERMANT

C'est un peu fort, monsieur.

M. VAGEMMES

Non, madame, ce ne serait que juste, car jusqu'à un certain point, vous êtes responsables. Les hommes font les lois, mais les femmes font les mœurs, comme l'a dit un philosophe.

MME DERMANT

Ce philosophe était l'un de nos ennemis — quelque ancêtre de M. Routhier.

MLLE DU VAIR

Ma tante, il me semble que M. Routhier ne nous fait pas la part si large.

M. VAGEMMES

Mademoiselle, M. Routhier ne dit pas tout ce qu'il pense. Quant à moi, je crois que les Canadiens seraient le plus noble peuple de la terre, *si les Canadiennes le voulaient.*

MME DERMANT

Vous nous faites la part belle. Mais il me semble qu'il manque bien des choses aux Canadiens pour être le plus noble peuple de la terre.

M. VAGEMMES

Il leur manque, madame, d'être *fidèles à eux-mêmes,* comme le disait Garneau en terminant notre histoire.

MLLE DU VAIR

Notre histoire... «ce poème éblouissant
Que la France écrivit du plus pur de son sang».

MME DERMANT

Entre nous, les *temps héroïques* sont loin. Maintenant cela semble presque une naïveté d'attendre des
choses viriles d'un homme.

M. VAGEMMES

La virilité se fait rare, c'est vrai. Mais vous ne
sauriez croire comme les hommes, même ceux d'à présent, sont susceptibles de se fortifier. Si seulement les
femmes voulaient s'y mettre!

MME DERMANT

Elles changeaient les roseaux en chênes? «le bois
vermoulu en cèdre incorruptible?»

M. VAGEMMES

On ne vous demande pas tout à fait cela. Vous
allez voir.

MME DERMANT

Mais auparavant, je voudrais savoir pourquoi, depuis ces dernières années, vous avez abandonné la politique.

M. VAGEMMES

Madame, je voulais toujours aimer mon pays; et
dans la politique le patriotisme s'éteint si vite!

MME DERMANT

Parlez donc sérieusement. *Le patriotisme s'éteint
dans la vie publique*?

M. VAGEMMES

De nos jours, oui, madame, il s'y éteint : et parfois si complètement !

MME DERMANT

Vous excuserez ma naïveté ; mais j'ai toujours considéré la vie publique comme le vrai et actif foyer du patriotisme — exception faite des natures basses. Voilà pourquoi je vous en ai toujours voulu d'avoir préféré votre repos au bien public.

M. VAGEMMES

Je n'ai pas cédé à l'attrait du repos, et, vous pouvez m'en croire — exception faite des natures d'élite — il n'y a pas de mots pour dire à quel point le patriotisme est exposé dans notre arène politique. C'est comme une étincelle dans la boue, ou, si vous l'aimez mieux, comme une étincelle sur un pavé glacé, exposé à tous les vents.

MME DERMANT

Monsieur, c'est bien ravaler la vie publique.

MLLE DU VAIR, *avec chaleur humaine*

Dans cette boue ou sur ce pavé glacé, il y a des hommes qui peinent pour le pays.

M. VAGEMMES, *avec calme*

Chère naïve !

MLLE DU VAIR

Oui, monsieur, il doit y en avoir là qui aiment la patrie, et il y en a.

M. VAGEMMES

C'est dommage qu'il n'y ait pas une chimie des

sentiments. J'aimerais à voir ces cœurs embrasés au fond des alambics de M. Laflamme. Comme tous les vrais Canadiens seraient rassurés! quel noble amour de soi, du pouvoir et de l'argent on verrait distiller!

MLLE DU VAIR

Je vous ai souvent entendu dire qu'il est plus facile de parler amèrement que de parler justement.

M. VAGEMMES

Mademoiselle, à certains moments, une jeune fille enveloppe avec bonne foi la tête la plus ordinaire d'une auréole. *(Mlle du Vair rougit.)* Pardon. La jeunesse croit facilement aux puissants sentiments, à la grandeur d'âme, au sacrifice. À votre âge, je ne croyais pas, moi non plus, qu'on pût sacrifier les intérêts de la patrie à ses intérêts misérables, préférer les jouissances vulgaires aux nobles satisfactions de l'honneur. Mais c'est ainsi, pourtant. On appelle cela, dans le langage du temps, considérer les choses au point de vue pratique.

MLLE DU VAIR

Mais c'est la honte même!

M. VAGEMMES

La honte! Mademoiselle, bien des gens la mettent ailleurs: dans le manque de fortune, dans l'infériorité de position. Leur parler de la patrie et de l'honneur, c'est peine perdue. C'est souffler sur la poussière, c'est se jeter du sable dans les yeux.

MME DERMANT

Encore qui sait? Mieux vaut toujours en réveiller la pensée.

M. VAGEMMES

À quoi bon, madame? À part leurs intérêts, ces messieurs ne prennent rien au sérieux. Ils ont à arriver! ils ont à se maintenir! ils ont leur fortune à faire! Voilà leurs soucis. Le patriotisme, pour eux, n'est qu'un sentiment de parade, un moyen d'en imposer, une vieille toupie qu'il faut savoir faire ronfler afin d'amuser le peuple.

MME DERMANT

En sommes-nous déjà là? N'y a-t-il plus de patriotisme parmi nous?

M. VAGEMMES

Mais, sans doute, il y en a; seulement, d'ordinaire, il ne vit guère dans la politique. L'air qu'on y respire depuis un certain temps est mortel à tout sentiment noble.

MME DERMANT

Prenez garde à l'exagération, ce mensonge des honnêtes gens, comme dirait de Maistre.

M. VAGEMMES

Je me demande si en cela l'exagération est possible. La contagion morale est prouvée tout comme l'autre; et les sentiments d'honneur et de patriotisme sont certainement plus exposés dans notre scène politique que la santé et la vie dans une ville pestiférée.

MME DERMANT

Au moins, dans la politique, les miasmes ont des figures et des noms.

M. VAGEMMES

Et parfois des figures intéressantes et des noms honorés. Mais cela diminue-t-il le danger?

MME DERMANT

«Ils ne mouraient pas tous, mais tous étaient frappés»; voilà votre pensée.

M. VAGEMMES

Oui, madame; c'est un peu comme chez le animaux malades de la peste.

MME DERMANT

Pourtant, vous le savez, ceux qui sont dans la politique veulent y rester. Comment expliquez-vous cela?

M. VAGEMMES

Je n'explique rien. Mais, croyez-moi, ceux qui sortent de la politique sans y laisser au moins le respect d'eux-mêmes peuvent chanter le cantique des trois Hébreux sortis sains et saufs de la fournaise.

MME DERMANT

Vous pensez que nous ne risquons pas d'avoir les oreilles fatiguées par les chants de reconnaissance?

M. VAGEMMES

Je pense qu'avec la meilleure volonté il faut une merveilleuse chance pour marcher ferme et droit à travers tous ces courants mêlés de fange qui sont le fond véritable de la politique de nos jours. Quant à moi, je n'ai pas voulu en courir le risque.

MME DERMANT

Mais avez-vous bien fait de suivre vos instincts d'hermine? Ne valait-il pas mieux *ranimer votre courage et être un homme,* comme dit l'Écriture?

M. VAGEMMES

Un homme politique, Madame?

MME DERMANT

Il y a des hommes politiques qui rendent des services sans prix. Il y a des hommes qui ont le devoir strict de prendre part aux affaires de l'État.

M. VAGEMMES

D'accord. Mais il y a aussi des hommes publics qui prennent d'étranges petits chemins où l'on a bien vite perdu de vue la patrie, l'honneur et le devoir. Je craignais...

MME DERMANT

Il fallait attiser votre patriotisme et ne rien craindre. L'amour est une grande force et une grande lumière.

M. VAGEMMES

Je sais que l'amour fait des prodiges. Mais ce feu merveilleux qui se nourrit de tout et que rien n'étouffe, vous ne l'avez pas vu, ni moi non plus. Je vous l'avoue bien humblement; à mesure que j'avançais dans la vie publique, je sentais mon patriotisme s'altérer, s'affaiblir, et cela m'épouvantait.

MME DERMANT

Si vous m'aviez donc consultée avant d'abandonner ce pauvre vieux char de l'État!

M. VAGEMMES

Que m'auriez-vous répondu, Madame, si j'avais eu cette heureuse pensée de vous consulter?

MME DERMANT

Et vous, Monsieur, que répondriez-vous à une femme trop sensible qui s'épouvanterait du terme de la vie et qui, la lune de miel passée, se croirait sur la voie du déshonneur parce qu'elle ne sentirait plus pour son mari la même vive tendresse ?

M. VAGEMMES

Madame, je dirais à cette intéressante personne : « Courage ! la fidélité et le dévouement suffisent au devoir et à l'honneur ».

MME DERMANT

Mais voilà justement ce que vous auriez dû vous dire et vous redire. Est-il bien difficile de comprendre que l'amour de la patrie a ses fatigues et ses abattements comme les autres amours ? Il faut que tous les sentiments perdent leur fleur et leur beauté, c'est la triste loi des amours de ce monde.

M. VAGEMMES

L'amour de la patrie doit avoir ses fatigues et ses abattements. On n'a pas songé à cela pour expliquer ce que nous avons vu depuis un an. C'est bien dommage.

MME DERMANT

La raillerie est une mauvaise réponse.

M. VAGEMMES

Je ne vous raille pas, Madame. Mais je voudrais mettre le plus éloquent de nos ministres à développer cette pensée : *l'amour de la patrie a ses fatigues et ses abattements comme les autres amours de ce monde.* Nous aurions un chef d'œuvre de mélancolie et de sentiment !

215

MLLE DU VAIR

Une feuille d'automne.

MME DERMANT

Riez aussi amèrement qu'il vous plaira. Il en est pour qui le patriotisme n'est qu'un mot, je le sais parfaitement. Mais chez vous c'est un sentiment: et ma réflexion était juste. Vous êtes comme les femmes, vous tenez trop à l'amour qui se sent.

M. VAGEMMES

Pardon. Je tiens surtout à l'amour qui se prouve. Où sont-ils, ceux qui aiment la patrie comme on doit l'aimer, c'est-à-dire par *les œuvres et en vérité*?

MME DERMANT

J'avoue qu'ils me semblent rares

M. VAGEMMES

Pourtant plusieurs, j'en suis convaincu, entrent dans la vie publique avec le désir sincère de servir le pays. Mais les ardeurs, les générosités premières s'épuisent vite. Il y a dans la puissance, comme dit Bossuet, un *vin fumeux qui fait sentir sa force même aux plus sobres*. Lorsqu'on est bien pris de ce vin-là, on aime le pouvoir pour le pouvoir; et presque sans s'en apercevoir, on ne travaille plus que pour le garder.

MME DERMANT

S'il vous plaît, comment peut-on perdre sa propre estime sans presque s'en apercevoir?

M. VAGEMMES

Madame, vous avez d'adorables naïvetés. Connaissez-vous bien des gens qui s'estiment d'après ce qu'ils valent? Les hommes d'État — tout comme les

216

simples mortels — ont un *flatteur au dedans*. C'est un précieux compagnon, allez!

MME DERMANT

Qui n'est pas sans nous rendre à tous bien des services.

M. VAGEMMES

J'incline à le croire. Ce qui est sûr, c'est que les hommes d'État, pour la plupart, ont un sentiment inexprimable de leur importance. La personnalité, chez ces gens-là, prend des proportions incroyables. Un homme en vient à ne plus voir dans son pays qu'un piédestal.

MME DERMANT

J'en connais qui ressentent plus une piqûre à leur vanité qu'un outrage à l'honneur national.

M. VAGEMMES

Vous voyez qu'ils n'ont pas perdu leur *estime propre*. Oh non! L'orgueil et la bassesse vont si bien ensemble. D'ailleurs la bassesse, lorsqu'elle entre quelque part, n'a pas coutume de se faire annoncer par son nom.

MME DERMANT

Mais lorsqu'elle est bien reconnaissable, lorsqu'elle entre sans déguisement? Ainsi, par exemple, ceux qui trafiquent de leurs convictions et de leur honheur?

M. VAGEMMES

Ceux-là, madame, croient peut-être n'avoir que le sens pratique — le génie souple et brillant des affaires.

217

MME DERMANT

On a beau vouloir se mentir, il y a toujours des moments où la vérité prend un homme à la gorge.

M. VAGEMMES

Alors il y en a dont je voudrais voir la figure à ces moments-là. Et quand je pense à toutes ces choses, comme je me trouve heureux d'être revenu à la vie privée.

(pp. 40 à 50.)

Texte 19

Rouge et Bleu

Comédie en trois actes de Pamphile LeMay, *dans «Rouge et Bleu, comédies»*, Québec, C. Darveau, 1891, pp. 175-288.

Pamphile LEMAY: bio-bibliographie, p. 121.

Deux amoureux du même nom, René Mural avocat et René Mural agent d'élection, cherchent à obtenir la main de deux jeunes filles également du même nom: Éva Flamel fille d'un notaire et Éva Flamel, nièce. Candidat conservateur aux élections parlementaires, le notaire Flamel est trop absorbé par sa campagne électorale pour s'occuper efficacement du bonheur de ses enfants. Aussi ignore-t-il l'existence de René Mural avocat, qu'il a promis pour époux à sa fille en croyant qu'il s'agissait de René Mural, son agent d'élection. Trouvant que l'imbroglio a assez duré, les deux jeunes filles entreprennent de le dénouer.

Scène 10: LES DEUX ÉVA, RENÉ agent.

ÉVA nièce, *à part*

C'est lui!

ÉVA fille, *à part*

Ce n'est pas lui!

RENÉ agent

Je suis ému, joyeux, confus... En politique, en amour, tout me réussit, tout! tout!... je suis né coiffé.

ÉVA fille, *à part*

D'un bonnet de nuit.

ÉVA nièce, *le faisant asseoir*

Une fée a sans doute été votre marraine.

RENÉ agent, *gaiement*

Oui, ma reine, oui ma... reine!... Vous comprenez?

ÉVA nièce

Je n'ose comprendre; je crains...

RENÉ agent

Que craignez-vous donc? Je ne dis toujours que ce que je pense.

ÉVA fille, *à part*

Il ne pense jamais ce qu'il dit.

ÉVA nièce

Tout ce que vous pensez?

219

RENÉ agent

En politique, non: il faut être retors en politique.
En amour, oui: il faut être franc en amour. J'ai comme
cela des axiomes tout...

ÉVA fille, *à part*

Tout empaillés!...

RENÉ agent

Tout prêts... inattaquables! Cela donne du poids à
la dissertation.

ÉVA nièce

Et grâce à vous, M. Mural, mon oncle va gagner
son élection?

RENÉ agent

Votre oncle?... Oui, oui, grâce à moi, grâce à
moi. *(À part.)* La voilà donc, la nièce? Elle me revient
tout à fait. *(Haut.)* Vous êtes la nièce de M. Flamel?

ÉVA nièce

Cela vous est-il agréable?

RENÉ agent

Je vous en fais mon compliment... Et si vous
étiez sa fille...

ÉVA nièce

Eh bien?

RENÉ agent

Eh bien! je serais fort dans l'embarras.

ÉVA nièce

Je comprends, M. Mural, merci.

ÉVA fille

M. Mural fait de la politique... Il ne t'a pas regardée comme il faut, c'est sûr.

RENÉ agent

Oh! assez pour la trouver adorable. Entre vous et elle mon cœur balancerait sans doute; mais M. Flamel me pousse... *(M. Flamel entre.)*

Scène 11 : LES MÊMES, M. FLAMEL

M. FLAMEL

Vous pousse au bonheur, comme vous me poussez à la gloire!... Des adhésions nouvelles à chaque instant!... Ça sera un écrasement... Je ne me croyais pas si populaire... tant estimé!

EVA fille

Vous l'êtes de nous surtout.

M. FLAMEL

Oui, oui, quand on vous donne la félicité à plein cœur, qu'on se soumet humblement à vos petites exigences, qu'on fait votre sainte volonté, adorables tigresses...

ÉVA nièce

Vous nous traitez comme vous traitez vos électeurs, avec des promesses.

RENÉ agent

Promettre, promettre encore, promettre toujours, c'est le propre d'un candidat habile.

M. FLAMEL

C'est vrai, monsieur le politiqueur, monsieur le papillon.

RENÉ agent

Papillon?

M. FLAMEL

Eh oui! vous butinez dans le jardin de l'amour comme un poète, tout en traçant des plans de campagne comme un général... en politique.

RENÉ agent

C'est la sélection pendant l'élection. Je suis darwiniste.

ÉVA fille, *à part*

Encore un qui veut descendre du singe!

M. FLAMEL, *à sa fille*

En ma présence, ma fille, tu peux sourire à ton futur. Tu peux laisser parler tes yeux, si ta bouche n'ose le faire... Tu peux aimer tout haut, tout bas, comme tu le voulais... Il t'aime, il me l'a dit; tu l'aimes, tu me l'as dit aussi.

ÉVA fille

Mon père!

ÉVA nièce, *à part*

Il l'aime!

RENÉ agent

Comment, mademoiselle, j'ai le bonheur de...

222

ÉVA fille

De pouvoir m'oublier !

RENÉ agent

Mais comment l'oserais-je ? comment le pourrais-je maintenant que vous avez daigné jeter les yeux sur moi... que vous avez bien voulu me choisir entre tous...

ÉVA fille

Il y a méprise, monsieur ; ce n'est pas moi qui vous ai choisi, c'est mon père. Il y a méprise, vous dis-je... Il s'agit de ma cousine, que vous trouvez adorable et qui l'est en effet... et qui saura vous aimer...

ÉVA nièce

Éva, que fais-tu ?...

RENÉ agent, *à Éva nièce*

Vous, mademoiselle, vous me trouvez quelques qualités ? Vous ne me jugez pas indigne de votre amitié ? Vous consentiriez à m'aimer... un peu ?... Fantaisie du hasard ! c'est mademoiselle votre cousine que je cherche, et c'est vous que je trouve... Je ne m'en désole pas, soyez sûre... Je n'aurais pas dû laisser à la politique le soin de guider mon amour. L'amour est aveugle, mais il suit son chemin ; la politique voit trop de choses, cela l'aveugle.

ÉVA nièce, *avec humeur*

Ah ! bien oui, maintenant.

M. FLAMEL

Que signifie cela ? quel est ce jeu que l'on joue ici ? quelle est cette mauvaise plaisanterie ? *(À sa fille.)* Explique-moi ça, ma fille. Oserais-tu le repousser, maintenant que tu l'as appelé ? Me ferais-tu l'affront de

223

refuser mon meilleur ami ? Ne sais-tu pas que c'est un orateur, un organisateur, un lutteur incomparable, quoi ?... C'est une plaisanterie, n'est-ce pas ? Tu es un peu rouée... rien de surprenant à cela... Tu veux t'amuser... ça n'est pas tout à fait convenable. Mais c'est fini... Il y a assez longtemps que ça dure... Mets ta main dans la main de ce loyal garçon... Je disais : « Si je suis élu », mais c'était dur, égoïste. Tout de suite, sans condition !

ÉVA fille

Mon père, je vous chéris, je vous respecte, mais je ne puis vous obéir... Celui que j'aime, c'est un autre René Mural.

M. FLAMEL, *ébahi*

Hein ?... un autre René Mural ?... Deux René Mural ?

RENÉ agent, *regardant le notaire*

Deux René Mural ?...

ÉVA nièce, *regardant René*

Oui, deux... heureusement !...

M. FLAMEL

Il ne peut pas y en avoir deux, comme il n'y a pas deux... Chapleau !...

ÉVA fille

Non, il n'y en a qu'un seul, sans doute, comme il n'y a qu'un Mercier !

M. FLAMEL

Ma fille, du respect pour les opinions de ton père !...

224

ÉVA fille

Mon père, de la pitié pour les sentiments de votre fille!... *(Jeannette entre.)*

Scène 12: LES MÊMES, JEANNETTE.

JEANNETTE

Excusez-moi... Un monsieur, le même qui est venu il n'y a pas longtemps, présente... présente... quoi donc?... Ah! je l'ai!... présente ses salutations empressées à mademoiselle Éva: *(Elle montre la fille du notaire.)* vous... et demande la permission de...

M. FLAMEL

Achève! achève!

JEANNETTE

Vous me coupez la parole, sauf le respect que je vous dois.

ÉVA fille

C'est moi qu'il désire voir?

JEANNETTE

Vous-même, en propre personne.

M. FLAMEL

Si c'est l'autre...

JEANNETTE, *vivement*

Non, monsieur, ce n'est pas l'autre, c'est lui-même, personnellement... Est-ce que je vais le faire entrer?

ÉVA fille

Sans doute, Jeannette.

M. FLAMEL

Fais-le entrer, je le ferai sortir, moi. *(Jeannette sort.)*

ÉVA fille

Mon père!

ÉVA nièce

Mon oncle! *(René, avocat, entre.)*

Scène 13 : M. FLAMEL, les deux ÉVA, les deux RENÉ.

ÉVA fille, *à M. Flamel*

Mon père, c'est lui que j'aime! ne le chassez pas! *(Elle va au-devant de René.)*

RENÉ avocat

Ô, mademoiselle Éva, c'est donc vrai, notre bonheur est assuré... Votre père...

M. FLAMEL

C'est moi qui suis son père, monsieur, et je vous dis que votre bonheur n'est pas assuré du tout. J'ai été trompé, indignement trompé!

ÉVA fille

Ô, cher papa, je ne vous ai jamais parlé d'un autre René Mural... C'est lui que je connais... que je voyais quelquefois... que j'aimais en secret... C'est lui qui m'a écrit... c'est lui que vous m'avez permis d'aimer.

M. FLAMEL

Comment, puisque je ne le connaissais pas?

ÉVA fille

Et puisque je ne connaissais pas l'autre, moi?

M. FLAMEL

Mais je te l'ai présenté ici même, il me semble.

ÉVA fille

Aujourd'hui seulement, et à cause de la lettre de celui-ci. Ce n'est pas M. René Mural votre agent qui m'aime; ce n'est pas lui qui recherche ma main, pourquoi me forcer à lui offrir mon cœur?

M. FLAMEL, *à René agent*

Ce n'est pas vous qui avez écrit ce joli billet que...

RENÉ agent

J'ai pris la plume pour en écrire un pareil, puis je me suis dit: «Gagnons nos épaulettes! Après l'élection, après la victoire, nous demanderons le prix de nos labeurs». Et je me serais cru bien payé si votre aimable... nièce...

M. FLAMEL

Disons qu'il n'y a rien de fait. J'annule tout. Chacun à sa place... plus d'amour!

ÉVA nièce

Vous êtes deux fois cruel, mon oncle.

ÉVA fille

Ma cousine pourrait être heureuse aussi.

ÉVA nièce

Moi?... oh! je ne suis pas aimée!...

RENÉ agent

Je connais quelqu'un qui vous aime, mademoiselle.

M. FLAMEL

Dans quel guêpier m'a-t-on fourré?

RENÉ agent, *à part*

Tournons la voile, courons une bordée du côté de la nièce.

RENÉ avocat

M. Flamel, puisque vous ne me connaissez pas, j'ai l'honneur de vous dire que je m'appelle René Mural, que je suis avocat, assez bien de fortune et honnête homme ; que j'aime mademoiselle votre fille et désire l'épouser.

M. FLAMEL, *à part*

Bon! bon! J'y suis!... *(À René, avocat.)* Votre mère est veuve?

RENÉ avocat

Oui, Monsieur.

M. FLAMEL

Votre fortune est-elle bien fondée?

RENÉ avocat

Je viens de vous dire que je suis honnête homme.

M. FLAMEL

Je n'en doute pas. Je voulais parler de l'origine de votre fortune.

RENÉ avocat

Vous me blessez davantage.

M. FLAMEL

Je m'exprime mal, peut-être, et je le regrette...
Madame votre mère pourra, si elle le juge à propos,
vous renseigner sur... la solidité de votre fortune.

RENÉ avocat

Est-ce une menace, M. Flamel?

M. FLAMEL

Rien qui touche à votre honneur, M. Mural,
soyez tranquille sous ce rapport... Et pour l'instant
mettons cette affaire de côté... Mais vous êtes rouge en
politique, M. Mural?

RENÉ avocat

Et qui vous l'a dit, M. Flamel?

M. FLAMEL

Je vous le demande.

RENÉ avocat

Vous êtes bleu, M. Flamel, et je ne songe pas à
vous en faire un reproche. Dans les deux partis il y a
des gens utiles, honnêtes et brillants.

M. FLAMEL

Vous êtes rouge, M. Mural?

RENÉ avocat

Oui, monsieur, et je m'en glorifie.

M. FLAMEL

Monsieur René Mural, avocat, assez bien de fortune, honnête homme sans doute et brillant, peut-être, je vous déclare que ma fille n'épousera jamais un *rouge* !

(Acte II, scènes 10 à 13, pp. 232 à 245.)

Les Cousins du député

*Comédie en quatre actes d'*Édouard-Zotique Massicotte, *Montréal, Beauchemin, 1896, 112 p.*

Édouard-Zotique MASSICOTTE naquit à Montréal, le 24 décembre 1867. Il fit ses études classiques au Collège Sainte-Marie et s'inscrivit à la faculté de droit de l'Université Laval. Admis au barreau en 1895, il exerça sa profession jusqu'à sa nomination comme juge des Sessions de la Paix. Dès 1886, il avait commencé une carrière de journaliste à *L'Étendard*. Il collabora par la suite à divers journaux et revues, sur des sujets fort variés. Il publia entre autres : *Le Droit civil canadien* (1896), *Cent fleurs de mon herbier* (1906) et *Dollard des Ormeaux et ses compagnons* (1920). Il ne produisit qu'une seule œuvre théâtrale, *Les Cousins du député*, publiée en 1896 et représentée sur plusieurs scènes canadiennes. À la fin de sa vie, il fut honoré de pusieurs titres. Il mourut à Montréal, le 8 novembre 1947.

Fraîchement élu député d'une circonscription de la banlieue montréalaise, le jeune Léon Larivé se prépare à recevoir dans trois jours le ministre de l'agriculture; ce dernier doit venir inaugurer l'exposition agricole de Laurierville, chef-lieu du comté. Pour l'instant, le député attend la visite du maire de Laurierville. Mais il vient de lui surgir, de sa lointaine campagne natale, une nuée de cousins marqués du sceau de la plus pure rustauderie. Impuissant à se défaire de leur présence, Larivé s'est absenté, à la recherche d'une solution. À son retour, il trouve le groupe campagnard installé sur le plancher, mangeant et chantant à tue-tête.

Scène 5: LANTONNARD (cultivateur), NARCISSE (son fils), LABROCHE (bedeau), JÉRÔME (son fils), FRÉMICHOT (instituteur), LARIVÉ.

LARIVÉ, *entrant, effaré, avec étonnement*

Eh bien! mais... (*Tous se lèvent comme un seul homme et se rangent sur le côté.*) Mais c'était vous qui chantiez?

FRÉMICHOT

Oui, cousin, nous nous amusions pour passer le temps.

LARIVÉ, *à part*

Ils vont me rendre ridicule avec leur tapage. Il faut absolument que je les loge ailleurs. (*Haut.*) Mes amis, je vais vous faire conduire à l'hôtel du Cheval-Blanc, où vous pourrez...

LANTONNARD

Pas la peine de faire des frais, cousin; ne te gêne pas, nous sommes parfaitement bien ici; pas vrai, les amis?

TOUS

Oh! très bien, très bien!

231

LANTONNARD

Nous coucherons par terre ; et pour la nourriture, tu vois... *(Il montre le panier aux provisions.)*

LARIVÉ

Oui, mais vous comprenez, je vais recevoir le ministre...

TOUS

Le ministre !

LARIVÉ

... de l'agriculture...

TOUS

De l'agriculture !

LARIVÉ

Oui, celui qui a pris en main les roues du char de l'État pour le conduire de travers... non... pour le conduire... *(Courant consulter son manuscrit sur son bureau.)* à travers le jardin des Hespérides et les bêtes à cornes primées à toutes les expositions. Rassemblés dans cette enceinte, ministre, député, maires, conseillers, agriculteurs, taureaux, moutons, cochons, dindons disent assez que la sollicitude du gouvernement que la province de Québec s'est donné... etc., etc.

LANTONNARD

Ah ! cousin, qu'on a d'l'esprit quand on est membre du parlement.

LARIVÉ

Vous comprenez en conséquence que ma maison...

FRÉMICHOT

Compris, compris, M. Léon, c'est trop juste.

LARIVÉ

Du reste, j'ai donné des ordres au Cheval-Blanc; vous y serez mieux qu'ici.

JÉRÔME

On verra-t-y le ministre, nous autres?

LARIVÉ

Assurément, puisqu'il fera l'ouverture de l'exposition.

LANTONNARD

Faudra nous montrer à lui. Je serais pas fâché d'ailleurs de lui parler d'un petit que'que chose, au sujet d'un bout de champ que je voudrais avoir, mais que je voudrais pas qu'on y mette des taxes dessus. Ce sera rien pour toi d'appuyer ça, cousin?

NARCISSE

Et moi j'voudrais bien qu'il me donne une place à Québec ou à Montréal; j'aimerais bien ça rester en ville.

LANTONNARD, *à Narcisse*

Tu nous enverras que'qu'chose sur ton salaire pour nous aider à vivre, parce qu'on a fait bien des sacrifices pour t'instruire.

LARIVÉ

Allons, je ferai le possible pour vous aider, mais...

JÉRÔME

Et moi j'voudrais bien qu'il nous envoye un joueur de base-ball pour nous montrer à jouer.

233

LABROCHE

Tout ça, c'est bon, mais procédons par ordre. Moi, tu sais, mon bon Léon, j'commence à me faire vieux, et d'être suisse à l'église du village, puis sacristain, bedeau, il y a bien des fois que ça me fatigue. V'là le garde-chasse de cheu nous qui est malade, et s'il lui arrivait un malheur, pauvre cher monsieur, ça ferait bien mon affaire.

LARIVÉ

Ah! père Labroche!...

LABROCHE

C'est pas sa mort que j'veux, c'est sa place quand il sera mort, pas plus.

FRÉMICHOT

C'est évident. Moi je ne demanderai rien au ministre, mais puisque nous avons un parent de député, c'est bien le moins que cela nous profite.

TOUS

Ça, c'est d'la justice!

LANTONNARD

Et ça sera à l'honneur de son bon cœur.

FRÉMICHOT

Je ne demande donc rien. Mais voilà trente-sept ans que je suis instituteur et mon salaire a toujours été le même. Si le conseil de l'instruction publique voulait me nommer inspecteur, cela me permettrait de terminer honorablement une carrière dans laquelle j'ai vieilli. Ce n'est pas trop demander, je crois.

LARIVÉ

On fera son possible. Seulement, attendez que le moment propice arrive. Après l'ouverture officielle de l'exposition, le ministre viendra ici et je vous présenterai à lui.

LANTONNARD

Bravo!

TOUS

Nous avons un fameux cousin!

Scène 6: LES MÊMES, BAPTISTE.

BAPTISTE, *entrant*

M. Larivé, y a quelqu'un qui voudrait vous parler.

LARIVÉ

Sapristi! je cours changer d'habit. *(À part.)* Ces maudits cousins me tournent la tête. *(Il sort d'un côté et le maire entre par l'autre.)*

Scène 7: LES MÊMES *(moins Larivé)*, LE MAIRE DE LAURIERVILLE.

FRÉMICHOT, *apercevant le maire*

C'est l'ministre.

LANTONNARD

Oui, ça doit être le ministre!

235

LABROCHE, NARCISSE, JÉRÔME
C'est l'ministre!

LE MAIRE, *frappant sur l'épaule de Baptiste*
Où est le député?

BAPTISTE
Y était icitte, pi y est parti.

LE MAIRE
Comment? je t'ai fait dire que je voulais le voir.

BAPTISTE
Mais, monsieur!...

LE MAIRE
Allons, dépêchons, vous ferez vos réflexions subsé-
quemment.

BAPTISTE
Mais!...

LE MAIRE
Allez dire au député que le maire de Laurierville
est là. Comprenez-vous le français?

BAPTISTE
Mais quand je vous dis qu'il était là...

LE MAIRE
Ah! l'impertinent jeune homme. Allons, soyez
moins sot ou plus respectueux et courez dire au député que s'il ne vient pas, il me cherchera à son tour.
(Il pousse Baptiste, qui disparaît.)

Scène 8: LANTONNARD, NARCISSE, LABROCHE JÉRÔME, FRÉMICHOT, LE MAIRE.

LE MAIRE

Joli début pour organiser notre exposition. On dirait que tout le monde veut tirer du grand, ici, parce que Larivé est député.

JÉRÔME

Si c'était pas pour vous déranger, j'aurais bien une petite chose à vous demander.

LE MAIRE

Parlez. Êtes-vous de cette municipalité?

JÉRÔME

Non, pas précisément. C'est au sujet de notre club de base-ball.

LABROCHE

Oui, M. le ministre, et en même temps pour la place de garde-chasse.

FRÉMICHOT,

Taisez-vous donc. Ce n'est pas le ministre...

LANTONNARD

Et ça ne vous coûterait pas beaucoup, M. le ministre, d'empêcher qu'on taxe le petit lopin de terre qui touche à la rivière?

NARCISSE

Une place à Québec ou bin à Montréal, pour faire n'importe quoi...

237

JÉRÔME

Il nous faudrait un bon *pitcher*.

LE MAIRE

Ils sont fous, ma parole.

FRÉMICHOT

Taisez-vous donc, c'est pas le ministre!

LANTONNARD

C'est tout au plus une vingtaine de piastres. C'est pas une grosse affaire pour le gouvernement.

LE MAIRE

Mais d'où sortez-vous donc? Je n'ai jamais vu des ahuris pareils à Laurierville. *(Baptiste entre.)*

Scène 9: LES MÊMES, BAPTISTE.

BAPTISTE

M. le maire, M. le député vous prie de l'excuser, mais un télégramme de son avocat l'appelle sur-le-champ à Montréal, et il est obligé de partir sans vous voère.

LE MAIRE

Compris, mon ami, compris. Vous lui direz, à son retour, que le maire de Laurierville est chez lui ou ailleurs. *(Il sort.)*

Scène 10: LES MÊMES *(moins le maire).*

LANTONNARD

C'était donc pas le ministre?

238

FRÉMICHOT

Mais je me suis tué à vous le dire ; vous êtes ridicules.

LANTONNARD

Dame ! est-ce que je savais, moi ? Ça ne se voit pas à la pelle, des ministres.

LABROCHE, *à Baptiste*

Comme ça, le député est parti drette comme fourchette pour Montréal ?

BAPTISTE

Comme vous dites.

LABROCHE

Et quand est-ce qu'il reviendra ?

BAPTISTE

Demain soir, au plus tard, ben sûr. Il faut qu'il soit ici au moins la veille de l'exposition.

FRÉMICHOT

Une idée !...

TOUS

Quoi donc ?

FRÉMICHOT

Une idée unique. Si nous allions passer une journée...

LANTONNARD

Moi, j'aime pas qu'on m'tienne en suspension comme ça.

FRÉMICHOT

Si nous allions passer une journée à...

LANTONNARD

Allons donc, M. Frémichot, je vous en supplie...

FRÉMICHOT

À Montréal!...

TOUS

À Montréal!... mais oui, allons-y, allons-y.

FREMICHOT

C'est une jolie localité. J'ai vu ça quand j'ai fait mon voyage de noces, il y aura 37 ans à la St-Jean. Je parie que vous n'avez jamais été à Montréal, père Lantonnard?

LANTONNARD

Pour ça, non. Je ne me suis jamais avancé dans la contrée plus loin que la maison à défunt Bom Bédard, à quatre lieues de chez nous.

FRÉMICHOT

Vous ne saurez jamais ce que c'est qu'une ville, si vous n'allez pas à Montréal.

TOUS

Allons donc à Montréal...

FRÉMICHOT

Voyons, il faut s'entendre; quand peut-on partir?

LABROCHE

Si ça ne vous est pas obstinément contraire, je demande qu'on ne parte pas avant d'avoir soupé.

LANTONNARD

C'est entendu ; il faut pas se ruiner le tempérament.

BAPTISTE

Excusez si j'mêle dans votre conservation, mais j'cré que vous seriez ben mieux d'partir demon matin. Il y a un train à Laurierville à 7 et vous êtes rendus à Montréal à 8½. Le soir vous repartez à 6 et vous êtes icitte à 7½.

FRÉMICHOT

Voilà qui est parfait. Alors c'est convenu ?

TOUS

Oui, demain matin.

LABROCHE

Il y a 23 ans que je veux acheter un sabre pour matcher avec mon nouvel habit de suisse. Je profiterai de l'occasion.

(Acte I, scènes 5 à 10, pp. 24 à 35.)

II
L'ÉCONOMIE

Texte 21

Exil et Patrie

*Drame en cinq actes d'*Édouard Hamon, *Montréal, Beauchemin, 1882, 77 p.*

Le Père Édouard HAMON, s.j., naquit à Vitré (Ïlle-et-Vilaine, France), le 8 novembre 1841. Il fit ses études chez les Jésuites et entra au noviciat d'Angers en 1860. Arrivé à Montréal en 1869, il fut professeur au Collège Sainte-Marie (1872-1891), puis prédicateur de retraites. À travers son ministère, il collabora à quelques revues et écrivit des œuvres comme *Les Canadiens français de la Nouvelle-Angleterre* (1891) et *Le Roi du jour, l'alcool* (1903). Ses deux œuvres théâtrales, *Le Père Isaac Jogues ou l'Évangile prêché aux Iroquois* (1870) et *Exil et Patrie* (1882), étaient destinées aux élèves des collèges. Il mourut à Leeds (Mégantic), le 11 juin 1904.

Séduite par les trompeuses promesses de Jedeau dit «Waterspout», sorte de Canadien américanisé, la famille d'Arbant a décidé d'émigrer aux États-Unis, où elle tente désespérément de faire fortune.

Scène 1: ALAIN, JEAN, D'ARBANT.

ALAIN, *chantant*

« Un Canadien errant... »

D'ARBANT, *entrant*

Comment, mes enfants, déjà de retour?

ALAIN

Oui, mon père, c'est demain l'anniversaire de la bataille de Bunker Hill. Nous n'avons pas eu d'école cette après-midi.

D'ARBANT

C'est bien, mes enfants, vous vous reposerez demain.

JEAN

Les jours de congé sont bien ennuyeux, par ici. On ne sait pas où aller jouer, dans ces grandes villes. Ce n'est plus comme en Canada.

D'ARBANT

Tu penses toujours au Canada, Jean?

JEAN

Oh! oui, mon père, toujours. Je voudrais bien y être encore.

ALAIN

Mon père, est-ce que nous ne retournerons pas bientôt en Canada?

D'ARBANT

Tu ne te plais donc pas, par ici, Alain?

ALAIN

Non, mon père, pas du tout.

D'ARBANT

Ici, mes enfants, nous avons du travail et nous ramassons de l'argent.

ALAIN

Mais, mon père, en Canada, on n'a jamais manqué de rien.

D'ARBANT

Quand tu seras plus grand, Alain, tu comprendras qu'on a bien fait de venir aux États. Te plais-tu bien à l'école ?

ALAIN

Pas beaucoup.

JEAN

Ni moi non plus, mon père. Ces messieurs qui nous font la classe, ce n'est plus comme les chers frères du Canada. On ne peut pas les aimer. Quand on leur parle, c'est « yes sir, no sir », ou ils ne font même pas attention à ce qu'on leur dit.

ALAIN

Et puis ils ne parlent jamais de religion ; on croirait qu'ils n'en ont pas. C'est toujours de la grammaire et de l'arithmétique, pas autre chose.

D'ARBANT

À la fin de l'année, je te mettrai avec Jean dans les *factries*. Aimeras-tu cela ?

ALAIN

Je ne sais pas; mais j'aimerais mieux m'en retourner en Canada.

JEAN

Mon père, savez-vous qui nous avons rencontré, cette après-midi?

D'ARBANT

Non, qui donc?

JEAN

Notre frère, Gustave

D'ARBANT, *vivement*

Comment, Gustave vous a-t-il parlé?

ALAIN

Oui, il nous a demandé de vos nouvelles et nous a dit d'aller le voir.

D'ARBANT

Ne faites pas cela, mes enfants, je vous le défends. Votre frère a commis une grande faute, ne le voyez plus. (*Les enfants sortent. D'Arbant s'occupe au bureau à revoir ses comptes. Henri et Charles entrent.*)

Scène 2: D'ARBANT, HENRI, CHARLES.

HENRI

Tenez, mon père, voici la paie de la semaine: six piastres pour Charles et moi.

D'ARBANT

C'est bien, Henri. Avec les six que j'ai gagnées moi-même, cela nous donne douze; plus les deux piastres

246

de ta sœur Marie, quatorze. Mais où est-elle donc, ta sœur? N'est-elle pas revenue avec vous de la manufacture?

CHARLES

Elle est allée voir le médecin. Elle souffre davantage de la poitrine aujourd'hui.

D'ARBANT

La pauvre enfant! Depuis qu'elle travaille à la manufacture, elle est devenue bien délicate, elle si fraîche et si forte autrefois.

HENRI

Mon père, ce travail la tue. Laissez-la donc à la maison.

D'ARBANT

Dans quelque temps, peut-être, mais maintenant c'est impossible. Depuis qu'un misérable nous a volé une grande partie de nos économies, il nous faut presque vivre au jour le jour. Les temps sont durs, les prix ont bien baissé et pourtant tout est si cher par ici. Ce n'est plus comme au Canada.

HENRI

Non, le cousin Waterspout ne nous avait pas parlé de cela.

D'ARBANT, *un peu vivement*

Patience pourtant. On m'a promis une place mieux payée. De plus j'ai une bonne spéculation en train; si elle réussit, nous serons riches bientôt; alors nous retournerons au Canada et nous vivrons heureux. J'attends des nouvelles aujourd'hui; je vais voir si M. Brown en a reçu. (*Il sort. Henri s'installe devant un chevalet et commence à peindre... Il s'arrête et s'appuie la tête sur la main.*)

Scène 3: HENRI, CHARLES.

CHARLES

Qu'as-tu donc, Henri? es-tu malade?

HENRI

Un peu fatigué, mais ce n'est rien. Je vais reprendre mon travail tout à l'heure.

CHARLES

Repose-toi donc. Après avoir passé la journée à la manufacture, peindre encore pendant trois ou quatre heures, c'est trop fort.

HENRI

Que veux-tu, Charles? Ne sommes-nous pas ici pour gagner de l'argent?

CHARLES

Notre père paraît avoir bon espoir dans sa spéculation.

HENRI

Charles, veux-tu savoir ma pensée? Je suis sûr que notre père va achever de se ruiner et de nous ruiner avec lui.

CHARLES

Comment cela?

HENRI

Le voici: nous autres, Canadiens, nous ne sommes pas de taille à lutter avec ces Yankees pour des spéculations. Nous sommes trop naïfs et trop crédules. Les spéculateurs s'emparent de nous et nous grugent. Mon père sait peu l'anglais, il ne connaît pas le pays. Il croit tout ce qu'on lui dit. Justement l'homme pour être dupe. S'il a mis quelque argent dans ces entreprises, tu verras, Charles, nous perdrons tout.

CHARLES

Allons donc, Henri, te voilà encore avec tes idées sombres. Après tout, pourquoi ne réussirions-nous pas aux États-Unis comme tant d'autres Canadiens?

HENRI

Et pourquoi n'y péririons-nous pas aussi de misère comme tant d'autres Canadiens? D'ailleurs le malheur semble nous poursuivre. Il y a un an, notre frère Gustave abandonnait sa religion et sa famille. Il y a six mois, notre mère mourait de chagrin d'avoir quitté le Canada et vu apostasier son fils aîné. Te rappelles-tu, Charles, comme elle avait l'air triste quand, assise près de cette fenêtre, elle ne voyait devant ses yeux que les briques rouges et les hautes cheminées des manufactures, qu'elle ne respirait qu'un air empesté par le charbon? Comme elle regrettait notre ferme du Canada, l'air de nos campagnes et la vie tranquille que nous menions au milieu de nos amis et de nos compatriotes! Te rappelles-tu, Charles, comme elle aimait nos vieilles chansons canadiennes? Eh bien! l'as-tu entendue une seule fois chanter depuis que nous sommes venus aux États? Non, jamais; la pauvre mère avait le cœur trop triste pour chanter. Au contraire, je l'ai entendue gémir bien souvent; j'ai vu bien souvent les larmes couler le long de ses joues. Elle nous cachait ses peines pour ne pas nous attrister davantage. Le chagrin l'a tuée, comme il tuera notre sœur Marie; comme il me tuera moi-même, si je ne revois pas bientôt le Canada. Et pourtant, un de nos compatriotes l'a dit, «le Canadien meurt mal à l'aise, loin de son pays!» Tiens, Charles, tu n'as pas encore examiné ce tableau. Regarde et lis dans mon cœur.

CHARLES

Notre ferme du Canada !...

HENRI

Oui, mon frère: le vieux manoir de la famille; la maison où nous sommes nés, où nous avons si long-temps vécu heureux. Ah! mon frère, pourquoi donc avons-nous quitté notre patrie? Pourquoi avons-nous rêvé la fortune, quand nous avions le bonheur?

CHARLES

Allons, allons, Henri! pas de découragement. De l'énergie et de la patience! Dans quelque temps, nous serons riches au Canada.

HENRI

Je le souhaite, mais je ne l'espère guère.

CHARLES

Ce que tu m'as dit de la spéculation de notre père m'inquiète un peu. Je connais la compagnie; je vais aller aux informations. *(Il sort. Henri se remet au travail. Il chante: «Un Canadien errant...» On frappe à la porte.)*

HENRI, *se lève*

Qui peut venir à cette heure? Comment, Gustave, c'est toi?...

Scène 4: HENRI, GUSTAVE.

GUSTAVE

Salut, Henri. Le vieux gentilhomme est-il à la maison?

HENRI

C'est de notre père que tu parles, Gustave?

GUSTAVE

Sans doute.

HENRI

Non, il est sorti pour affaires.

GUSTAVE

D'après ce que je vois, la position n'est pas plus brillante; toujours pauvres, comme autrefois?

HENRI

Oui, Gustave, toujours pauvres, mais toujours aussi fidèles à Dieu et au devoir.

GUSTAVE

Allons, Henri, ne me garde donc pas rancune pour ce changement de religion. Après tout, nous continuons à prier le même Dieu; que ce soit dans une église ou dans un temple, qu'importe?

HENRI

Comment, Gustave? Qu'importe d'être protestant ou catholique? de croire à la parole de Dieu ou de la rejeter? de voir dans le Pape le chef de l'Église ou le plus grand des imposteurs? d'honorer la Sainte Vierge comme Mère de Dieu ou de ne voir en elle qu'une femme ordinaire? d'affirmer ou de nier l'Eucharistie, la Pénitence, le Purgatoire? Qu'importe d'admettre ces vérités ou de les rejeter? Non, non, mon frère, sois-en sûr, il n'y a qu'une religion et qu'une Église, comme il n'y a qu'une vérité, qu'un baptême, qu'un Dieu.

251

GUSTAVE

Ah ! bah ! Pourvu qu'on soit honnête homme et que l'on serve Dieu selon sa conscience, cela suffit.

HENRI

Si on ne peut pas s'éclairer et s'instruire, soit ! Mais toi, tu n'as pas cette excuse-là. Tu connais la vérité : tu as été élevé catholique. En apostasiant, tu le sais bien, tu as menti à ta conscience. Ce n'est pas pour être plus parfait que tu as changé de religion.

GUSTAVE

Au moins, maintenant, je ne suis plus ennuyé par la morale des prêtres, la confession, le jeûne et autres pratiques de Rome.

HENRI

Ces devoirs cessent-ils d'exister parce que tu les rejettes ? Depuis que tu es en Amérique, n'as-tu plus d'âme à sauver ni de Dieu à servir ?

GUSTAVE

Laisse-moi donc tranquille avec tes sermons. Voilà ce qui m'empêche de te faire visite. Tu ne me parles jamais d'autre chose.

HENRI

C'est que, vois-tu, mon frère, c'est là le plus rude coup qui nous ait frappés ici. C'est ce qui a brisé le cœur de notre pauvre mère et causé sa mort. *(Lui prenant les mains.)* Gustave, je t'en conjure, par tout l'amour d'un frère, par le salut de ton âme, par ce crucifix devant lequel tu priais jadis et qui a reçu le dernier soupir de notre mère, reviens à la religion, redeviens catholique. Rappelle-toi les enseignements de ton enfance, les promesses de ton baptême, le jour de

ta première communion. Réconcilie-toi avec ton Dieu.
Gustave, songe à ton âme et à ton éternité! Redeviens
catholique!

GUSTAVE, *ému*

Je ne puis pas, Henri.

HENRI

Dieu t'aidera; fais le premier pas.

GUSTAVE

C'est impossible!

HENRI

Impossible? Pourquoi donc?

GUSTAVE

Parce que je perdrai de suite mon emploi, mes
espérances, ma fortune.

HENRI

Comment cela? Je ne comprends pas.

GUSTAVE

Un mot va te l'expliquer: j'ai une place avanta-
geuse, et bientôt j'en aurai une meilleure encore, parce
qu'après avoir renié ma religion je suis entré dans les
sociétés secrètes. Si je redevenais catholique, je per-
drais tout et je me verrais en face de la misère.

HENRI

Eh bien! Gustave, accepte. Sois énergique, accepte. Mieux vaut la pauvreté avec la paix du cœur
que la richesse avec le remords. Je t'en prie, redeviens
catholique, accepte.

GUSTAVE

Je n'en ai pas le courage.

HENRI

Demande-le à Dieu!

GUSTAVE

Je n'ose pas... Plus tard, plus tard... Tiens, prends cet argent.

HENRI

Non, non, garde-la. C'est le prix de ton âme, malheureux! *(Gustave sort avec précipitation.)*

Scène 5: HENRI, *seul*

HENRI

Il est parti! L'infortuné! *(Se jetant à genoux aux pieds du crucifix.)* Ô, mon Dieu! Toi le témoin de nos joies d'autrefois, de nos douleurs d'aujourd'hui, toi qui reçus le dernier soupir de ma mère, je t'en conjure, sauve mon frère. Si, pour obtenir cette grâce, il faut un sacrifice, je t'offre ma vie. Prends-là, mais sauve mon frère!

(Acte III, scènes 1 à 5, pp. 34 à 43.)

Les Pionniers du lac Nominingue
ou Les Avantages de la colonisation

Drame en trois actes de Jean-Baptiste Proulx *(sous le pseu-donyme de Joannes Iovanné), Montréal, Beauchemin, 1883, 53 p.*

Mgr JEAN-BAPTISTE PROULX : bio-bibliographie, p. 95.

Dans leur recherche de l'aisance et du bonheur, les membres de la famille Blainville ont pris des chemins fort différents. Avec Charles, son fils aîné, le père a choisi d'aller s'établir au lac Nominingue; son gendre, Jean Rivard, y était déjà fixé. Ses deux autres fils, Jules et Félix, ont été trompés par les promesses d'un embau-cheur américain; ils ont préféré partir, l'un pour le Massachusetts, l'autre pour le Colorado. Alors que leur père et leur frère ont connu la prospérité sur leurs terres nouvelles, les jeunes exilés n'ont rencontré aux États-Unis que misères, ennuis, désappointements et déboires. Leur retour au pays natal et leur décision de commencer la vie de colon auprès de leurs parents sont accueillis dans l'allé-gresse générale.

Scène 1 : GAGNON, *seul*

GAGNON, *chantant*

« J'ai deux grands bœufs dans mon étable,
Deux grands bœufs blancs marqués de roux ;
La charrue est en bois d'érable,
L'aiguillon en branche de houx.
C'est par leurs soins qu'on voit la plaine
Verte au printemps, jaune l'été ;
Ils gagnent dans une semaine
Plus d'argent qu'ils n'en ont coûté.
  S'il me fallait les vendre,
  J'aimerais mieux me pendre.
J'aime Jeanne, ma femme, eh bien ! j'aimerais mieux
La voir mourir que voir mourir mes bœufs... »

C'est drôle, tout de même : M. Blainville nous invite à sa cabane pour faire une fête au sucre, et de toute la compagnie me voilà seul... Tout le monde devait être rendu à midi sans faute ; une heure sonne, deux heures... et puis personne... Si après cela les *toques* sont dures, si la *tire* est gâtée, si la *trempette* est trop forte, ce sera leur faute. Pierre Gagnon s'en lave les mains. *(Il chante.)*

« Les voyez-vous, les belles bêtes,
Creuser profond et tracer droit,
Bravant la pluie et les tempêtes,
Qu'il fasse chaud, qu'il fasse froid.
Lorsque je fais halte pour boire,
Un brouillard sort de leurs naseaux,
Et je vois sur leur corne noire
Se poser les petits oiseaux.
   S'il me fallait les vendre,
   J'aimerais mieux me pendre.
J'aime Jeanne, ma femme, eh bien ! j'aimerais mieux
La voir mourir que voir mourir mes bœufs... »

(Félix entre.)

Scène 2 : GAGNON, FÉLIX.

FÉLIX

Toujours gai, Pierre ?

GAGNON

Toujours, M. Félix ; il vaut mieux rire que pleurer.

FÉLIX

Sans doute. Tu n'as pas pleuré souvent, je crois ?

GAGNON

C'est vrai. Des fois, pourtant, j'ai eu des peines cuisantes. Quand *La Caille* est morte, par exemple, j'avais le cœur gros, je vous assure. Mais je vous avouerai franchement que mes plus grands chagrins n'ont pas duré plus de cinq minutes. À propos, que font donc M. votre père et tous les invités? Il y a deux heures qu'ils devraient être arrivés.

FÉLIX

Je ne sais trop; j'arrive directement de chez moi, du canton Labelle. Tiens, j'y pense, c'est aujourd'hui qu'a lieu la première réunion du conseil municipal de Saint-Ignace, et tu sais que mon père est un des conseillers; ils peuvent avoir de grandes affaires à traiter.

GAGNON

Ça pourrait bien être le cas, en effet; surtout si *Gendreau le plaideux* se met à faire l'avocat, ils ne sortiront pas avant les étoiles. Or ça, M. Félix, comment trouvez-vous le métier d'habitant?

FÉLIX

Excellent, Pierre, magnifique.

GAGNON

Regrettez-vous vos manufactures des États-Unis?

FÉLIX

Je ne regrette qu'une chose, c'est d'y être allé. J'ai perdu les quatre plus belles années de ma jeunesse. Si j'étais resté au Canada, j'aurais sous les pieds, comme mon frère Charles, une belle terre presque toute faite.

GAGNON

Tout de même, on dit que vous n'allez pas mal en besogne.

FÉLIX

Je voudrais aller encore plus vite. J'ensemence-
rai dix arpents au printemps.

GAGNON

Dix arpents pour un seul homme, tonnerre d'un
nom, c'est beau. Dites donc, ça vous force-t-il le *rein-
quier* que de bûcher toute la journée?

FÉLIX

Dans les commencements, je t'avoue que le soir
j'avais les bras un peu raides et les côtes sur le long;
mais je dormais d'un si bon appétit, je me levais le matin frais et dispos; puis, vois-tu, je me sentais léger,
j'avais la joie au cœur.

GAGNON

C'est que la joie, voyez-vous, la joie c'est quelque
chose. Tonnerre d'un nom, vive la joie!

FÉLIX

Je me sens libre, je suis roi et maître sur ma terre,
je ne dépends plus d'un maître souvent dur et arbitraire. Je ne crains plus les grèves, la réduction des gages;
je travaille pour mon compte, le profit est à moi. Le sol
que je foule m'appartient; je vis au milieu des miens,
à quelque distance de ma famille; si je tombe malade,
mes bons parents viendront à mon secours; je leur fais
plaisir quand je parais dans la maison de mon père.
Je ne vois plus que des visages riants. Tous les diman-
ches, à la porte de l'église, je rencontre les amis et cela
fait du bien au cœur. Autrefois, à Sainte-Thérèse, je
possédais tous ces avantages, mais je ne les comprenais
pas; l'expérience m'a instruit. Ah! si les jeunes Canadiens savaient ce qu'ils perdent en s'expatriant, jamais
ils ne quitteraient le Canada. *(Charles entre.)*

Scène 3: GAGNON, FÉLIX, CHARLES.

CHARLES

Mon frère, savez-vous la nouvelle?

FÉLIX

Non.

CHARLES

Mon père a été élu maire de Saint-Ignace.

FÉLIX

Je me doutais que les choses tourneraient comme cela.

GAGNON

Tonnerre d'un nom! les conseillers ont montré de l'esprit. Ce cher M. Blainville est un si brave citoyen. Il a tant fait pour l'avancement du canton. Vive le maire de Saint-Ignace!

CHARLES

Mon frère, savez-vous l'autre nouvelle?

FÉLIX

Non, vraiment.

CHARLES

Notre frère Jules est arrivé du Colorado.

FÉLIX

Jules est arrivé?

GAGNON

M. Jules est arrivé?

CHARLES

Oui, par la poste de ce matin.

FÉLIX

Merci, mon Dieu, mes vœux sont exaucés.

GAGNON

Tonnerre d'un nom, l'enfant prodigue est de retour, il faut tuer le veau gras. Vive M. Jules!

CHARLES

Tout est sans dessus dessous à la maison. Papa va et vient, maman ne sait plus ce qu'elle fait, tout le monde pleure de joie.

FÉLIX

Courons prendre part à l'allégresse générale.

CHARLES

Non, dans un instant, ils vont tous être ici. Les invités étaient arrivés, mon frère a dit: « Je ne veux pas déranger votre fête; allons tous ensemble à la cabane. Je suis bien aise de commencer ma nouvelle vie de bûcheron par une noce dans les bois. »

GAGNON

Oui, la noce de M. le maire de Saint-Ignace. Quand on pense que M. Blainville est maire! Tonnerre d'un nom, ça me fait-il plaisir?

FÉLIX

Jules est-il changé?

CHARLES

Oui, joliment, il est maigre et pâle; mais il a l'air si content d'être de retour.

GAGNON

M. Blainville a-t-il été élu *à la lime* ?

CHARLES

Gendreau a fait opposition, mais il était seul.

GAGNON

Ah ! *le plaideux*, il mérite bien son nom : *Gendreau le plaideux*, le plaideux d'un plaideux !

FÉLIX

Jules s'est-il informé de moi ?

CHARLES

Oui, une de ses premières questions a été de demander où tu étais. Il a paru tout joyeux quand on lui a dit que tu réussissais si bien. Il a jouté : « Dans un an je veux avoir une belle terre comme lui. »

GAGNON

Tonnerre d'un nom ! Pourquoi M. Blainville, en sa qualité de maire, ne lui a-t-il pas donné une tape à ce *plaideux* de Gendreau ?

CHARLES

Il lui en a donné une, aussi : il lui a tapé sur l'épaule en lui disant : « Pour vous montrer, M. Gendreau, que je ne vous garde pas rancune, je vous invite à venir avec nous, cette après-midi, à la fête au sucre. »

GAGNON

Il n'a pas accepté, je suppose.

CHARLES

Il a accepté.

GAGNON

Ah! le plaideux, il aurait bien dû rester chez lui.

CHARLES

Mais les voici. *(Blainville entre, accompagné des invités.)*

Scène 4: GAGNON, FÉLIX, CHARLES, BLAINVILLE, GENDREAU, GRATON, DESJARDINS, PAQUET, AMÉDÉE, HECTOR, autres.

GAGNON

Bonjour, M. le maire!

BLAINVILLE

Bonjour, Pierre.

GAGNON

Allons donc, vous autres, dites avec moi: Vive le maire de Saint-Ignace!

TOUS

Vive le maire de Saint-Ignace!

GAGNON

Tonnerre d'un nom, en voilà-t-il une belle journée! Où donc est M. Jules?

BLAINVILLE

Il vient en arrière avec Jean Rivard.

GENDREAU

Oui, mais... vous comprenez, je vous le répète, M. Blainville, comme je vous le disais tantôt, deux obstacles sérieux s'opposent à l'établissement d'écoles dans nos endroits: le manque d'argent et le manque de bras.

BLAINVILLE

Il est ainsi dans les commencements, mais cet état de choses doit disparaître avec le progrès matériel de la localité.

GENDREAU

Qu'avons-nous besoin, M. Blainville, qu'avons-nous besoin de commissaires d'école? On s'en est passé jusqu'à aujourd'hui, ne peut-on pas s'en passer encore? *(Se tournant vers les invités.)* Défiez-vous, mes amis, défiez-vous de toutes ces nouveautés; cela coûte de l'argent: C'est encore un piège qui nous est tendu à la suggestion du gouvernement. Une fois les commissaires nommés, on vous taxera sans miséricorde, et si vous ne pouvez pas payer, on vendra vos propriétés.

TOUS

Oh! oh! allons donc! allons donc!

BLAINVILLE

Supposons, M. Gendreau, que pas un individu parmi nous ne sache lire ni écrire, que ferions-nous? Vous admettrez sans doute, M. Gendreau, que nous ne pouvons pas nous passer de prêtres.

GENDREAU

C'est bon, j'admets qu'il en faut.

BLAINVILLE

Ni même de magistrats pour rendre la justice?

GENDREAU

C'est bon encore.

BLAINVILLE

Vous admettrez aussi, n'est-ce pas, que les notaires rendent quelquefois service en passant les contrats de mariage, en rédigeant les testaments, etc...

GENDREAU

Passe encore pour les notaires.

BLAINVILLE

Et même sans être aussi savant qu'un notaire, n'est-ce pas un grand avantage que d'en savoir assez pour lire à l'église les prières de la messe, voir sur les gazettes ce que font nos membres au parlement, lire les journaux qui traitent d'agriculture et prendre connaissance de tout ce qui se passe dans le monde ?

GENDREAU

C'est vrai.

BLAINVILLE

Supposons encore que vous, M. Gendreau, vous auriez des enfants pleins de talents naturels, annonçant les meilleures dispositions pour l'étude; qui, avec une bonne éducation, pourraient devenir des hommes éminents, des prêtres, des agriculteurs distingués, des juges, des avocats... n'aimeriez vous pas pouvoir les envoyer à l'école ?

GRATON, *à part*

Il le prend par son faible, il lui parle d'avocats.

GENDREAU

Peut-être.

BLAINVILLE

Ne refusez pas aux autres ce que vous voudriez qu'on vous eût fait à vous-même. Certainement, avec un peu d'éducation, vous seriez devenu un maître avocat.

GENDREAU

Je le crois.

TOUS

Ah! ah!

GRATON, *à part*

Le voilà désarmé.

BLAINVILLE

Pour moi, chaque fois que je rencontre sur mon chemin un de ces beaux enfants, au front élevé, à l'œil vif, présentant tous les signes de l'intelligence, je ne m'informe pas quels sont ses parents, s'ils sont riches ou pauvres, mais je me dis que ce serait pécher contre Dieu et contre la société que de laisser cette jeune intelligence sans culture. N'êtes-vous pas de mon avis, M. Gendreau?

TOUS

Nous le somme tous.

GRATON

Laissez Gendreau prêcher dans le vide.

DESJARDINS

Laissez-le plaider la controverse.

PAQUET

Il se croit avocat.

GENDREAU, *piqué au vif*

C'est bon, messieurs, riez bien. Pour moi, je dirai toujours : on veut nous taxer à tout jamais pour le seul plaisir de faire vivre des maîtres d'école ; à bas les taxes, à bas les gens qui veulent vivre aux dépens du peuple, à bas...

GAGNON

Ferme ta *margoulette*, vieux grognard !

GENDREAU

Tiens, c'est Pierre Gagnon qui...

GAGNON

Oui, c'est moi, tonnerre d'un nom ! Je suis *tanné* de t'entendre *jaspiner*.

GENDREAU

Es-tu pour les taxes ?

GAGNON

Oui, j'en veux des écoles, moi, j'en veux des écoles ! *(Rivard et Jules entrent.)*

Scène 5 : LES MÊMES, RIVARD, JULES.

GAGNON

Tiens, M. Jules ; bonjour, mon cher M. Jules ! Le cœur me saute de joie de vous voir.

JULES

Bonjour, Pierre. Toujours le même, tu ne vieillis pas.

266

GAGNON

Tonnerre d'un nom, vous avez vieilli, vous! Je savais bien que vous reviendriez.

JULES

Et pourquoi donc?

GAGNON

Les Blainville ont trop de bon sang dans les veines pour se perdre comme ça.

JULES

Voyons, trève aux reproches comme aux compliments, Pierre. J'ai fait une faute, je veux la réparer. J'espère que tous mes bons amis m'aideront.

GAGNON

Et puis vous avez eu bon nez, vous êtes arrivé juste à temps pour le fricot.

(Acte III, scènes 1 à 5, pp. 39 à 45.)

III
LES MOEURS

A. L'éducation

Texte 23

Consultations gratuites

Farce en un acte de **Régis Roy,** *suivie du dialogue-bouffe* «*Le Sourd*», *Montréal, Beauchemin, 1896, pp. 3-34.*

Régis ROY naquit à Ottawa, le 16 février 1864. Après quelques années d'études, il travailla au Ministère fédéral de l'Agriculture puis s'engagea dans la marine. En 1892, il amorçait une carrière d'écrivain, guidé par Benjamin Sulte. Il collabora à plusieurs journaux et revues, dont *Le Monde illustré* et *Le Bulletin des recherches historiques*. Il fit paraître la plupart de ses poèmes, nouvelles historiques et contes en vers dans *Le Canard* et *Le Passe-temps*. Il fut l'auteur de trois romans et collabora à des ouvrages savants qui furent présentés à la Société Royale du Canada. À partir de 1896, il publia plus de dix comédies, dont *Consultations gratuites* (1896), *Le Sourd* (1896), *On demande un acteur* (1896), *Nous divorçons* (1897) et *L'Auberge du Numéro Trois* (1899). Élu député à la Chambre des Communes en 1930, il devint la même année membre à vie de la Société

des **Auteurs dramatiques de Paris. Il mourut à Ottawa, le 22 août 1944.**

*Un cultivateur à l'aise, Michel Brisebois, a mis du temps à
pardonner à son fils Daniel d'être devenu médecin sans sa permission. Après une brouille de quelques années, le père s'est toutefois
décidé à faire les premiers pas vers la réconciliation. Prudemment
déguisé, il se présente au bureau de son fils, où Baptiste, dévoué
serviteur du docteur, l'accueille sans d'abord le reconnaître.*

Scène 3: BAPTISTE, DANIEL, MICHEL.

MICHEL, *saluant*

Bonjour, m'sieu l'docteur! Bonjour! *(À Baptiste
qui lui offre le fauteuil:)* Marci, m'sieu!... Ah! Dieu!
qu'i fait tirriblemint chaud, aujourd'hui... *(Jetant un
coup d'œil furtif autour de lui, et tout bas, il dit:)*
L'p'tit Daniel est pas trop mal monté!... *(Baptiste
lentement se met à épousseter les chaises, pendant que
Daniel parle à Michel.)*

DANIEL à *Michel*

Je suppose que vous venez pour une consultation,
monsieur?

MICHEL

Justemint, m'sieu, justemint! J'ai profité d'mon
voyage en ville ousque j'avais des pratiques à sarvir,
pour v'nir vous consulter su' not' cas...

DANIEL, *à part*

Mais je connais cette voix-là, moi! *(Haut.)* Voulez-
vous passer dans mon cabinet particulier, s'il vous
plaît? *(Il indique la porte à droite.)*

MICHEL

Certainemint, m'sieu, certainemint!... J'cré ban qu'vous pourrez m'guérir... on dit qu'vous êtes bon médeçan... et qu'vous gagnez ban d'l'argint!...

DANIEL, *à part*

Plus de doute; je reconnais cette voix-là!... (*Haut.*) J'espère bien que votre cas n'est pas très difficile... mais nous saurons bientôt ce qu'il y a, si vous voulez passer à côté ici. (*Il montre son cabinet.*)

MICHEL

C'est bian, docteur, j'y passe!... (*À part.*) I m'a l'air à ban aller, l'p'tit!...

DANIEL, *ouvrant la porte de droite*

Entrez et assoyez-vous un instant. J'ai un mot à dire à mon domestique, et je vous rejoins aussitôt. (*Michel entre à droite.*)

Scène 4: BAPTISTE, DANIEL.

DANIEL, *à mi-voix, sur le devant de la scène, à gauche*

Ssst! Baptiste, approche ici!...

BAPTISTE, *de même*

Qu'est-ce qu'y a?

DANIEL, *bas; tous deux sont sur le devant de la scène*

As-tu reconnu l'homme qui vient me voir?

BAPTISTE

Non; mais j'doé dire qu'sa voix m'a semblé familière!

271

DANIEL

C'est mon père!

BAPTISTE

L'père Michel?... Mais ses ch'veux! ses lunet-
tes, et c'te barbe qu'il a, l'père n'a jamais eu d'ça, lui!...

DANIEL

Eh! je te dis que c'est lui!... Écoute bien!... Tu
sais que lors de mon envie d'embrasser la carrière mé-
dicale, papa s'est fâché?

BAPTISTE

Oui, i a monté su' ses grands *jouaux*, comme on
dit!

DANIEL

Mes vieux parents voulaient absolument que je
fasse un prêtre. C'était leur idée! très belle, j'en conviens, mais moi, cela ne m'allait pas... et quand je de-
mandai au père s'il m'aiderait dans la nouvelle vie que
je voulais suivre, il m'a répondu que non, que j'aurais
à me tirer d'affaire à mon aise!...

BAPTISTE

J'sais tout, m'sieu Daniel.

DANIEL

Eh bien! je crois que le père voyant que j'avais
l'air de me tirer d'affaire, et ma renommée allant peut-
être jusqu'à lui, aura eu la curiosité de venir voir ce
qui se passe, et pour ne pas être reconnu il a songé à
se déguiser... mais il n'a pas pensé à changer sa voix!

BAPTISTE

Vous avez raison.

272

DANIEL

Hier soir, j'ai mis une carte dans le *Temps* et l'*Écho d'Ottawa*, nos deux feuilles canadiennes, qu'à partir de ce jour je ne donnerais des consultations gratuites que trois jours par semaine, me réservant les autres pour mes patients... et aujourd'hui est un jour réservé...

BAPTISTE

J'comprends à c't'heure!... M'sieu Michel vient pour écornifler, et i tombe mal pour nous aut', pasque personne viendront pour vous consulter... et l'office sera pas aussi rempli d'monde que d'ordinaire... et l'père créra qu'on fait pas d'si fameuses affaires!... Ah! mais, y aurait p't-être moyen d'l'embrouiller?

DANIEL

Tu penses, Baptiste, et lequel?...

BAPTISTE

On va s'déguiser tous les deux, chacun not' tour, et on viendra consulter l'docteur!...

DANIEL, *enchanté*

Bonne idée!

BAPTISTE

Faudra garder m'sieu vot' père, pour qu'il entende nos consultations!... Comme ça va être drôle!...

DANIEL

Ne crains pas, il restera bien, puisqu'il n'est venu que pour voir.

BAPTISTE

Ben alors, m'sieur Daniel, vous allez commencer l'premier!... (*On entend du bruit dans le cabinet de*

droite.) J'entends l'vieux qui grouille: sauvez-vous!...
mais ne soyez pas trop longtemps absent!...

(Scènes 3 et 4, pp. 9 à 13.)

Texte 24

Chou-légume et Chou-ruban

Fantaisie comique en un acte de Charles-Marie Ducharme,
dans «Ris et Croquis», Montréal, Beauchemin, 1889, pp. 385-461.

**Charles-Marie DUCHARME naquit en 1864.
Après avoir été reçu avocat, il collabora à divers
journaux et revues, dont *Le National* et *La Revue
canadienne*. Outre un article intitulé «Notre indifférence littéraire» et une étude critique du poème
Tonkourou de Pamphile LeMay, il publia consécuti-
vement *Antoine Gérin-Lajoie et Jean Rivard* (1886)
et *Boule de neige et loup-garou* (1887). En 1889,
il réunit dans *Ris et Croquis* sa pièce de théâtre
Chou-légume et Chou-ruban et quelques articles
sur la poésie. Vers la fin de sa courte vie, il fut élu
président de l'Union catholique. Il mourut à Montréal, le 7 novembre 1890.**

*Joseph Rondeau, riche campagnard, a épousé une jeune cita-
dine dont les caprices sont sans limites. Toute la journée, elle piano-
te ou fait des fleurs de papier dont elle décore la maison, car elle
reçoit souvent. Tout cela au grand désespoir de Jean, son domestique.*

Scène 1: JEAN, *seul*

JEAN, *balayant, un plumeau suspendu au bras*

Ah! je ne vous le cache point, si j'avais une femme
de ce calibre-là, je lui coifferais la tournure d'une affiche

de nuisance publique et je l'enverrais promener par la ville. Aussi c'est moi qui plains monsieur, allez, et je ne voudrais pas pour tout l'or du monde rester deux heures dans ses culottes! mais, nom d'un petit bonhomme, il l'a bien voulu! Pourquoi allait-il se choisir une compagne à la ville, quand il y avait, ici dans le village, de belles grosses filles bien rougeaudes, bien bâties, aussi habiles cuisinières que sages ménagères... Pouah! elles étaient bien trop communes! c'était une dame qu'il lui fallait, une précieuse, une pincée qui sût le piano et eût le port d'une reine. Oui elle le sait, le piano; elle danse aussi, pas trop mal. Mais c'est tout ce qu'elle sait. Ma foi! si toutes les demoiselles de la ville lui ressemblent, je les félicite de leur savoir-faire. Et s'il n'y a que moi pour aller leur faire la cour, elles peuvent s'attendre à rester longtemps vieilles filles, car je préfère encore Françoise broyant le lin, filant au rouet, faisant de la bonne soupe, à toutes ces Éva, ces Laura, ces Stella, pianotant depuis le matin jusqu'au soir et se faisant des frisettes du soir au matin. Et vous croyez jouir d'une lune de miel perpétuelle en telle compagnie? Nenni! Si monsieur s'en trouve bien, tant mieux! Pour moi, je ne puis m'empêcher d'avouer qu'il a été bien gauche. D'ailleurs, qui vivra verra. Mais silence, petit Jean, le voici. Qu'a-t-il donc? Il ne me paraît pas être dans son assiette. Ah! ah! il n'est pas aussi gai que le jour de ses noces. (*Faisant semblant d'épousseter.*) Je parie que la lune rousse commence à lui friser le toupet!

Scène 2: JEAN, RONDEAU.

RONDEAU, *entrant par la gauche, un panier au bras, et se promenant à grands pas, d'un air excité*

Ah! les femmes, les femmes!... elles ont toujours des goûts impossibles. On leur donnerait la lune, qu'il faudrait encore décrocher le soleil pour les satisfaire. Me demander un chou-ruban... est-ce qu'une femme de bon sens...? Tiens! *(Il lance son panier sur les pieds de Jean.)*

JEAN, *se portant la main au pied*
et échappant son plumeau

Aïe... aïe! mon cor!

RONDEAU

Ah! tu es là?

JEAN

Vous le voyez bien, vous m'avez touché à la partie la plus sensible!

RONDEAU, *plus calme*

J'ai eu tort, j'en conviens; mais je te croyais à la cuisine et ma bile échauffée demandait du soulagement. *(D'un air communicatif.)* Dis donc, Jean, as-tu déjà vu des choux-rubans?

JEAN

Des choux-rubans?

RONDEAU

Oui, des choux-rubans!

JEAN

En voilà un légume, par exemple! Mais où cela pousse-t-il?

RONDEAU

Je te le demande!

276

JEAN

Dame! je n'en sais rien; et si nous étions au premier avril, je pourrais croire que quelqu'un a voulu vous faire gober le poisson.

RONDEAU

Y penses-tu, c'est Eugénie!

JEAN

Eugénie!

RONDEAU

Oui, Eugénie ma femme, qui vient de me dire comme ça entre deux bons baisers: «Joseph, mon petit chéri, mon petit mignon, veux-tu me faire plaisir... être aimable comme toujours envers ta petite femme et lui montrer que tu l'aimes bien? Achète-lui donc, en allant au marché, un tout petit chou-ruban!» Et puis voilà! Si elle m'avait demandé un beau gros chou de mon jardin, un chou-fleur, un chou-navet, un chou-rave, à la bonne heure! Mais un chou-ruban, où vais-je trouver cela?

JEAN

Si vous le lui aviez demandé.

RONDEAU

À quoi bon? Elle m'aurait ri au nez... Ah! tu ne les connais point, toi, les femmes de la ville. Il faut s'en défier et surtout se garder de paraître en savoir moins long qu'elles; car souvent elles en profitent pour escalader le pouvoir et... «Monsieur, vous n'entendez rien aux affaires, faites la courbette, maintenant c'est le jupon qui règne!» Mais tout cela ne m'avance guère. Dix heures vont bientôt sonner et je n'ai pas encore ce chou-ruban... Que peut-elle vouloir en faire? De la

277

salade, une soupe? Ce n'est pourtant pas elle qui la
fera, mais il faudra toujours qu'elle y goûte, et si je n'ai
que du bouillon à lui offrir... elle va en inventer une
moue. Que faire?... que faire?... Bah! après tout, si
j'essayais. Je pourrais rester ici jusqu'à demain, je n'en
serais pas plus riche. Allons! un petit coup de cœur,
gagnons la ville; je verrai bien si ces choux-là ont une
mine respectable.

(Scènes 3 et 4, pp. 9 à 13.)

Texte 25

Fatenville

Vaudeville en un acte de Félix-Gabriel Marchand *(1869), dans*
«Mélanges poétiques et littéraires», Montréal, Beauchemin, 1899, pp.
666-710.

**Félix-Gabriel MARCHAND naquit à Saint-Jean-
d'Iberville, le 9 janvier 1832. Après ses études classiques au Collège de Saint-Hyacinthe, il fit des études de droit en vue du notariat. Tout en poursuivant
une carrière de journaliste et d'écrivain, il se fit
élire député de Saint-Jean à l'Assemblée législative
(1867-1900). Il fut premier ministre de la province
de Québec de 1897 jusqu'à sa mort. Il avait fondé
le *Franco-Canadien* de Saint-Jean (1860) et *Le
Temps* de Montréal (1883). Collaborateur de plusieurs journaux et revues, il écrivit également des
comédies dont les principales sont *Fatenville* (1869),
Erreur n'est pas compte (1872), *Les Faux Brillants*
(1882) et *Un bonheur en attire un autre* (1883). Il
rassembla quelques-unes de ses œuvres dramati-**

ques, dont *Le Lauréat*, dans un recueil paru en 1899 sous le titre de *Mélanges poétiques et littéraires*. À la fin de sa vie, il fut honoré de plusieurs titres. Il mourut à Québec, le 25 septembre 1900.

Deux amoureux villageois, Rose et Arthur, voient leur bonheur menacé par Fatenville, citadin pédant et vaniteux que le père de la belle préfère pour gendre à Arthur. Décidée à vaincre le caprice paternel, Rose cherche avant tout à réconforter son fiancé.

Scène 15: ARTHUR, ROSE.

ARTHUR

Vous avez raison, Rose; mon sort, après tout, n'est pas aussi misérable qu'il pouvait l'être. Il est vrai que tout ne va pas exactement au gré de nos désirs, mais tant que je posséderai votre amour, je ne vois pas pourquoi je ne serais pas heureux.

ROSE

Ni moi non plus; à moins que vous ne préfériez l'amour d'une autre.

ARTHUR

Vous savez que cela est impossible.

ROSE

J'en ai au moins l'espérance.

ARTHUR

Dites plutôt l'assurance.

ROSE

Eh bien, soit, je ne chicanerai pas sur les mots.

ARTHUR

C'est bien votre parti le plus sage et je crois, d'ailleurs, que votre voix s'adapterait difficilement aux tons discordants de la chicane... mais, à propos, il me semble que vous m'aviez promis un air de votre composition pour la romance que je vous ai passée l'autre jour.

ROSE

Et j'ai fait tout en mon pouvoir pour accomplir ma promesse.

ARTHUR

C'est dire que vous avez réussi.

ROSE

Pas tout à fait ; cela veut dire que je me suis imposé une tâche au-dessus de mes forces.

ARTHUR

Alors vous avez dû vous surpasser.

ROSE

Au contraire, je n'ai obtenu qu'un demi-succès et vos couplets se trouvent dotés d'un air bien inférieur à leur mérite.

ARTHUR

J'ai mes doutes là-dessus ; mais, avant de vous contredire, j'aimerais vous entendre.

ROSE

Oh ! vous devenez trop exigeant et vous feriez mieux de me croire sur parole.

ARTHUR, *la conduisant au piano*

Malgré tout le respect que j'ai pour vos appréciations en pareille matière, je me permets de vous récuser, dans le cas actuel, comme juge intéressé et de me constituer juge à votre place.

ROSE, *s'asseyant au piano*

Eh bien, pour cette fois, je me soumets à votre volonté, quoique elle me paraisse un peu arbitraire... mais rappelez-vous que je n'entends pas par là créer un précédent en votre faveur.

ARTHUR

C'est convenu. *(Fatenville entre sans être aperçu tandis que Rose prélude par une symphonie sur le piano. Il les observe pendant quelques instants, le lorgnon à l'œil, puis il s'étend négligemment dans un fauteuil auprès d'une table couverte d'albums et d'autres objets de fantaisie, et paraît écouter chanter Rose avec étonnement.)*

Scène 16: LES MÊMES, FATENVILLE.

ROSE, *chantant*

« J'aime les prés verdoyants
Semés d'œillets et de roses,
Quand le souffle du printemps
Teint les fleurs à peine écloses.
Mais plus que *etc.* »

FATENVILLE, *après la symphonie*

Charmant! parole d'honneur. *(Puis, en tapant des mains:)* Bravo! Bravo! *(Arthur et Rose se retournent, étonnés.)* Admirablement chanté, mademoiselle; parole d'honneur, je connais plus d'une dame de la ville qui serait fière d'une pareille voix.

ROSE, *vivement*

Quoi ! vous étiez là, monsieur !

FATENVILLE

Toujours à mon poste pour vous admirer et vous applaudir, mademoiselle.

ARTHUR, *à Rose*

Ah ça ! savez-vous qu'il devient embarrassant, votre personnage ?

ROSE, *à Arthur*

Je ne puis plus supporter ses obsessions.

ARTHUR, *à Rose*

J'avoue qu'elles me tombent un peu sur les nerfs, à moi aussi ; mais, à tout considérer, je crois qu'il vaut mieux s'en amuser que s'en fâcher.

ROSE, *à Arthur*

Vous avez peut-être raison, après tout.

FATENVILLE, *qui a feuilleté un album*

Tiens, voilà un très joli croquis !... Est-il passé quelque artiste par ici ?

ROSE, *riant*

Oh non, c'est une petite ébauche que j'ai faite ce matin.

FATENVILLE

Comment, vous dessinez ?

ROSE

Un peu, monsieur, par simple passe-temps.

ARTHUR, *à Fatenville*

N'est-ce pas que c'est bien pour une villageoise?

FATENVILLE

Mais c'est merveilleux, parole d'honneur! Et comment, s'il vous plaît, avez-vous pu apprendre si bien la musique et le dessin?

ARTHUR

En écoutant les petits oiseaux et en contemplant la nature, je présume.

ROSE

Pardon, messieurs, vous n'y êtes pas tout à fait; la nature et les petits oiseaux ont peut-être contribué pour quelque chose à mes faibles succès, mais j'ai eu d'autres professeurs dont je n'ai malheureusement que trop imparfaitement suivi les préceptes.

FATENVILLE

Savez-vous, mademoiselle, que votre voix ferait fureur dans nos salons?

ROSE

Pourtant, monsieur, j'ai eu plusieurs fois l'occasion de la faire entendre au milieu de vos beaux citadins sans avoir excité la fureur de qui que ce soit.

FATENVILLE

Vous visitez donc la ville?

ROSE

De temps à autre, monsieur; j'y passe ordinairement la saison du carnaval.

FATENVILLE, *surpris*

Vraiment! *(À part.)* C'est de mieux en mieux. Quelques leçons suffiront pour en faire une femme du monde.

ARTHUR, *à Rose*

Vous perdez de plus en plus, à ses yeux, vos vertus bucoliques.

ROSE, *à Arthur*

Il est une autre vertu qui m'échappe davantage : c'est la patience.

ARTHUR, *à Rose*

Tenez bon; le dénouement n'en sera que plus amusant.

ROSE

Il le faut bien, puisque je suis chez moi.

(Scènes 15 et 16, pp. 693 à 697.)

Texte 26

Sous les bois

Comédie en un acte de **Pamphile LeMay,** *dans* **Rouge et Bleu :** comédies, *Québec, C. Darveau, 1891, pp. 4-45.*

Pamphile LeMAY : bio-bibliographie, p. 121.

En attendant le retour du bain de sa femme et de sa fille Olive, Monsieur Montour se prélasse dans la fraîcheur d'un sous-

bois en faisant des vers. Il a déjà terminé un quatrain que lui-même trouve «hors de l'ordinaire», quand le passage d'un chasseur l'a fait s'éloigner de quelques pas.

Scène 6: OLIVE, MADAME MONTOUR.

MME MONTOUR

Ouf! quel bain délicieux! L'eau est tiède, le sable, au fond, est doux au toucher, on croirait rouler sur des perles. Mais qu'est-ce que ton père avait donc à crier: Plonge! plonge!... Est-ce que je...? Mais non pourtant... Où est-il donc?

OLIVE

Il vient de s'élancer à la pêche.

MME MONTOUR

De s'élancer à la pêche? Il n'a pas coutume de se montrer si âpre au plaisir de la ligne. C'est un plaisir trop calme pour son humeur. Mais sous les bois, dans la solitude, parmi les plantes sauvages et les oiseaux coquets, il me semble qu'il se fait un réveil étrange. Nous nous sentons remués, secoués...

OLIVE

Moi, je dormirais. *(Elle s'étend sur la mousse.)* Que l'on doit faire de beaux rêves parmi les fleurs et les oiseaux!

MME MONTOUR

Ce sommeil qui te gagne, Olive, c'est aussi un réveil... Repose-toi; je vais lire quelques pages au pied de ce grand chêne, en attendant le retour de ton père... avec ses poissons. *(Elle prend le livre laissé par M. Montour.)* Est-ce amusant, cela?

285

OLIVE

Oui, bien amusant, c'est de la poésie.

MME MONTOUR

De la poésie?... Lisons de la poésie, alors...
Loin du bruit, sous les bois parfumés, la poésie doit
avoir un charme tout particulier. *(Elle ouvre le livre.)*
Mais c'est canadien!... De la poésie de chez nous!...

OLIVE

Oui, mère, et de la belle, encore!

MME MONTOUR

Il me semble que la poésie étrangère vaut mieux.
Plus ça vient de loin, plus ça doit être beau.

OLIVE

Triste préjugé, ma mère.

MME MONTOUR

L'étoffe du pays, par exemple, ne vaut pas...

OLIVE, *riant*

La soie de Lyon!...

MME MONTOUR

De quoi peuvent-ils parler, nos poètes?

OLIVE

Des choses qu'ils voient et des lieux qu'ils aiment...
Ce ne sont pas les étrangers qui pourraient chanter notre
fleuve incomparable et nos belles Laurentides, nos

coutumes naïves et les brillants faits d'armes de nos aïeux.

MME MONTOUR

Comme tu dis bien ça! Je me laisse convaincre. Il faut être juste, en effet, et ne pas décourager les nôtres... Que c'est beau les vers! C'est si difficile à comprendre!... Je vais aller les savourer à l'écart; ne me dérange pas. *(Elle s'éloigne.)*

Scène 7: OLIVE, *à-demi couchée*, M. MONTOUR.

M. MONTOUR, *accourant, hors d'haleine*

Ta mère, Olive... est-elle revenue?... Se serait-elle...? Je la voyais quand je suis parti d'ici et, rendu là, je ne l'ai plus vue. Je lui disais de plonger, mais...

OLIVE, *riant*

Pas jusque dans l'éternité.

M. MONTOUR

Tu ris! Elle est ici?... Le chasseur! Ah! si j'appelais le chasseur!... Il sait peut-être nager, lui... Mais où est-il? Il part pour la pêche et il s'éloigne de l'eau... Et puis, il ne serait peut-être pas convenable...

OLIVE, *se levant*

Calmez-vous! calmez-vous!... Le chasseur? Est-ce qu'il en vient des chasseurs ici?

M. MONTOUR, *à part*

Imprudent que je suis! *(Haut.)* Non, non, il n'en vient pas, ils s'en vont. Mais ta mère? ta pauvre mère... Pourquoi m'a-t-elle obéi si... profondément?

OLIVE

Tranquillisez-vous, papa, maman est ici, tout près. Elle est revenue pendant que vous vous en alliez.

M. MONTOUR, *avec un soupir de satisfaction*

Ah! elle n'a fait qu'un plongeon... ordinaire?

Scène 8: LES MÊMES, MADAME MONTOUR.

MME MONTOUR, *repoussant son mari qui se précipite dans ses bras*

Cesse donc cette mise en scène... tu n'es pas sincère; et si j'étais restée dans les eaux... *(Elle s'essuie les yeux.)*

M. MONTOUR

Voyons, ma chérie, console-toi! je n'ai pas voulu te causer de la peine. Est-ce parce que je n'ai pas couru assez vite?... Tu sais bien que je t'aime pourtant, et que... j'ai peur de l'eau; je ne sais pas nager. Nous serions restés au fond tous les deux. Ça aurait été plus héroïque, je l'avoue, mais on n'est pas maître de la peur. Va, viens, allons! nous allons recommencer.

MME MONTOUR, *avec dépit*

Oui, nous allons recommencer, moi à me cacher sous le voile des eaux, et toi, à écrire des vers amoureux sous le voile des bois. *(Elle lui jette son quatrain.)*

M. MONTOUR

Moi, des vers amoureux? *(À part.)* Si je pouvais plonger! *(Haut.)* Mais tu n'étais pas en danger du tout, chère Adèle, et si je te criais de... *(Il fait le signe de plonger.)* c'était par mesure de prudence: le bois est infesté de chasseurs.

OLIVE

Oui, et un coup tiré au hasard...

MME MONTOUR

Les chasseurs ont des yeux... puisqu'ils visent.

M. MONTOUR

Et c'est précisément pour cela que... *(Il fait le signe de plonger.)*

MME MONTOUR

Jaloux, va! gros jaloux!

M. MONTOUR

C'est que je t'adore sur la terre et... dans l'eau.

MME MONTOUR

Et sous la forêt, c'est Caroline que tu adores? pour moi tu n'as jamais rimé deux lignes.

M. MONTOUR

J'aurais rimé tout un poème si j'avais pu trouver des mots pour l'écrire... Et ces quatre vers que j'ai jetés en me jouant sur ce papier indis... sur ce papier blanc, c'est à toi qu'ils s'adressent... C'est toi que je voyais en les traçant. Je te voyais à travers les branches.

MME MONTOUR

Mais il me semble que je ne m'appelle pas Caroline.

M. MONTOUR

Caroline est là pour la mesure seulement. Si j'avais écrit Adèle, la mesure aurait été trop courte d'un pied.

MME MONTOUR, *durement*

Que me chantes-tu là avec ta mesure trop courte ?
Tous les vers ne sont pas de même longueur. Regarde.
(*Elle ouvre le livre.*)

OLIVE

Et puis, papa, vous auriez pu, sans doute, avec
un peu de travail, arranger ce quatrain de manière à
y mettre Adèle.

M. MONTOUR

Pas facilement... écoute :
« Chantez mon Adèle...
Chantez ma... douce Adèle, oiseaux à la vive
aile ! »

MME MONTOUR

Eh bien ! est-ce que ça ne rime pas, cela ?

M. MONTOUR

Oui, à l'hémistiche, mais c'est défendu.

MME MONTOUR

Défendu ?... C'est plaisant... Où est le mal ?

M. MONTOUR

Il y a des règles sévères que le poète ne saurait
enfreindre impunément.

MME MONTOUR, *avec une moue*

Quand on aime sa femme...

M. MONTOUR

Oui, quand on l'aime prosaïquement...

290

OLIVE

Vous pourriez, ce me semble, mon père, vaincre la difficulté.

M. MONTOUR

Je vais essayer... Au reste, pour une femme que j'aime, je puis enfreindre toutes les lois... de la versification.

(Scènes 6 à 8, pp. 19 à 26.)

Texte 27

La Carte postale

Saynète enfantine de Joséphine Marchand *(Mme Raoul Dandurand), Montréal, Beauchemin, 1897, 31 p.*

Joséphine MARCHAND naquit à Saint-Jean-d'Iberville, le 4 décembre 1861. Elle était la fille de Félix-Gabriel Marchand, futur premier ministre de la province de Québec. Après de brillantes études chez les Dames de la Congrégation de Notre-Dame, elle fit du journalisme. En 1886, elle devint l'épouse du sénateur Raoul Dandurand. Par la suite, elle collabora à plusieurs journaux et revues dont *Le Journal de Françoise*, *Le Monde illustré* et *Le Journal du Dimanche*. En 1893, elle fonda *Le Coin du feu*, la première revue féminine au Canada. Elle publia *Contes de Noël* (1899) et *Nos travers* (1901), ainsi que plus de dix œuvres théâtrales dont *Ce que pensent les fleurs* (1895), *Rancune* (1896), *La Carte postale* (1897) et *Chacun son métier* (1904).

291

Margot et Paul n'ont pu résister à la tentation de lire en cachette une carte postale adressée à leur tante. Cette indiscrétion leur a appris l'arrivée de leurs parents pour le soir même. Le remords s'empare d'eux d'autant plus vivement qu'ils ont abîmé la carte et que leur faute est désormais impossible à dissimuler.

Scène 11 : MARGOT, PAUL

MARGOT *se jette en pleurant dans les bras de Paul*

Ah ! Paul, si tu savais comme on est malheureux quand on est méchant !

PAUL, *à part, avec une expression de plaisir*

Elle aussi est coupable ! *(Haut.)* Qu'est-ce que tu as fait ?

MARGOT, *pleurant*

J'ai reçu une carte du facteur pour Tantine.

PAUL

Ah !

MARGOT, *avec confusion*

Je l'ai lue...

PAUL, *à part*

Avant moi ! Je savais bien que les femmes étaient plus curieuse que les hommes !

MARGOT, *désignant le secrétaire*

Puis je l'ai remise là, mais le bon Dieu, pour me punir, l'a fait disparaître.

PAUL

Ne pleure pas, Margot, ne pleure pas...

292

MARGOT, *avec inquiétude*

Ce n'est pas tout. C'est moi qui ai téléphoné qu'on envoie la crème et les gâteaux; seulement, je n'en avais demandé qu'un seul seau. Vrai, vrai, Paul!...

PAUL, *à part*

Tiens, nous avons eu la même idée!

MARGOT

Je veux tout avouer à Tantine. J'aime mieux être punie tout de suite. Des secrets comme ça, Paul, ça étouffe!

PAUL

Ça étouffe les filles.

MARGOT, *larmoyante*

Que va-t-elle me faire, penses-tu? Oh! pourvu qu'elle ne le dise pas à papa et à maman.

PAUL

Écoute, Margot, n'aie pas peur tant que ça. (*Avec un air de générosité.*) Je vais dire que c'est moi.

MARGOT, *se jetant à son cou*

Quoi, Paul! tu ferais cela?

PAUL, *avec fierté*

Certainement. C'est tout naturel. Les hommes sont les plus braves!

MARGOT, *avec admiration*

C'est vrai! Mais aussi, vois-tu, vous êtes les plus forts. Quand vous voulez vous sauver, par exemple, vous n'avez pas de robe qui vous empêche de courir. Nous autres, nous sommes toujours sûres de rester en arrière. C'est pour cela que nous avons peur. Si nous n'avions pas peur, va! nous serions bien aussi braves que les garçons.

PAUL

Oui, mais est-ce que je ne vais pas être puni tout à l'heure à ta place?

MARGOT

En effet! Moi je ne pourrais pas faire cela. Écoute: si tu es puni, je te tiendrai compagnie tout le temps et j'irai demander des gâteaux à Victoire pour toi. *(Soupirant.)* Tu sais, il y en a beaucoup de gâteaux!... Et je ne t'en demanderai pas une seule bouchée.

PAUL

Je t'en donnerai, va!

MARGOT

Mais ça me fera tout de même de la peine que tu sois seul puni!... Tiens! dis que c'est nous deux!

PAUL

C'est bon. *(Tante Ernestine apparaît au fond. Elle s'arrête dans la porte et, croisant les bras, regarde Paul et Margot en silence, d'un air sévère.)*

Scène 12: MARGOT, PAUL, TANTE ERNESTINE.

PAUL, *ému*

Tantine, c'est Margot... et... c'est nous!...

TANTE ERNESTINE, *descendant en scène*

Oui, je sais! Vous vous êtes bien conduits!

PAUL

Ce n'est pas notre faute.

MARGOT, *se cachant derrière Paul*

C'est le démon!...

TANTE ERNESTINE

Le démon vous a tentés, mais quand on est bon, on ne l'écoute pas.

PAUL

Nous ne l'écouterons plus.

MARGOT, *se cachant la figure dans la jupe de sa tante*

Veux-tu me pardonner?

PAUL, *de même*

À moi aussi, Tantine?

TANTE ERNESTINE, *attendrie, lève les épaules et hésite*

Je ne sais pas si je dois vous pardonner.

MARGOT

Tiens, punis-moi, si tu veux, mais ne le dis pas à maman!

TANTE ERNESTINE, *les prenant tous les deux par la main*

Regrettez-vous ce que vous avez fait?

MARGOT et PAUL

Beaucoup!

TANTE ERNESTINE

Eh bien! je vous pardonne en l'honneur de la fête de votre mère.

MARGOT et PAUL, *lui baisant les mains*

Bonne Tantine!

TANTE ERNESTINE

Maintenant, venez vous habiller pour recevoir vos parents.

MARGOT, *sautant de joie*

Oui, oui!... et puis tu pourras me tirer les cheveux tant que tu voudras en les démêlant, je ne ferai pas un petit cri...

PAUL, *comme ils vont sortir tous les trois*

Tante, as-tu gardé toute la crème à la glace?

TANTE ERNESTINE, *sortant avec eux et tirant l'oreille de Paul*

Oh! l'affreux gourmand!

(Scènes 11 et 12, pp. 26 à 28.)

Texte 28

Le Mal du jour de l'An
ou Scènes de la vie écolière

Comédie en quatre actes de Jean-Baptiste Proulx *(Sous le pseudonyme de Joannes Iovhanné), Montréal, Beauchemin & Valois, 1882, 54 p.*

Mgr Jean-Baptiste PROULX: bio-bibliographie, p. 95.

296

Contrarié par un règlement du pensionnat qui repousse les vacances d'hiver après le Jour de l'An, le jeune Louis feint la maladie, dans l'espoir d'obtenir un congé devancé. Après le départ du docteur, il cherche à communiquer sa joie à deux de ses confrères.

Scène 2 : LOUIS, AUGUSTE, FRANÇOIS.

LOUIS

Allons! courage; l'affaire marche; les incidents se compliquent, l'intérêt augmente, le nœud se forme de plus en plus, comme dirait notre professeur de Belles-Lettres : *Semper ad eventum festinat.*

AUGUSTE

Mais j'ai bien peur, hélas! que le nœud se dénoue par une catastrophe. As-tu remarqué? on dirait que le docteur met de l'ironie dans ses paroles et qu'elles offrent un double sens?

FRANÇOIS

Oui, s'il est vrai que dans la maladie il ait découvert les *véritables causes.*

LOUIS

Voyons, cessez donc de faire la corneille et de prêcher à contre-temps, en prophète de malheur. Le docteur est *blagué,* comme un simple mortel, voilà tout. Ayez plus de confiance en mon étoile; le vent est bon, déployons la voile et vogue la galère.

AUGUSTE

Très bien, verra qui vivra.

LOUIS

Veux-tu que je te dise ce que tu verras? Tu vas voir le directeur dans un instant venir me dire : « Louis, préparez vos effets, vous pourrez partir cet après-midi ». Après-midi, tu verras, avec sa longue ceinture rouge, le grand José, notre *homme,* qui viendra me dire : « Vite, M. Louis, partons, je suis venu vous chercher ». Et ce soir tu verras que je suis parti. Mais ce que tu ne verras pas, et que je verrai, moi, Louis Latulippe, ce sont les plaisirs du jour de l'an.

AUGUSTE

Halte là, Louis ; j'espère que 69 finira ici comme ailleurs, et nous aussi nous aurons notre jour de l'an.

FRANÇOIS

Avec un beigne à déjeuner.

AUGUSTE

Et pour moi, Dieu merci, ce jour n'est pas sans charme !...

LOUIS

Qu'a-t-il donc de si charmant ?

AUGUSTE

L'entrevue de huit heures, par exemple ; les franches et cordiales poignées de mains que les élèves se donnent ; les souhaits de santé, de succès, de bonheur qu'ils s'envoient et se renvoient comme un feu roulant ; on dirait d'anciens amis qui se revoient après une longue séparation ; il y a là-dedans quelque chose de simple, de naïf qui sent son parfum d'antiquité. Puis en communauté, nous allons rendre visite à tous les prêtres ; nous nous pressons en foule dans ces chambres trop étroites, partout nous sommes reçus avec de bonnes et douces paroles ; il règne une aimable familiarité, nous sommes en famille.

LOUIS

J'avoue qu'il y a là quelque chose de vrai; mais toujours ce n'est que l'image de ce qui se passe à la maison paternelle; or, si l'image est si belle, que sera-ce donc de la réalité? Quand les écoliers se donnent la main, tu trouves cela joli; moi, je trouve cela fou. Le matin, on se lève, on se regarde avec de grands yeux, on se sourit les uns aux autres, et l'on semble se dire: *c'est aujourd'hui le jour de l'an, bonne année*! mais pas un mot; on va à l'étude, pas un mot; on descend à la chapelle, pas un mot. Tout à coup, le déjeuner fini, trois heures après qu'on se coudoie côte à côte, à un moment donné, voilà que ce n'est plus qu'un cri, qu'un saut; ce ne sont plus que poignées de main à se casser les doigts, que souhaits reçus, souhaits donnés, souhaits renvoyés, sans que personne fasse attention ni à ce qu'il dit, ni à ce qu'on lui dit. Vous croiriez que tout le monde est pris de vertige.

FRANÇOIS

L'explosion de notre joie est d'autant plus grande qu'elle a été comprimée pendant quelque temps.

LOUIS

Et pourquoi la comprimer si longtemps, cette joie?

AUGUSTE

C'est la règle et le bon ordre qui le demandent. N'est-ce pas joli de voir, jusque dans nos plus grands jours de fête, le règlement qui règne en maître?

LOUIS

Chez nous, il n'y a pas de tous ces règlements-là. Aussitôt papa debout, *flan*, nous voilà tous à genoux à ses pieds pour recevoir sa bénédiction; la main tendue sur nos têtes, il nous dit solennellement: « Mes enfants, je vous bénis, soyez toujours bons, que le bon Dieu vous bénisse comme je vous bénis». Puis viennent les *embrassettes,* les souhaits, les étrennes; les petits enfants sautent de joie en voyant leurs bas que leurs bons anges, pendant la nuit, sont venus remplir de bonbons; et les plus grands prennent à la santé de la nouvelle année un petit coup de vin de raisin, en chantant *La Guinolé.* Puis la journée se passe en visite: visite ici, visite là; on va voir les voisins, les voisines, les cousins, les cousines, les oncles, les tantes, le vieux grand-père, la bonne grand-mère. Partout des civilités, des révérences et des baisers sucrés. Ici il n'y a pas moyen seulement de *becquer* son meilleur ami.

AUGUSTE

Tout cela, ne l'avons-nous pas le lendemain? Nos parents viennent, ils nous apportent à plein sac nos étrennes et la bénédiction. Cette année, dans le cours de l'après-midi, nous aurons une séance, des chansons, de la musique en masse; on va étrenner la nouvelle bande qu'on vient de recevoir de Paris, don généreux de M. C. Dubé, curé de St-Martin; autant de plaisir que tu ne goûteras pas chez vous. Nous allons représenter une comédie, à laquelle tu pourrais peut-être profiter; j'y joue un rôle, ça fait toujours un petit velours de paraître en public.

LOUIS

Tant qu'à paraître en public, ça m'arrivera dix fois contre toi une. Le Carnaval, n'est-ce pas le temps des repas, des noces, des fricots? Aujourd'hui on est invité ici, demain on est invité là, un autre jour, c'est ailleurs. On n'arrête pas. C'est aussi le temps des *boucheries*; partout on est reçu à la viande fraîche, aux sauces grasses, aux ragoûts à la boulette, aux tartes à la viande, des belles tartes jaunes comme un safran...

300

FRANÇOIS

Tu vas bien attraper le *prince* !

LOUIS

Puis le soir, le bal. On danse des gigues, des danses à huit, à six, des *rigodons, digue, don, daine, des rigodons au son du violon.* Chacun fait son saut, son *step* ; c'est à qui sera le plus *smart.* Vive la joie ! Ensuite vient le tour des jeux, le Colin-maillard, la *Belle bergère,* la *Compagnie vous plaît-elle,* elle ne me plaît pas toujours à moi, la compagnie ; je fais le difficile. À la table, de temps en temps, on interrompt le repas, quelqu'un entonne une chanson, tous les autres répondent en chœur ; il y a vie, entrain, c'est fort, ça roule toujours.

FRANÇOIS

S'il ne tient qu'à chanter pour te procurer le bonheur, tu peux être heureux ici jusqu'à t'égosiller ; il me semble que le chant est assez à la mode.

LOUIS

Oui, mais dans le monde, ce ne sont pas toujours les mêmes chansons que l'on *renote* : « Marlborough s'en va-t-en guerre », « Sur le pont d'Avignon tout le monde y passe », « Savez-vous planter des choux à la mode, à la mode, savez-vous planter des choux à la mode de par chez nous ? » On chante des chansons du bon vieux temps, alors que les *Canayens* n'étaient pas des fous, qu'ils aimaient à prendre un coup :

Encore un petit coup de piton,
Que ça me r'mette, que ça me r'mette,
Encore un petit coup de piton,
Que ça me r'mette sur le ton.

301

Ou bien:

Ça me rince la dal' la dalle,
Ça me rince la dal' du cou.

AUGUSTE

C'est scandaleux; à t'entendre, Louis, on se croirait transporté au temps d'avant la tempérance. Au revoir, dans un instant. Je vais aller faire un petit tour en récréation, jaser un peu avec les confrères. Puisses-tu perdre les goûts mondains et revenir à des idées plus sobres.

(Acte III, scène 2, pp. 34 à 38.)

Texte 29

Stanislas de Kostka

Drame en deux actes d'Hospice-Antelme Verreau, *Montréal, La Revue de Montréal, 1878, 58 p.*

L'abbé Hospice-Antelme VERREAU naquit à L'Islet, le 6 septembre 1828. Il commença ses études classiques au Séminaire de Québec, les compléta au Séminaire de Sainte-Thérèse, et fut ordonné prêtre le 3 août 1851. Il devint par la suite professeur, puis directeur des études au Séminaire de Sainte-Thérèse. C'est au cours d'une longue carrière à la direction de l'École Normale Jacques-Cartier (1857-1873) qu'il s'intéressa activement à la littérature et à l'histoire. Il publia *L'Invasion du Canada* (1870-1873), *Notice sur les Fondateurs de Montréal* (1882), *Commencements de l'Église du Canada* (1884) et *Commencements de Montréal* (1887). Il écrivit en 1878 un drame, *Stanislas de Kostka,* dans un but d'éducation. Il se distingua comme président de la Société historique de Montréal et comme membre fondateur de la Société Royale du Canada. Il mourut à Montréal, le 16 mai 1901.

Pour obéir à son père, le jeune prince polonais Stanislas de Kostka a suivi à Vienne son frère Paul séduit par les plaisirs du monde. Tout autre est l'attitude de Stanislas, qui rêve plutôt d'entrer chez les Jésuites. De concert avec Bilinski, son gouverneur, Paul cherche les moyens de faire changer d'avis à son frère.

Scène 1: PAUL, BILINSKI.

PAUL

Vous voulez que nous tentions de nouveaux efforts auprès de mon frère ?

BILINSKI

Oui ; il me semble qu'il vaudrait mieux le persuader.

PAUL

Que m'importe, à moi, qu'il se laisse persuader ou non ? Je le forcerai à m'obéir.

BILINSKI

Si telle est votre volonté, seigneur, il faut qu'il se soumette.

PAUL

Nous nous laisserions braver par un enfant ?

BILINSKI

Ce serait honteux.

PAUL

Un entêté...

BILINSKI

Et qui se pose en censeur!...

PAUL

Eh bien! monsieur, vous qui êtes notre gouverneur, qui semblez hésiter quand il faut agir, ne sauriez-vous, au moins, trouver quelque moyen de le faire changer?

BILINSKI

Seigneur, Stanislas a su préserver son cœur de ce qu'il appelle enchantements et illusions du monde, et il trouve sa force dans la vertu. Mais jetez-le dans les distractions, faites-lui soupçonner des jouissances qu'il ignore, flattez son orgueil, excitez son ambition, tâchez de l'éloigner de Dieu: vous verrez qu'il ne pourra, lui non plus, résister à l'entraînement des plaisirs, quand il y aura goûté, et que peut-être il nous devancera bientôt dans cette voie.

PAUL

Vous êtes un homme habile, Bilinski, et Satan n'aurait pu me donner un meilleur conseil. Nous pouvons commencer dès ce soir, car je réunis mes plus joyeux amis. Nous aurons souper; nous irons au théâtre, au bal... Cependant, c'est un moyen bien lent. Il vaudrait mieux en finir tout de suite... *(Il sonne. Au domestique qui se présente:)* Dites à mon frère que je désire lui parler.

BILINSKI

Je vous en prie, croyez-moi, employez d'abord la douceur et la tendresse; s'il résiste, ne ménagez plus rien.

PAUL

Soyez tranquille : vous savez comme je suis décidé.

Scène 2 : PAUL, BILINSKI, STANISLAS.

PAUL

Depuis longtemps, cher Stanislas, je voulais vous ouvrir mon cœur ; mais je craignais... je n'osais... Permettez-le aujourd'hui à un frère qui vous aime tendrement. Jusqu'à présent, méprisant les avantages de votre naissance et les succès auxquels vous pouvez aspirer, vous n'avez eu qu'un seul désir, celui d'avancer dans la vertu. Vous n'avez travaillé que pour le ciel. Ce but est assurément très louable. Mais enfin, vous ne pouvez le nier, vous n'avez rien fait pour votre avenir, et, sur le point d'entrer dans le monde, vous lui êtes entièrement étranger.

STANISLAS

Je désire l'être toujours.

BILINSKI

Cependant, convenez-en, Stanislas, la perspective que le monde ouvre devant vous n'est pas sans quelque charme : votre jeunesse et une brillante fortune serviraient tous vos rêves de bonheur : vous pouvez, comme tant d'autres, prendre votre part des fêtes et des plaisirs à la cour des princes, goûter toutes les délices de la vie.

STANISLAS

Ces plaisirs trompeurs ne me tentent point.

PAUL

S'ils vous sont inconnus, comment pouvez-vous les dédaigner?

STANISLAS

Vous, mon frère, qui les avez goûtés, qui en êtes rassasié, quand vous ont-ils laissé content? Non, tout cela est trop peu pour remplir l'abîme du cœur humain.

BILINSKI

Je le vois, Stanislas, vos goûts sont nobles et votre ambition, trop exigeante peut-être, vous fait mépriser ce que la plupart des hommes recherchent avec tant d'ardeur.

STANISLAS

Oui, j'aspire à de plus hautes destinées que celles que vous m'offrez en ce moment.

PAUL

Songez donc au sang qui coule dans vos veines; songez donc à tous les faits d'armes, à toutes les victoires qui ont élevé nos ancêtres aux yeux de la religion et de la patrie. Ne seriez-vous pas flatté de vous présenter dans le monde entouré de ces souvenirs? Mais ce ne serait là que le point de départ de votre élévation. Vous aurez droit de placer quelque espoir dans les alliances de notre famille avec les plus puissants palatins du royaume. La route est frayée: pour peu que vous vouliez profiter des occasions, votre vie va se déployer sur un vaste théâtre. Vous prendrez place auprès de ces hommes dont les noms retentissent au loin. Usons donc de toutes les faveurs de la fortune et marchons résolument vers un si bel avenir.

STANISLAS

Qu'y trouverez-vous?

PAUL

Les honneurs et la gloire!

STANISLAS

Et à quoi serviront ces honneurs et cette gloire, puisqu'il faudra s'en séparer un jour? Mais soit: vous vous élancez dans cette carrière qui vous charme; vous n'y rencontrez ni obstacles, ni difficultés; tout semble favoriser vos vœux. Infortuné! de nouveaux désirs naîtront sans cesse, vos besoins se multiplieront chaque jour. Aujourd'hui, vous êtes fier des applaudissements de quelques amis: demain ceux de tout un peuple ne vous suffiront plus. Saisirez-vous ce fantôme qui fuit devant vous? Qui vous a dit que vous ne succomberez pas dans cette course rapide? Pouvez-vous vous flatter que votre nom vous survivra? Allez interroger tant d'hommes qui ont connu la gloire. Qu'ont-ils laissé après eux? Pas même un souvenir.

PAUL

Faut-il donc renoncer aux plus douces espérances? refouler dans son cœur les plus légitimes aspirations?

STANISLAS

Ah! gardez-vous en bien. Il y a une ambition louable et sainte, qui nous élève au-dessus de cette nature de boue. Elle ne connaît ni les bassesses, ni la jalousie, ni les craintes. C'est elle qui vous assurera ce que le monde est incapable de donner, le bonheur et la véritable gloire. Et ce bonheur ne se limitera pas aux jours de votre pèlerinage, cette gloire ne passera pas avec les hommes qui vous auront connu: elle durera toujours. Entendez-vous, Paul? toujours. Elle durera encore,

307

lorsque ce siècle aura disparu, lorsque ce monde, que vous aimez tant, ne sera plus rien. Être éternellement plongé dans un océan de bonheur et de gloire, dites-moi, mon frère, n'est-ce pas là ce que votre cœur désire sans pouvoir encore le trouver?

PAUL

Je pensais ainsi autrefois, mais aujourd'hui, c'est différent.

BILINSKI

Stanislas, rappelez-vous que l'on compte sur vous aussi pour soutenir l'éclat d'une antique maison.

STANISLAS

Ah! si ce sont là les privilèges de ma naissance et le devoir que m'impose le nom de Kostka, que n'ai-je vu le jour dans une obscure chaumière?

PAUL

Arrête, malheureux! Comment peux-tu étouffer dans ton cœur le sentiment de la nature? Voilà comment tu nous aimes tous. Tu préférerais un vil artisan à ton noble père!

STANISLAS

Mon père! que ne peut-il comprendre ma tendresse pour lui? La crainte de lui déplaire m'accable; et sa douleur!... Mais il y a là aussi quelque chose qui me dit: Tu n'es pas fait pour le monde. Est-ce que je dois étouffer cette voix puissante, irrésistible, qui m'appelle ailleurs?

PAUL

Et où vous appelle-t-elle? (Après quelques instants de silence.) Enfin, vous vous déclarez: vous voulez quitter le monde.

BILINSKI

Traîner votre misérable existence dans un couvent!

PAUL

Vous serez la honte de notre père.

BILINSKI

L'opprobre de votre famille.

PAUL

Voilà donc vos généreux désirs, votre noble ambition: vous faire la risée des gens sensés, le rebut des hommes comme il faut.

STANISLAS

Mon frère, j'aspire au ciel!

PAUL

Et pensez-vous que nous voulions nous damner? Êtes-vous assez aveuglé par l'orgueil pour croire qu'il n'y ait que vous de vertueux?

STANISLAS

Mon frère, mon frère!

PAUL

Et notre père, croyez-vous qu'il consente à un projet aussi insensé? Non, jamais; vous le savez bien.

STANISLAS

Ah! son cœur n'est pas insensible. Je saurai le toucher, dussé-je me traîner à genoux jusqu'à Cracovie.

PAUL

Je le vois, c'est un parti pris: vous voulez me pousser à bout; vous espérez peut-être triompher de moi en vous donnant comme martyr. Détrompez-vous; je ne veux plus avoir désormais pour vous que le plus souverain mépris. Mais, sachez-le bien, il faut vous préparer à prendre part ce soir à une réunion d'amis: vous y serez de gré ou de force, et nous verrons!

(Acte II, scènes 1 et 2, pp. 18 à 28.)

Texte 30

Le Triomphe de deux vocations

Drame en cinq actes de **Stanislas Brault**, *Montréal, Les Oblats de Marie-Immaculée, 1898, 40 p.*

Le Père Stanislas BRAULT naquit à L'Acadie (Saint-Jean), le 20 janvier 1856. Après ses études classiques au Collège de L'Assomption, il entra au noviciat des Oblats de Marie-Immaculée, à Lachine. Ordonné prêtre en 1883, il œuvra à Montréal et à Ottawa comme économe et professeur de langues au Juniorat du Sacré-Cœur et au Grand Séminaire. Il fut plus tard aumônier à l'orphelinat d'Ottawa où il fonda la revue *La Bannière de Marie-Immaculée*. Vers la fin de sa vie, il fonda aussi le Centin annuel ou le Denier du Sacré-Cœur. Son œuvre théâtrale comprend deux drames religieux: *Le Triomphe de deux vocations* (1898) et *Une conversion* (1899). Il mourut à Ville La Salle, le 29 février 1932.

Honorat, jeune aspirant à la vie religieuse, présente au supérieur des Pères Oblats deux recrues éventuelles.

Scène 1: R.P. GUIGUES, HONORAT, TACHÉ, LÉONARD.

R.P. GUIGUES

Quels sont donc ces deux jeunes messieurs que vous m'amenez avec vous?

HONORAT

L'un est un M. Taché, l'autre, un M. Léonard.

R.P. GUIGUES, *il leur donne la main*

M. Léonard? Le fils de M. le pharmacien de ce nom?

LÉONARD

Oui, Révérend Père Supérieur.

R.P. GUIGUES

J'ai bien connu votre père quand je demeurais à Montréal.

LÉONARD

Je sais; mon père parle souvent de vous.

R.P. GUIGUES

Et l'autre est un M. Taché?

TACHÉ

Oui, Révérend Père Supérieur.

HONORAT

Ils sont tous deux mes anciens condisciples, et nous sommes toujours restés bons amis.

R.P. GUIGUES

Il faut resserrer, pendant ces courtes vacances, ces liens de bonne amitié qui vous unissent. Asseyez-vous. (*Tous s'asseyent.*)

HONORAT

Vous ne savez pas, Révérend Père Supérieur pourquoi je les ai conduits ici ? Tous deux connaissent déjà le juniorat et désireraient y entrer.

R.P. GUIGUES

Il paraît que vous allez vite en prosélytisme ; vous n'êtes arrivé à Montréal que d'hier et vous m'amenez déjà deux aspirants junioristes !

HONORAT

Je vous les amène parce qu'eux-mêmes m'ont demandé à vous être présentés.

R.P. GUIGUES

C'est très bien ! J'avoue, mes deux jeunes messieurs, que je vous connais déjà de réputation. Le directeur spirituel de votre école m'a renseigné sur vos succès, sur vos heureuses dispositions et sur vos projets d'avenir.

TACHÉ

Il vous a dit que nous désirions entrer dans votre communauté ?

R.P. GUIGUES

Oui, c'est ce qu'il m'a dit. Êtes-vous, en effet, bien désireux de vous faire prêtres oblats ?

TACHÉ

Je n'ai pas d'autre ambition, mais...

312

LÉONARD

Je le désire aussi beaucoup, mais mon père s'y oppose fortement.

R.P. GUIGUES

Votre père! M. Léonard ne veut pas que vous entriez chez les Oblats? Mais c'est pourtant un brave chrétien, un ami de notre communauté. Le lui avez-vous demandé sérieusement?

LÉONARD

Très sérieusement. Mais c'est inutile, il ne veut pas en entendre parler.

R.P. GUIGUES

Et que vous répond-il?

LÉONARD

Il me répond que je suis trop jeune pour entrer dans une communauté et qu'il vaut mieux que j'aille au collège.

R.P. GUIGUES

Quel âge avez-vous?

LÉONARD

Quatorze ans.

R.P. GUIGUES

Quatorze ans! Vous n'êtes pas trop jeune; beaucoup d'enfants plus jeunes sont entrés en communauté pour se former à la vie religieuse et ils ont parfaitement réussi. Plusieurs parmi eux sont devenus des saints que l'Église honore et qu'elle nous propose pour modèles. Il faut que vous disiez bien tout cela à votre père.

LÉONARD

Il ne voudra pas m'écouter. Si vous veniez plutôt le voir vous-même et le prier de me donner son consentement.

R.P. GUIGUES

Non, ce n'est pas à propos, au moins pour maintenant. Il faut que vous fassiez vous-même tout ce que vous pourrez pour obtenir son consentement et, s'il vous le refuse, vous m'en informerez : je verrai alors ce que je pourrai faire.

LÉONARD

Mais comment faut-il m'y prendre ? Je le lui ai déjà si souvent demandé ; je crains de paraître obstiné et de désobéir. Cependant, Révérend Père, j'ai lu dans la vie de mon saint patron, Saint Louis de Gonzague, que ce n'est qu'à force d'instances qu'il a réussi à obtenir le consentement de son père pour se faire religieux.

R.P. GUIGUES

Eh bien ! vous pouvez faire comme votre aimable patron. En le canonisant, la sainte Église a approuvé sa conduite et l'a donné pour modèle aux jeunes gens.

LÉONARD

Ce n'est donc pas toujours désobéir ni offenser Dieu que de s'opposer à la volonté de ses parents ?

R.P. GUIGUES

Écoutez-moi et tâchez de bien me comprendre, mon enfant. Les droits des parents sont limités par les droits de Dieu. Il en est ainsi, par exemple, quand il s'agit, pour un enfant, du choix d'un état de vie. C'est

Dieu, et non les parents, qui donne la vocation et les grâces pour la suivre. C'est le devoir d'un père de favoriser la vocation de ses enfants, surtout quand il s'agit de la vocation à un état de vie aussi parfait que l'état religieux. Telle est, mon enfant, la doctrine des saints, de saint Liguori en particulier. Cependant, je veux que vous compreniez bien, mon enfant, que je ne vous conseille pas de résister absolument à votre père, ni de déserter de la maison paternelle; dans les circonstances, ce ne serait pas sage; vous êtes encore trop jeune pour prendre une mesure si grave. Mais ce qu'il est de mon devoir de vous recommander, c'est que vous fassiez toutes sortes de supplications et que vous preniez tous les moyens honnêtes pour obtenir de votre père le consentement désiré. Tenez-vous en à cela, et n'oubliez jamais qu'un bon fils doit respecter ses parents.

LÉONARD

Vos paroles m'instruisent et m'éclairent; cependant, je l'avoue, je ne sais comment me présenter de nouveau à mon père; je crains de n'avoir pas la force de lui parler comme vous dites que j'en aurais le droit.

R.P. GUIGUES

Voici ce que je vous recommande: vous allez commencer par bien prier; vous demanderez au divin Cœur de Jésus de fléchir la volonté de votre père et vous implorerez avec une grande ferveur l'assistance de Marie Immaculée, la patronne des Oblats, et de saint Louis de Gonzague, votre patron à vous, mon enfant; puis vous vous présenterez à votre père avec calme; vous lui parlerez d'un ton respectueux et rassuré; et, s'il ne paraît pas se laisser gagner, vous vous jetterez à ses pieds; alors la grâce de Dieu, je l'espère, mettra dans votre cœur et sur vos lèvres des paroles auxquelles votre père ne pourra résister.

LÉONARD, *se lève*

Je vous remercie de vos excellentes recommandations, Révérend Père Supérieur, et, si vous le voulez, je vais immédiatement les mettre en pratique et me rendre d'abord à l'église.

R.P. GUIGUES

C'est très bien, mon enfant, je prie Dieu de vous bénir.

HONORAT, *à Léonard*

Je pars avec toi, Léonard, et je vais aussi me rendre à l'église pour y faire une prière pour toi, au pied de la Vierge Immaculée.

LÉONARD

Je te remercie, Honorat. *(Ils sortent.)*

Scène 2: R.P. GUIGUES, TACHÉ.

R.P. GUIGUES

Et vous, jeune M. Taché, rencontrez-vous aussi quelque opposition de la part de vos parents?

TACHÉ

Non, Révérend Père Supérieur, ma mère, qui est veuve, désire autant que moi que je devienne prêtre oblat. Mais il faut que je vous dise qu'elle est incapable de payer ma pension.

R.P. GUIGUES

Mais, si vous entrez chez les Oblats, votre mère ne pourra jamais recevoir votre assistance; vous appartiendrez tout entier à votre communauté, et votre mère restera seule?

TACHÉ

Oui, seule avec ma sœur.

R.P. GUIGUES

Mais votre sœur ne pourra jamais faire beaucoup pour aider votre mère ?

TACHÉ

Plus peut-être que vous ne pensez. Grâce à Dieu, ma mère, toute pauvre qu'elle est, a pu lui faire donner une bonne éducation ; ma sœur est bien instruite, elle est diplômée ; et, depuis deux ans, elle fait la classe avec grand succès et reçoit un assez bon salaire dont nous avons bénéficié, ma mère et moi.

R.P. GUIGUES

Croyez-vous que votre sœur continuera longtemps à partager avec votre mère les fruits de son travail ?

·TACHÉ

Aussi longtemps que ma mère en aura besoin. Elle lui est très attachée et ne voudrait pas, pour rien au monde, la laisser dans la misère, tant qu'elle pourra la soulager.

R.P. GUIGUES

Il n'y a donc, du côté de votre mère, aucune objection à votre entrée chez les Oblats ? Vous l'avez déjà entretenue de votre projet ? Que disait-elle à la pensée que vous alliez la quitter ?

TACHÉ

Elle me disait : « Si jamais tu me quittes pour te faire prêtre religieux, tu me verras peut-être répandre des larmes ; mais à ces larmes de l'amour maternel, que je ne pourrai retenir, se mêleront des larmes de joie, et celles-ci seront les plus abondantes. » Puis elle ajoutait : « Quand tu ne seras plus auprès de moi, je ferai comme faisait la Sainte Vierge quand Notre-Seigneur l'eut quittée pour prêcher l'Évangile ; éloignée de toi, je te suivrai par la pensée et, quand tu seras prêtre, je te porterai le secours de mes prières et de mes vœux dans tes travaux apostoliques. Enfin, j'emploierai tous mes faibles moyens à t'aider à sauver des âmes. » *(Ils se lèvent.)*

R.P. GUIGUES, *à part*

Ils ont formé un beau projet, cet enfant et sa mère ; se pourrait-il qu'il ne se réalisât jamais et qu'il ne fût qu'un rêve ? *(À Taché.)* Maintenant, écoutez-moi, mon cher enfant : il faut que vous renonciez à venir au juniorat, au moins pour une année ou deux ; votre mère ne pouvant pas se charger de vos frais de pension, il nous est impossible de nous en charger nous-mêmes. Il m'est bien pénible de vous refuser, mais c'est une nécessité qui s'impose.

TACHÉ

Mais vous en avez reçu bien d'autres, paraît-il, qui ne vous donnent rien ?

R.P. GUIGUES

C'est précisément la raison pour laquelle nous ne pouvons pas en recevoir davantage. Nos ressources sont très limitées, et déjà nous faisons plus, pour ainsi dire, que nous ne pouvons faire pour nos junioristes pauvres. Il serait imprudent d'en accepter encore : cela pourrait nous jeter dans des difficultés financières qui causeraient la ruine de notre maison ; j'en ai déjà remis plusieurs à un an ou deux, espérant que, d'ici là, la Providence nous fournira de nouveaux secours.

TACHÉ

Il n'est donc pas certain que, même dans un an ou deux, vous me donniez une réponse favorable? J'ai fini d'aller à l'école et je ne me crois pas en état de gagner ma vie; je vais donc perdre mon temps en attendant?

R.P. GUIGUES

Non, mon enfant, quand on est bien résigné à la volonté de Dieu, que l'on fait tout ce que l'on peut pour correspondre à ses desseins toujours miséricordieux et sages, on ne perd pas son temps, mais on le sanctifie et on se rend digne des faveurs du ciel. Soyez donc bien résigné et, puisque vous êtes le fils unique d'une mère veuve et pauvre, efforcez-vous de rendre à votre si tendre mère tous les bons offices dont vous êtes capable. Il faut croire que c'est Dieu qui a disposé les choses de manière que vous ne puissiez pas la quitter et que vous soyez en quelque sorte sa providence.

(Acte II, scènes 1 et 2, pp. 10 à 15.)

B.   La famille

Texte 31

Un bonheur en attire un autre

Comédie en un acte et en vers de Félix-Gabriel Marchand, *Montréal, La Gazette, 1883, 50 p.*

Félix-Gabriel   MARCHAND: bio-bibliographie, p. 278.

Un étrange comportement de la part de sa femme, jusqu'ici toujours fidèle, a fait naître chez Gontran des points d'interrogation. Suite à une période d'angoisse, l'affrontement se produit.

Scène 7: HÉLÈNE, GONTRAN.

HÉLÈNE, *à part*

Juste ciel! Le voici!
Il a l'air triste et sombre!...

GONTRAN, *à part*

Elle paraît confuse...

HÉLÈNE, *à part*

Je n'ose rencontrer son regard qui m'accuse!...

GONTRAN, *affectant le calme*

Hélène, ton malaise est-il un peu calmé?

HÉLÈNE, *tremblante*

Je suis très bien, Gontran...

GONTRAN, *ironiquement*

Vraiment? J'en suis charmé!
La cure est merveilleuse!... Au sommeil, je suppose,
Au sommeil bienfaisant, tu dois ce teint de rose
Et cet air de santé?...

HÉLÈNE

Non, je n'ai pas dormi.

GONTRAN

Madeleine, pourtant...

HÉLÈNE

Se trompait, mon ami.

GONTRAN

Cette mise élégante et si bien assortie
Démontre, en effet...

HÉLÈNE

Oui, Gontran, je suis sortie.

GONTRAN

Vous avez préféré le grand air au repos ?...
La promenade au frais offre très à propos
Un remède aux ennuis... compliqués de migraine !

HÉLÈNE

De grâce, épargnez-moi ce persiflage !

GONTRAN

Hélène !
Quelque chose se passe ici d'inusité...

HÉLÈNE

Mais, Gontran...

GONTRAN

Oh ! parlons sans ambiguïté !...
Ma qualité d'époux, madame, m'autorise...
Me contraint d'exiger qu'à l'instant l'on me dise
La cause du manège étrange... inattendu,
Que je remarque ici...

HÉLÈNE

Grand Dieu, qu'ai-je entendu!...

Une accusation?...

GONTRAN

Faut-il un interprète
Pour vous la traduire?

HÉLÈNE

Ah! Gontran! je le répète,
Au nom de notre amour, cessez de m'accabler!...
Vous devez, je l'exige, ici me révéler
Le grief, quelqu'il soit, dont votre cœur m'accuse;
Et, si mon témoignage est...

GONTRAN

Non, je le récuse!...

HÉLÈNE

Quoi! docile aux élans d'un injuste soupçon,
Vous brisez par un mot la douce liaison
Dont jusqu'ici nos cœurs ont savouré le charme!
Et cela sans regret... sans verser une larme!...
Sous un prétexte faux qui répugne à l'honneur,
Vous mettez à néant les rêves de bonheur
Qu'ensemble nous formions?... Non, l'amour véritable
Ne s'éteint pas ainsi!... Sa flamme est plus durable...
Le nôtre — souviens-toi — d'un serment solennel,
A reçu devant Dieu le cachet éternel...
Depuis cet heureux jour, ah! mon âme ravie...
Confiante, a vécu d'une nouvelle vie,
Et, dans l'enivrement d'un sort délicieux,
Notre bonheur semblait un prélude des cieux!...
C'est au sein des transports d'une telle existence,
Que le spectre glacé de votre indifférence
M'apparaît tout à coup dans un affreux réveil!...
Qu'ai-je fait pour subir un outrage pareil?...

GONTRAN

Le remords aurait dû vous dicter la réponse...

HÉLÈNE, *désespérée*

Oh !...

GONTRAN

Mais, à son défaut, le hasard vous dénonce
Et me dévoile, en vous, le crime revêtu
Des dehors séduisants de la fausse vertu...

HÉLÈNE

Gontran, n'insultez pas ma dignité d'épouse !...
C'est un trésor sacré dont, moi, je suis jalouse,
Et que je défendrai, comme gage d'honneur,
Contre vous, s'il le faut, au prix de mon bonheur !...

GONTRAN

Vos nobles sentiments arrivent en retard !...

HÉLÈNE, *accablée*

Ai-je donc mérité, Gontran, de votre part,
Ce reproche offensant ?... Par quel cruel caprice
Changez-vous tout à coup notre joie en supplice,
Et, sans preuve, osez-vous me suspecter ainsi ?...

GONTRAN

Vous exigez, madame, une preuve ?... Voici :

(Il tire une lettre de sa poche et lit.)

« Ma chère Hélène... »

HÉLÈNE, *à part*
Ciel !...

GONTRAN, *lisant*

« Du sein de l'infortune,... »

HÉLÈNE, *l'interrompant*

Gontran !...

GONTRAN, *sévèrement*

Écoutez bien... *(Il lit :)* « ma douleur importune
« Fait appel à ton cœur... Par pitié ! par devoir !
« Viens calmer, s'il se peut, mon sombre désespoir. »

(Retournant la lettre.)

L'adresse... tout est là... tout... sauf la signature...
La preuve suffit-elle ?...

HÉLÈNE

Ah ! Gontran, je vous jure !...

GONTRAN

Plus de serments, madame !... Il me faut des aveux...
Le nom du ravisseur insolent dont les vœux,
Loin de vous offenser, ont été, sans colère,
Entourés par vos soins d'un coupable mystère !...

HÉLÈNE, *avec indignation*

Des aveux !... quand mon cœur, fidèle à l'amitié,
Accomplit un devoir dicté par la pitié !...
Des aveux !... quand je sens s'élever dans mon âme
Tous les grands sentiments dont s'honore la femme !...
Des aveux !... pour répondre aux propos... enragés...
À l'insulte !... Ah ! Gontran !... Gontran !... vous
[m'outragez !

(Scène 7, pp. 22 à 27.)

Nous divorçons

Comédie en un acte de **Régis Roy**, *Montréal, Beauchemin, 1897, 23 p.*

Régis ROY: bio-bibliographie, p. 269.

Ne pouvant plus supporter les querelles de ménage, Joseph Laterre a décidé de divorcer. En se rendant chez son avocat, il a fait un détour par l'hôtel de Paul Raisin, où il trouve l'hôtelier en train de blaguer avec Pauline, la femme de ce dernier.

Scène 8: PAUL, PAULINE, JOSEPH.

JOSEPH

Excusez, si j'entre sans cogner!... J'cherche m'ame Laterre.

PAULINE

Elle est allée vous r'joindre su' l'avocat!... Dites donc, m'sieur Laterre, c'est don' pour vrai qu' vous vouler divorcer?...

JOSEPH

Oui, madame!... la vie est pus endurable chez nous; ma femme me traite comme un chien!...

PAULINE

Dans c' cas, c'est pas à la cour que vous d'vez vous adresser; c'est à la société protectrice des animaux!

JOSEPH

Madame, j'ai rien qu'un mot à vous dire, et j'vous l'dirai en deux mots; si vous étiez à ma place, vous parleriez comme moé. Si vous saviez qu'j'ai rencontré ma femme dans une tempête en hiver ; que j'l'ai m'née au bal pour la première fois dans une tempête, et, depuis, qu' ma vie est une tempête continuelle, qu'est-ce que vous en diriez ?

PAULINE

Ce s'rait ben affreux !... moé, l'premier homme qui m'a d'mandée en mariage me disait que si j' l'épousais pas, il se f'rait sauter la cervelle !

JOSEPH

Bonté divine ! mais cet homme-là était fou ! fallait l'empêcher de faire ça !

PAULINE

J' l'ai fait, aussi, car j' l'ai marié.

PAUL

Écoutez-la pas ; vous savez, a' s' vante !

PAULINE

Quand Paul m'a d'mandé en mariage, il m'a fait l'effet d'un poisson hors de l'eau !

PAUL

J' cré ben, j' savais que j'étais pris !

PAULINE, *à Joseph*

Pourquoi donc qu'les hommes, quand i' parlent du mariage, l'appellent le plongeon final ?

JOSEPH

J'suppose que c'est parc' que la majorité des hommes après le mariage s' trouvent dans l'eau chaude !...

PAULINE

Et c'est ben d' vot' faute itou !

JOSEPH

Comment ça, s'i' vous plaît ?

PAULINE

Il faudrait que vous seriez toujours aussi aimable pour vot' femme qu' vous étiez empressé et galant auprès d'elle quand elle était vot' blonde !...

JOSEPH

Bah ! ces choses-là peuvent pas durer !... On pourrait ben vous r'tourner le même compliment !... Bon, vous aut', les femmes, c' que vous aimeriez... des roucoulements à la journée... une lune de miel infinissable !...

PAULINE

Eh ben !... pis vous trouvez pas ça beau ?

JOSEPH

C'est ben beau, mais c'est pas raisonnable !...

PAULINE

Comment ?... pas raisonnable ?

JOSEPH

Vous aut' vous êtes fait' pour nous aimer !...

PAULINE

Taisez-vous, chéti' !

JOSEPH

Tandis que nous aut' nous avons d'aut' choses à penser ; faut songer à travailler fort, machiner des plans pour gagner ben plus... gagner pour deux... et pis... plus tard pour ben plusse... On rencontre des chocs dans nos arrangements... les affaires vont pas comme ils devraient aller!... c'est des soucis, des peines!... qu'on dit pas toujours à la femme, pour lui éviter des chagrins!... Quand qu'on n'a pas l' temps d' faire durer la lune' de miel!... on s'aime de bonne amiqué!... C'est plusse mieux!... Dans la lune de miel, c'est rien qu' du becquetage... et pis, j'aime pas trop ça, moé!

PAULINE

Mais!... mais!... S' que vous savez pas qu' l'amour sans s'embrasser, c'est fade, c'est comme manger un œuf sans sel!

JOSEPH

J'en sais rien; j' n'ai jamais mangé d'œufs sans sel!

(Scène 8, p. 17 à 20.)

Texte 33

Le Lauréat

Opéra comique en deux actes de Félix-Gabriel Marchand, *dans «Mélanges poétiques et littéraires», Montréal, Beauchemin, 1899, pp. 151-195.*

Félix-Gabriel MARCHAND: bio-bibliographie, p. 278.

Madame veuve Michel a promis à son mari de toujours garder son souvenir. Jusqu'à présent elle a tenu parole, mais...

Scène 5: LA MÈRE MICHEL, M. BERNARDIN.

BERNARDIN, *lisant dans son carnet, d'un ton bref*

«Madame veuve Michel, maîtresse de pension, rue d'Aiguillon, Québec». C'est bien ici?

LA MÈRE MICHEL, *d'un petit air intéressant*

Oui, monsieur, c'est ici.

BERNARDIN

Et c'est à madame veuve Michel que j'ai l'honneur de parler?

LA MÈRE MICHEL, *baissant timidement la vue*

Oui, Monsieur. *(À part.)* Il a la mine d'un vrai monsieur!... Je ne sais quel pressentiment!...

BERNARDIN

Madame veuve Michel, j'ai l'honneur de vous saluer. *(Il salue.)*

LA MÈRE MICHEL, *répondant au salut*

Monsieur! *(À part.)* Qu'il est donc poli!

BERNARDIN

Je cherche votre logis depuis une heure, madame, et c'est un véritable bonheur pour moi de vous trouver enfin.

LA MÈRE MICHEL

Votre bonheur est bien partagé, monsieur, je vous assure *(À part.)* Comme mon cœur bat vite!

BERNARDIN

Je me nomme Bernardin, madame.

LA MÈRE MICHEL

Bernardin?... *(À part.)* C'est un joli nom, Bernardin!

BERNARDIN

Oui, Madame, Jean-Chrysostome-Emmanuel Bernardin, rentier, rue Mignonne, Montréal.

LA MÈRE MICHEL

Rue Mignonne! *(À part.)* Il me semble qu'un jeune ménage serait heureux dans la rue Mignonne!

BERNARDIN

Je n'ai pas l'honneur d'être connu de vous, madame...

LA MÈRE MICHEL

On fait vite connaissance, ces années-ci, monsieur Bernardin!

BERNARDIN

Cependant, votre nom ne m'est pas étranger...

LA MÈRE MICHEL

Vraiment, monsieur? *(À part.)* Il a entendu parler de moi! Mais il est charmant!

BERNARDIN

Oui, madame Michel, on m'a dit beaucoup de bien sur votre compte.

LA MÈRE MICHEL, *d'un petit air modeste*

Oh! monsieur, vous êtes trop flatteur!

BERNARDIN

Je sais que vous avez un cœur loyal et honnête...

LA MÈRE MICHEL

Une pauvre veuve n'a que cela pour partage. (*À part.*) Mon Dieu ! je sens que je n'aurais plus le courage de résister !

BERNARDIN

Et je compte sur votre franchise...

LA MÈRE MICHEL, *à part*

Je suis toute tremblante comme la première fois !

BERNARDIN

...pour obtenir de vous une réponse qui fera ma consolation ou mon désespoir.

LA MÈRE MICHEL

Ne craignez rien, monsieur Bernardin, je n'aurai pour vous que des paroles de consolation. (*À part, soupirant.*) Pauvre défunt, son souvenir s'efface à vue d'œil !

BERNARDIN

Est-il possible, chère madame Michel ?...

LA MÈRE MICHEL

C'est bien trop possible, monsieur Bernardin. (*À part.*) Adieu, les dernières volontés du défunt !

BERNARDIN

Est-il possible que toutes mes inquiétudes n'étaient que des illusions ?

LA MÈRE MICHEL, *levant timidement la vue*

Il faut bien l'avouer. (*À part.*) Je suis vaincue !

331

BERNARDIN

Oh! chère madame Michel, vous me rendez le plus heureux des hommes, et si je ne craignais d'offenser votre modestie *(Étendant le bras.)* j'aurais le courage de vous embrasser!

LA MÈRE MICHEL, *reculant et prenant un air de vertu effarouchée*

Doucement, monsieur Bernardin, vous allez un peu vite en besogne!...

BERNARDIN, *confus*

Ah! pardon, madame Michel! Excusez-moi, si dans un moment d'expansion...

LA MÈRE MICHEL

Vous êtes tout excusé. *(Baissant timidement la vue.)* Seulement une pauvre veuve qui n'a que sa réputation pour fortune doit prendre des précautions...

BERNARDIN

Vous avez raison, madame Michel. *(À part.)* Le fait est que j'ai commis une sottise! *(Haut.)* C'est une distraction, voyez-vous...

LA MÈRE MICHEL

Une distraction!

BERNARDIN

Oui, je songeais à...

LA MÈRE MICHEL, *avec empressement*

À qui, monsieur Bernardin?

BERNARDIN

À mon neveu...

LA MÈRE MICHEL

À... votre neveu!...

BERNARDIN

Oui, c'est un enfant auquel je m'intéresse infiniment; sa pauvre tante me l'avait particulièrement recommandé en mourant...

LA MÈRE MICHEL

Et cette tante était votre...?

BERNARDIN

Ma femme.

LA MÈRE MICHEL

Ah! je puis sympathiser avec vous, monsieur Bernardin; moi aussi, je suis passée par cette rude épreuve; je suis devenue veuve à la fleur de l'âge.

BERNARDIN

J'en suis désolé, madame Michel!

LA MÈRE MICHEL

C'est trop aimable de votre part, monsieur Bernardin!

BERNARDIN

Mais il est une providence pour la veuve et l'orphelin...

LA MÈRE MICHEL

Je n'ai pas d'orphelins, monsieur Bernardin. (*D'une voix tremblante.*) Je suis seule au monde!

BERNARDIN, *d'un ton sympathique*

Vous êtes seule au monde?

LA MÈRE MICHEL, *avec tristesse*

Oui, monsieur Bernardin, toute seule !

BERNARDIN, *à part*

Hé ! qu'est-ce que ça me fait qu'elle soit seule au monde !... Je me laisse toujours attendrir comme un imbécile ! *(Haut.)* Au fait, j'étais à vous demander...

LA MÈRE MICHEL, *avec empressement*

Oui, cette question dont la réponse doit faire votre bonheur ! *(À part.)* Il n'avance à rien !

BERNARDIN

Eh bien, j'attends votre réponse.

LA MÈRE MICHEL

Et moi, j'attends la question.

BERNARDIN

Mais je viens de vous la faire !

LA MÈRE MICHEL, *avec un sourire aimable*

Non, vous me l'avez laissé un peu soupçonner, voilà tout...

BERNARDIN, *à part*

Qu'est-ce qu'elle a donc à me regarder de travers ?

LA MÈRE MICHEL, *baissant la vue*

...mais vous comprenez, monsieur Bernardin, que dans une affaire aussi délicate, ce n'est pas à moi de faire les premières démarches...

BERNARDIN

Sapristi, madame, entendons-nous ! Je suis venu exprès pour vous demander...

LA MÈRE MICHEL, *avec empressement*

Oui ! oui !...

BERNARDIN

Laissez-moi donc finir, s'il vous plaît !...

LA MÈRE MICHEL

Oui, oui, finissez !...

BERNARDIN

...pour vous demander...

LA MÈRE MICHEL

...oui, pour me demander...

BERNARDIN

...des renseignements sur le compte de mon neveu...

LA MÈRE MICHEL, *avec un geste de surprise et de désappointement*

De... de votre neveu ! Mais...

BERNARDIN

Oui, et j'ai dit, avant de partir, à ma femme...

LA MÈRE MICHEL, *abasourdie*

Votre femme !... sa... sa femme !... Mais... mais vous avez donc une femme !...

BERNARDIN

Sans doute. Est-ce que je n'ai pas un air conjugal ?

LA MÈRE MICHEL

Mais... mais vous me disiez tout à l'heure qu'elle était morte !...

BERNARDIN

Oui, mais vous ne m'avez pas donné le temps d'ajouter que, depuis son décès, j'ai convolé en secondes noces.

LA MÈRE MICHEL

Ah! mon Dieu! *(À part.)* Et ce pauvre défunt dont le souvenir commençait à s'effacer!

(Acte II, scène 5, pp. 171 à 177.)

Texte 34

En livrée

Comédie en deux actes de **Pamphile LeMay,** *dans* Rouge et Bleu, comédies, *Québec, C. Darveau, 1891, pp. 47-173.*

Pamphile LEMAY: bio-bibliographie, p. 121.

Pour répondre à un caprice de sa troisième épouse, le sexagénaire Ducap a fait confectionner une coûteuse livrée pour son domestique. Ce dernier ayant refusé fièrement d'endosser cet emblème de servitude, Ducap craint les réactions de sa jeune femme.

Scène 4: MADAME DUCAP, DUCAP,
sa livrée à la main

DUCAP, *mécontent*

Ça gagne sa vie à la journée, et ça se fait prier pour mettre un habit galonné... sur les coutures, et avec des boutons... presque d'or... parce que ça sait lire les gazettes et que ça possède une terre en bois debout.

MME DUCAP

Il ne veut pas? Il refuse?

DUCAP

Il ne veut pas, non! il refuse, oui! le sot, l'imbécile! Il quittera le service. J'ai fait faire une livrée... à ta demande, c'est pour la mettre sur le dos de quelqu'un, je suppose... pas sur le mien!

MME DUCAP

Ces serviteurs, ils sont d'une arrogance maintenant, d'une fatuité! Ils ignorent les échelons de l'échelle sociale.

DUCAP

Ils voudraient tous être perchés sur le plus haut.

MME DUCAP

Puisque l'échelle sociale existe, il faut qu'il y ait des individus tout le long, en haut, en bas et au milieu.

DUCAP

Oui, oui, selon la fortune: c'est l'argent qui règle tout.

MME DUCAP

L'argent et la femme. La femme est toute puissante dans la société.

DUCAP, *raillant*

Oui, mais il lui faut de l'or... et une livrée.

MME DUCAP

Est-ce un reproche? Vous devez être heureux que la vôtre ne demande pas autre chose... et ne fasse pas comme... (*Elle le menace du doigt.*)

DUCAP, *étonné*

Comment? est-ce qu'il y en a qui...?

MME DUCAP, *riant*

Eh! oui! il y en a qui...

DUCAP

Mais elles n'ont pas de livrées, ces femmes...

MME DUCAP, *riant toujours*

Non, c'est leurs maris qui en ont.

DUCAP

Ils vont peut-être trop souvent au club, à l'hôtel, ces infortunés maris; leurs femmes s'ennuient, et une femme qui s'ennuie... T'ennuies-tu, toi, ma chère?

MME DUCAP

Vous m'aimez trop pour que j'aie ce malheur... Voyons, mettez vos lèvres sur mon front, et... montrez-moi cet uniforme.

DUCAP, *donnant un baiser*

Que ta volonté soit faite. Plus on est vieux, plus on aime la jeunesse; c'est la loi des contrastes. Et puis, j'ai bien assez souffert à l'âge où l'on attend toutes les jouissances, où l'on nourrit tous les espoirs, pour mériter quelques consolations maintenant que je suis sur mon déclin.

MME DUCAP

Ne vous calomniez pas, mon cher mari, vous êtes encore d'une verdeur qui m'épouvanterait, si je pouvais être jalouse.

DUCAP

Ah! j'ai trop de bonheur à la maison pour songer à sortir.

MME DUCAP

Vous êtes charmant. Mais les gens qui ne nous connaissent pas s'imaginent que vous me protégez plus que vous ne m'aimez.

DUCAP

Ils ne nous connaissent pas, en effet. Les instants que je passe loin de toi sont perdus, et, à mon âge, on en a guère à perdre.

MME DUCAP, *examinant la livrée*

Jolie, élégante, brillante... Personne n'en a de plus belle... Et ces boutons jaunes se détachent...

DUCAP

Quoi! déjà ils se détachent?... Un habit tout neuf! Le fil est si mauvais aujourd'hui... et les couturières...

MME DUCAP, *riant*

Pardon, cher vieux, j'ai voulu dire qu'ils ressortent bien.

DUCAP

Ils ressortent? Oh! oui, ils ressortent... très bien, très bien... Où s'assiéra-t-il? sur le siège de derrière ou le siège de devant?

MME DUCAP

Qui ? l'habit ?

DUCAP

Oui, avec celui qui le portera.

MME DUCAP

Sur le petit siège de derrière.

DUCAP

Mais nous aurons l'air de le mener, et d'être les cochers.

MME DUCAP

C'est la coutume, il faut bien s'y soumettre.

DUCAP

Mais si nous la changions, la coutume ? si nous faisions autrement que les autres, les autres feraient peut-être comme nous.

MME DUCAP

Voici le carrossier, voulez-vous que je vous laisse avec lui ?

DUCAP

Non, reste, reçois-le. S'il demande de l'argent tu diras que je suis sorti ; si c'est pour autre chose, tu m'appelleras.

(Acte I, scène 4, pp. 58 à 62.)

Valentine ou la Nina canadienne

Comédie en un acte de Hyacinthe Leblanc de Marconnay, *Montréal, L'Ami du Peuple, 1836, 52 p.*

Hyacinthe-Poirier LEBLANC DE MARCONNAY, né à Paris le 20 janvier 1794, vécut au Canada de 1834 à 1840. Il fut journaliste et bureaucrate. Il collabora successivement à *La Minerve* (1834-1837), au *Populaire* (1837-1838), à *L'Ami du Peuple* (1839-1840) et à *L'Aurore des Canadas* (1840). Pour faire connaître l'esprit du Bas-Canada, il écrivit en 1834 une *Relation historique des événements de l'élection du comté du Lac des Deux-Montagnes*. Résolument anti-patriote, il publia (1839) une *Réfutation à l'écrit de M. Papineau* («*Histoire de l'insurrection au Canada*»). Durant son séjour au pays, il signa au moins deux œuvres théâtrales: *Le Soldat* (1835) et *Valentine et la Nina canadienne* (1836). On lui devait déjà un livret d'opéra-comique: *L'Hôtel des Princes*, joué à Paris en 1831. Rentré dans la capitale française en 1840, il y publia plusieurs autres ouvrages. Franc-maçon notoire, secrétaire général de la *loge clémente Amitié* de Paris, il entretenait une correspondance avec les loges anglophones du Canada. Il mourut dans sa ville natale, le 17 février 1868.

Madame Derbois, jeune veuve québécoise, hésite à se remarier, malgré la cour assidue de son prétendant, Saint-Léon.

Scène 1: MADAME DERBOIS, SAINT-LÉON.

MME DERBOIS, *assise et occupée à broder*

Mais vraiment, c'est une folie!...

ST-LÉON, *debout, appuyé sur sa chaise*

Eh bien! guérissez-la, en me nommant votre époux.

MME DERBOIS

Vous êtes fou, décidément!

ST-LÉON

J'en conviens... mais... c'est de vous, madame.

MME DERBOIS

Allons! La guérison sera facile.

ST-LÉON

Il faudrait, pour cela, placer votre main dans la mienne et vous rappeler tout ce qu'un tendre attachement peut avoir de charmes.

MME DERBOIS

J'ai déjà porté la chaîne de l'hymen; mais je vous avouerai que ce premier essai ne m'encourage guère.

ST-LÉON

Vous voulûtes peut-être choisir, alors, et vous savez que c'est une véritable loterie; au hasard, prenez encore un billet.

MME DERBOIS

C'est une assez bonne plaisanterie.

ST-LÉON

Sérieusement, madame, si malgré mon étourderie l'amour s'était rendu maître de moi; s'il dépendait du bonheur de ma vie entière de vous convaincre de ma sincérité.

MME DERBOIS, *se levant*

Je vous plaindrais, et je chercherais à vous faire oublier une mauvaise pensée.

ST-LÉON

Mais si, chaque jour, ma passion devenait plus violente.

MME DERBOIS

Alors!... mais je suis bien bonne de vous écouter.

ST-LÉON

Je vous préviens que si je ne parviens à vous rendre sensible j'en perdrai la raison.

MME DERBOIS

En bonne foi, vous en prenez la route.. Quelle tête!...

ST-LÉON

Que vous importe ma tête, pourvu que mon cœur soit à vous?... Dans l'espoir de vous plaire, je me corrige chaque jour.

MME DERBOIS

C'est sans doute pour commencer sa conversion que monsieur passe toutes ses matinées à la chasse?

ST-LÉON, *finement*

Madame se serait-elle aperçue de mon absence?

MME DERBOIS

Qu'il reste des jours entiers sur l'eau, dans une barque, seul, au risque de nous faire craindre mille fois pour sa vie?...

ST-LÉON

J'y resterais des siècles, si vous conduisiez la nacelle.

MME DERBOIS

Que lorsqu'il demeure au logis, il nous étourdit à force de s'exercer au pistolet?... C'est au point qu'on ne s'entend plus dans la maison.

ST-LÉON

Mais si je m'approche de vous, vous causez sur-le-champ avec M. de Prainville; si je vous propose de vous accompagner à la promenade, vous me refusez.

MME DERBOIS

Brisons là!... Comptez-vous rester longtemps à l'habitation?

ST-LÉON

Mais, je l'espère.

MME DERBOIS

Je vous y engage; la belle saison est à peine commencée.

ST-LÉON

Je ne partirai qu'avec vous.

MME DERBOIS

Qu'avec moi!... mais j'ai le projet d'y demeurer encore longtemps; sans moi, que deviendrait cette pauvre Valentine?

ST-LÉON

Eh! sans moi, qui pourrait vivre dans cette habitation? J'ai seul le talent de faire tout ce que je veux de ce bourru de Prainville ; ce vieux capitaine qui croit toujours être sur son bord, qui tranche en vrai commandant de corsaire et qui, cependant, au milieu de ses bourrasques, est bien la meilleure pâte d'homme qui soit sous les cieux, son entêtement à part.

MME DERBOIS

Sa brusquerie augmente depuis la perte de son neveu ; cependant, on n'a pas eu de nouvelles certaines...

ST-LÉON

Aucune... L'équipage a péri, dit-on.

MME DERBOIS

C'est encore grâce à l'entêtement de M. de Prainville. Au moment d'unir son neveu à sa nièce, la guerre éclate entre l'Angleterre et les États-Unis ; M. de Prainville, qui se souvient de son ancien état, veut que Charles consacre sa vie à la patrie ; mais, comme il n'aime point le service de terre, il le fait monter sur un vaisseau britannique. Charles dut à cette circonstance de n'avoir point pris part aux lauriers remportés à Chateauguay. Les larmes de Valentine ne purent rien, et ce fatal naufrage ravit à cette aimable enfant un amant qu'elle adorait.

ST-LÉON

Eh ! par une bizarrerie de M. de Prainville, il veut maintenant unir sa nièce à un vieil ami goutteux, possesseur d'une immense fortune ; comme si l'argent, à l'âge de Valentine, pouvait consoler d'un jeune mari.

MME DERBOIS

Croyez-vous que M. de Prainville exécute son ridicule projet ?

345

ST-LÉON

Oui, madame, rien n'est plus sûr; c'est la seule chose sur laquelle je n'ai pu lui faire entendre raison... C'est qu'il croit commander à un jeune cœur comme à un vaisseau de guerre.

MME DERBOIS

Ma pauvre Valentine, que je te plains!...

ST-LÉON

Il est décidé au point que je n'oserais le contrarier.

MME DERBOIS

Cependant, je vous prie d'unir vos efforts aux miens.

ST-LÉON

Vos désirs sont des ordres, madame; mais, pour m'encourager: si je parviens à empêcher ce mariage, promettez-moi de m'épouser.

MME DERBOIS

Je fais un marché plus raisonnable... Si Valentine épouse Charles, le même jour, je vous accorde ma main.

St-LÉON

C'est vouloir évoquer les morts; et je ne suis pas un Orphée.

MME DERBOIS

N'en parlons plus! Telles sont mes conditions.

ST-LÉON

Me voilà certain d'un éternel célibat.

(Scène 1, pp. 3 à 7.)

C.   Vice et travers sociaux

l'anglomanie

Texte 36

L'anglomanie ou Le Dîner à l'Anglaise

Comédie en un acte et en vers de Joseph Quesnel *(1802), dans* «*Le Canada français*», *Québec, vol. XX (1932-1933), pp. 340-350, 448-460, 549-557.*

Joseph QUESNEL naquit à Saint-Malo (France), le 15 novembre 1749. À dix-neuf ans, après ses études, il adopta le métier de marin. Ses nombreux voyages le conduisirent à New-York en 1779. L'année suivante, il s'établit à Boucherville où il devint commerçant. Littérateur, poète et musicien de talent, il rédigea plusieurs poésies, épîtres, hymnes, épigrammes et chansons. Outre ses poèmes publiés dans *Le Répertoire national*, il a laissé une *Épître à M. Généreux Labadie* et un *Traité de l'Art Dramatique* (1805). Il écrivit cinq œuvres théâtrales dont *Colas et Colinette ou Le Bailli dupé* (1788), *Les Républicains français ou La Soirée du cabaret* (1800) et *L'Anglomanie ou Le Dîner à l'anglaise* (1802). Il mourut à Montréal, le 3 juillet 1809.

Beauchamp, colonel canadien, n'estime que ce qui est anglais et dédaigne ostensiblement tout ce qui rappelle la bonne simplicité française d'avant la Conquête. Déjà il a converti à ses sottes préférences sa femme, sa belle-sœur Lucette et même son beau-père, M. Primembourg. Cependant la femme et la mère de ce dernier résistent encore. Ainsi en est-il de M. de Vielmont, un officier cousin de Primembourg.

Scène 9: M. PRIMEMBOURG, LE COLONEL, LUCETTE, M. DE VIELMONT.

LE COLONEL, *interrompant Lucette*

Chut, j'aperçois Vielmont. Ah ! bonjour, mon ami.

VIELMONT

Y a-t-il bien longtemps que vous êtes ici ?

LE COLONEL

Deux heures, environ.

VIELMONT

Je le sais de ma tante.
Je l'ai trouvée tantôt grondeuse, mécontente ;
Elle s'est plainte à moi que tous nos jeunes gens
Ne sont plus aujourd'hui tels qu'en son jeune temps ;
Qu'à présent des Anglais on prend le goût, l'usage ;
Qu'on suit la vanité ; qu'on oublie le ménage ;
Que sais-je ! Elle se plaint qu'ici tout est changé.
Vous savez qu'elle tient à son vieux préjugé ;
Mais à son âge on peut parler sans se contraindre.

LE COLONEL

Savez-vous les raisons qu'elle aurait de se plaindre ?

VIELMONT

Oh non ; ces plaintes-là ne m'intéressent pas.
Elle a cité pourtant je ne sais quel repas
Que l'on donne demain à la manière anglaise.
Une autre qu'elle eût ri de pareille fadaise,
Mais la maman est vieille et se fait des tourments
Au lieu de s'amuser des sottises du temps.

M. PRIMEMBOURG

Ma mère assez souvent se plaît à contredire.

LUCETTE

Ma grand'mère, il est vrai, trouve tout à redire.

VIELMONT

Et qu'importe en effet quand un repas est bon
Qu'il soit fait à la turque ou à l'anglaise...

LE COLONEL

Oh non !
Vous avez très grand tort, mon cher, ne vous déplaise,
De comparer la turque avec la mode anglaise :
C'est très fort différent.

LUCETTE

Pardi, je le crois bien :
J'ai ouï dire au Château qu'un Turc n'est pas chrétien.

VIELMONT

J'ignore là-dessus comme il faut qu'on s'explique.
Je vous dis mon avis ; c'est tout.

LE COLONEL

Par politique,
Vous devriez du moins être plus circonspect,
Et pour l'usage anglais montrer plus de respect.
Pour tous les goûts français je connais votre pente,
Vous pensez en secret comme fait votre tante ;
Aussi, mon bon ami, je vous l'ai dit, jamais
Vous ne pourrez briller que parmi les Français :
Voilà du sieur Vielmont la véritable place.

VIELMONT

Voilà du sieur Beauchamp une rude menace !
Comment vivre content sous un pareil décret ?
Par charité du moins gardez-en le secret.

D'un courtisan, je sais, vous avez le mérite,
Vous vous en trouvez bien, je vous en félicite :
Mais laissons ce discours et parlons du Château.
Dites-nous, colonel, n'est-il rien de nouveau ?
On dit que le courrier n'apporte rien qui vaille ?

LE COLONEL

Qui peut dire cela ? L'on a livré bataille ;
Les Français ont perdu deux de leurs généraux,
Dix mille hommes de pied, quatre mille chevaux
Avec leurs cavaliers : l'affaire est décisive.
Les Français ne sont plus que sur la défensive,
Et nos troupes partout battant leurs ennemis
Se verront sous deux mois aux portes de Paris.

M. PRIMEMBOURG

Tant mieux ! Dieu soit loué !

LUCETTE

                    J'en suis bien enchantée.
Milady donnera sans doute une Assemblée,
Où, pour s'en réjouir, vous serez invité,
Et moi-même avec vous.

VIELMONT

                    Je crains en vérité,
Mon très cher colonel, que pour cette nouvelle
Il ne vous manque encor un garant bien fidèle.
J'ai lu tous les papiers qui parlent des Français ;
On n'y lit par malheur que leurs brillants succès,
Et l'on croit, vu le sort de la dernière affaire,
Qu'on va s'accommoder et terminer la guerre.

LUCETTE

Tant pis ! Notre Assemblée en va donc rester là ?

VALIQUET

Je le comprends bien; mais ce qui est fait est fait. Maintenant que va-t-il arriver?... Quel nouveau malheur me menace?... malheureux que je suis!... Hélas! hélas!... Dois-je aller le voir demain?... ne ferais-je pas mieux de rester?...

PHILIPPE

Fais comme tu voudras, Valiquet; à ta place, je n'irais pas.

AUGUSTE

Et pourquoi donc?

PHILIPPE

J'aurais trop peur qu'il vînt me mettre à sa place.

VALIQUET

Me mettre à sa place?

PHILIPPE

Oui, parce que, quand on dérange un mort, j'ai toujours entendu dire qu'il était obligé de recommencer sa pénitence; mais alors il aurait le droit de la faire recommencer par celui qui l'a dérangé.

VALIQUET

Es-tu sûr de cela?

PHILIPPE

Dame, sûr; je ne l'ai jamais vu, je l'ai entendu dire souvent; et feu mon grand-père a connu plusieurs personnes qui avaient ainsi recommencé des pénitences pour des âmes du purgatoire qu'elles avaient dérangées.

VALIQUET

Dans ce cas-là, je me garderai bien d'y aller.

ALPHONSE

Moi, j'irais.

VALIQUET

Y penses-tu ? s'il allait me mettre à sa place !

ALPHONSE

Tu l'as invité, il est venu ; il t'a invité, tu dois y aller. S'il t'arrive malheur, ce ne sera que pour ne pas t'être rendu.

VALIQUET

Doute cruel !... que faire ?... je voudrais être mort, au fond du cimetière.

PHILIPPE

Tu pourrais y aller en emportant avec toi un petit enfant qui n'a pas encore l'usage de la raison.

VALIQUET

Pourquoi cet enfant ?

PHILIPPE

Parce que, quand un homme a dans les bras une de ces petites et innocentes créatures, il n'y a pas de puissance, ni sur la terre, ni dans le purgatoire, ni dans les enfers, qui ait pouvoir sur lui.

VALIQUET

Es-tu sûr de cela ?

PHILIPPE

On le dit et je trouve que c'est plein de bon sens. L'enfant en bas âge, innocent et pur, est un ange qui protège ses parents.

VALIQUET

Que faire?... que faire?... faut-il y aller? faut-il rester?... je préférerais pourtant y aller.

AUGUSTE

Oui, vas-y, Valiquet, nous t'accompagnerons. Nous nous tiendrons à distance, et s'il t'arrive malheur, nous serons là pour te défendre.

PHILIPPE et ALPHONSE

Oui, oui, nous irons avec toi.

VALIQUET

Merci! merci! vous me faites du bien... Dans ce cas-là, je ne crains plus, je suis décidé, j'irai.

AUGUSTE

Maintenant, Valiquet, comme l'heure est avancée, nous allons te souhaiter le bonsoir; ainsi, à demain matin.

VALIQUET

Merci, mes chers amis; je vous remercie de vos bons conseils et du secours que vous me promettez. Vous ne vous êtes pas contentés de partager ma joie; à l'heure critique du danger, vous êtes les seuls qui ne m'ayez pas abandonné.

PHILIPPE et ALPHONSE

Bonsoir, Valiquet.

VALIQUET

Bonsoir, mes amis.

AUGUSTE

Que le bon Dieu te conserve et te donne une nuit paisible. *(Auguste, Philippe et Alphonse sortent.)*

Scène 5: VALIQUET, *seul*.

VALIQUET, *il regarde avec tristesse la table couverte de bouteilles*

Ah! malheureuse boisson, c'est toi qui es la cause de l'embarras où je me trouve... Mon Dieu!... mon Dieu! ayez pitié d'un pauvre ivrogne qui se repent et veut se convertir.

(Acte II, scènes 4 et 5, pp. 38 à 42.)

la cupidité

Texte 39

La Chasse à l'héritage

Comédie en quatre actes de Stanislas Côté, *Montréal, Gebhardt-Berthiaume, 1884, 22 p.*

Stanislas CÔTÉ naquit à Saint-Jean (Iberville), le 25 septembre 1846. Il étudia au Collège Sainte-Marie et au Collège de Montréal. Après ses études de droit à l'Université Victoria, il fut reçu au barreau en 1869. Il pratiqua le droit pendant plusieurs années, puis s'intéressa au journalisme. Il collabora à divers journaux dont *Le Monde* et *Le Rappel*, puis dirigea *Le Moniteur du Commerce* durant plusieurs années. Il devint secrétaire-trésorier de la ville de Saint-Jean et secrétaire de la Chambre de Commerce de Montréal. *La Chasse à l'héritage*, comédie écrite en 1880 et publiée en 1884, est sa seule œuvre théâtrale connue. Il mourut en 1920.

Deux voyageurs sont descendus dans un hôtel tenu par des gens louches.

Scène 9: DEUX VOYAGEURS, FANFAN, VAUBERT, LA COGNON.

PREMIER VOYAGEUR

Bonjour la compagnie!

SECOND VOYAGEUR

Bonjour la compagnie! C'est vous qui êtes le maître de la cabane? *(Entre la Cognon.)*

LA COGNON

C'est moi.

PREMIER VOYAGEUR

Traitez-nous alors! j'ai soif.

VAUBERT, *à Fanfan*

Les connais-tu?

FANFAN

Non!... Ils sont joliment pleins tous les deux... ce sont des sauteurs de cages, regarde le costume... ils doivent avoir des fonds!...

PREMIER VOYAGEUR

Hé vous autres, les amis, c'est moi qui paie ici ce soir.

FANFAN

Ce n'est pas de refus.

PREMIER VOYAGEUR

Nous sommes en plaisir ce soir, et on a de quoi payer. *(Il frappe sur sa cuisse et fait résonner des pièces d'argent.)*

LA COGNON

Servez-vous, messieurs. *(Tous se servent à boire.)*

SECOND VOYAGEUR

À la santé des amis et de la bourgeoisie!

LA COGNON

Alors je prends un verre, moi aussi. *(Elle se verse à boire.)*

TOUS

À la santé des amis!

PREMIER VOYAGEUR

Hé! ho! la bourgeoise, ta boisson est baptisée double, faut boire double pour y goûter un peu. Amène encore tes cruchons... tu t'appelles la tomate hein, toi? *(Hoquet.)*

LA COGNON, *offensée*

Pas plus tomate que t'es un concombre! mangeur de lard!

VAUBERT

Tais-toi donc, la Cognon, tu n'as pas compris le monsieur! *(Pendant ce dialogue, le second voyageur sort. Au premier voyageur:)* Mais votre ami est sorti?

PREMIER VOYAGEUR, *hoquet*

Il va rentrer, buvons en attendant. *(Il avale un grand verre de boisson.)* Hé donc! la femme! ta cambuse tourne! As-tu un banc?... ta lampe fume. (*Hoquet.*) Le plancher va défoncer. (*Hoquet. Il chancelle et va s'allonger sur une banquette. La Cognon sort par la porte latérale.*)

VAUBERT

Attention, Fanfan!

FANFAN

Ça y est!... mais l'autre va rentrer.

VAUBERT

Il n'y a pas de danger, il est aussi saoûl que celui-ci et il doit être allé dormir sous la remise.

FANFAN

Que veux-tu faire?

VAUBERT

Dégraisser celui-ci, puis l'autre, et après, filer.

FANFAN

À pied?

VAUBERT

Non! en voiture! Je suis parvenu à arrêter un cheval attelé, à deux arpents d'ici. Je l'ai remisé derrière la maison, sans bruit, et j'ai prêté le mien en échange, comprends-tu?

FANFAN, *pensif*

Ah oui, oui! Et après?

VAUBERT

Je te conterai cela en détail une autre fois. En attendant, à l'œuvre!

FANFAN

(Il enlève au voyageur endormi un ceinturon de cuir.) Voilà le chat! Compte ça, toi.

VAUBERT, *après avoir compté*

Deux cents piastres! Je te les donne; prends-les et écoute-moi: ce soir, j'ai visé un coup qui a manqué, mais je vais m'y prendre d'une autre façon. Demain soir, tu iras avec Filfin prendre en cachette une des chaloupes de Vincent, et tous les deux vous irez m'attendre au bout du grand quai Bonsecours avec une corde attachée à un caillou... Au moment où je sifflerai, vous m'attaquerez ainsi que celui qui m'accompagnera; vous ferez semblant de m'assommer, je tomberai par terre, vous baillonnerez l'autre et vous le jetterez à l'eau avec la corde et le caillou... Comprends-tu?

FANFAN, *pensif*

Un peu, oui, et après?

VAUBERT

Après... vous vous en irez sans dire un mot... et, si vous ne me voyez point demain soir à l'endroit désigné, vous y retournerez tous les soirs, jusqu'à ce que vous m'y rencontriez. Comprends-tu?

FANFAN

Un peu plus, oui, et après?

VAUBERT

Une petite fortune à diviser en trois.

LA COGNON, *rentrant*

Faites pas de sottises, vous autres; les pierres parlent, vous savez!

VAUBERT, *en montrant un coutelas*

Les femmes aussi parlent... Vois-tu ce joujou-
là?... Il va servir à te couper la parole, si tu l'as trop
longue, la cousine! *(À Fanfan qui est resté pensif.)*
As-tu compris?

FANFAN, *après un moment d'hésitation*

Oui, assez.

VAUBERT

Allons-nous en alors... Bonsoir la Cognon! tu soi-
gneras bien tes deux blessés!

(Acte I, scène 9, pp. 5 et 6.)

Texte 40

La Donation

Comédie en deux actes de Pierre Petitclair, *dans* L'Artisan,
Québec, n°s 20-24, 15-19 décembre 1842, non paginé.

Pierre PETITCLAIR: bio-bibliographie, p. 352.

*Le sexagénaire Delorval prête une confiance illimitée à Bel-
lire, dont il ne soupçonne pas l'imposture.*

Scène 12: DELORVAL, BELLIRE.

DELORVAL

Je t'ai mille obligations, mon cher Bellire, pour tes
bons avis. Après de sérieuses réflexions, je me suis enfin
décidé à les suivre; car vois-tu, Bellire, comme tu viens

justement de me l'observer, je m'aperçois que les affaires commencent à me fatiguer.

BELLIRE

Et voilà ce que je voudrais vous éviter : la fatigue ; elle pourrait vous être funeste, à votre âge ; non pas que je vous considère comme un vieillard, mais vous n'êtes toujours pas un jeune homme.

DELORVAL

C'est cela. Je vais donc faire donation entre vifs de tous mes biens, Bellire.

BELLIRE

Comme je prends part à tout ce qui vous intéresse, mon cher monsieur Delorval, pourrais-je, sans indiscrétion, savoir le nom de la personne en faveur de laquelle la donation va être passée ?

DELORVAL

C'est un ami ; c'est un jeune homme en qui j'ai la plus grande confiance. Il n'est pas loin d'ici. Voyons, je te le donne en quatre. Je suis certain que tu approuveras mon choix.

BELLIRE

Que sais-je moi ? C'est peut-être ce grand musicien qui préfère une gigue à un opéra de Rossini, et que je vis l'autre jour ici ?... Il ne ferait que vous faire sauter... vos écus dans sa cassette.

DELORVAL

Ce n'est pas cela.

BELLIRE

Oh ! je parie que c'est ce petit médecin qui, pour arracher une dent, en fait sauter trois ou quatre avec un morceau de la mâchoire, pour être plus sûr de son coup. Vous ne vivriez pas longtemps avec lui, par exemple.

DELORVAL, *riant*

Ah! ah! ah! Ce n'est pas cela, ce n'est pas cela. Comment, tu ne devines pas? Je te dis qu'il n'est pas loin d'ici. C'est...?

BELLIRE

Ma foi! je ne sais pas. *(À part.)* Enfin, m'y voilà.

DELORVAL

Auguste Richard. *(Ils se lèvent. Bellire est très surpris.)* Vois-tu, c'est un jeune homme sur la probité et l'honneur duquel je peux compter. D'ailleurs il doit bientôt être mon neveu et c'est surtout cette dernière raison qui m'a porté à passer la donation en sa faveur. Sans cela, mon cher Bellire, tu peux être persuadé que nul autre que toi n'aurait été le donataire. Mais tu ne seras pas oublié, et j'aurai soin de faire insérer une bonne clause en ta faveur. Hein? n'est-ce pas bien comme cela?

BELLIRE

Auguste!

DELORVAL

Oui, Auguste, mon premier commis. N'avais-je pas raison de te dire qu'il n'était pas loin? En bas, au comptoir.

BELLIRE

Auguste!

369

DELORVAL

Oui, Auguste. Comment? est-ce que tu n'approu-
verais pas mon choix?

BELLIRE

Auguste! Monsieur Delorval, est-il revenu tard, ce
matin?

DELORVAL

Comment, tard?

BELLIRE

Eh bien! oui; c'est que, voyez-vous... mais non...
je n'en ferai rien... je déteste la médisance.

DELORVAL

Que veux-tu dire?

BELLIRE

Voyez-vous, il a été vu dans un certain lieu...

DELORVAL, *se fâchant*

Auguste?

BELLIRE

Oui; monsieur Auguste, votre commis.

DELORVAL

Dans un certain lieu, dis-tu? Et quel est ce lieu?

BELLIRE

Oh!... c'est... mais non... voyez-vous, c'est tout-
à-fait contre mon caractère de me mêler des affaires des
autres; à moins qu'on ne soit, comme vous, cher Delorval, une personne au bonheur de laquelle je m'intéresse.

DELORVAL

C'est pourquoi, Bellire, tu dois me communiquer tout ce que tu sais sur son compte. Je te prie de le faire. Dans quel lieu a-t-il été vu?

BELLIRE

Puisqu'il faut le dire, c'est dans une certaine hôtellerie, rue Champlain. Il paraît qu'il est bien connu dans ce quartier-là. On l'appelle l'hypocrite, par son aptitude extraordinaire à feindre la vertu en présence de... Mais le mot hypocrite dit tout... Malheureusement, il a un autre nom.

DELORVAL

Quel est-il? vite.

BELLIRE

Oh! cela ne me regarde pas, moi; pourquoi le dirais-je?

DELORVAL

Mon petit Bellire, je t'en prie.

BELLIRE

Celui de libertin, de débauché.

DELORVAL

Auguste! hypocrite! débauché! Mais qu'y faisait-il dans cette hôtellerie? Vite, mon petit Bellire.

BELLIRE

Oh!... que sais-je, moi?

DELORVAL

Allons, ne te fais donc pas tirer l'oreille.

BELLIRE

Eh ! il faisait comme il a coutume de faire, quand il y va.

DELORVAL

Il y est donc souvent ?

BELLIRE

Tous les soirs, je crois.

DELORVAL

Oh ! pour cela, Bellire, ça ne se peut pas, car j'en aurais connaissance.

BELLIRE

Je ne pourrais pas jurer qu'il y est tous les soirs, mais je sais bien qu'il y a passé toute la nuit dernière, en compagnie d'une demi-douzaine de jeunes *dandies* à face rubiconde et au nez royal.

DELORVAL

Et comment s'amusaient-ils ?

BELLIRE

Oh ! ils jouaient, buvaient, chantaient, criaient...

DELORVAL

Et lui ?

BELLIRE

Il n'en cédait pas aux autres.

DELORVAL

Horrible ! Quand était-ce cela ?

BELLIRE

La nuit dernière.

DELORVAL

La nuit dernière? *(Il se frotte le front.)* Ça ne se peut pas; tu te trompes, Bellire. Auguste a passé la nuit entière à m'assister à mettre quelques livres en ordre.

BELLIRE

Il faut donc que ce soit l'avant-dernière nuit... Mais qu'est-ce que cela me fait, à moi!

DELORVAL, *songeant*

L'avant-dernière nuit!... tu te trompes encore. Il est venu avec moi passer la nuit près du cercueil de ce pauvre défunt Birou.

BELLIRE

L'avant-dernière nuit?

DELORVAL

L'avant-dernière nuit.

BELLIRE

Pensez-y bien... vous pourriez vous tromper.

DELORVAL

Eh! j'en suis certain... autant qu'on peut l'être... Mais, dis-moi, Bellire, l'as-tu vu toi-même dans un tel lieu?

BELLIRE

Si je l'y ai vu?

DELORVAL

Oui.

BELLIRE

Moi-même?

DELORVAL

Oui.

BELLIRE

Y songez-vous, mon cher Delorval ? Moi ! hanter de pareils lieux !... Non, je ne l'ai pas vu moi-même, mais je le tiens de très bonne part.

DELORVAL

Ah ! je vois. Il n'est pas coupable, Bellire, il n'est pas coupable, sois-en sûr. On aura pris une autre personne pour lui, ou bien quelque ennemi fait courir ces faux bruits ; car, vois-tu, Auguste est un homme de bien, et il est rare qu'un homme de bien soit sans ennemis. Auguste a trop d'honneur pour se trouver dans la situation que tu viens de me décrire. C'est impossible, Bellire ; il faudrait que je le visse de mes propres yeux.

(Acte I, scène 12, n. 21, pp. [1 et 2].)

l'hypocrisie

Texte 41

Griphon ou La Vengeance d'un Valet

Comédie en trois actes de Pierre Petitclair, *Québec, William Cowan, 1837, 90 p.*

Pierre PETITCLAIR : bio-bibliographie, p. 352.

Griphon, vieillard intraitable et lubrique, a accusé injustement son valet Citron de lui avoir volé une bague. Pour se venger, ce dernier a attiré son maître dans un pseudo rendez-vous galant au cours duquel le vieillard a été berné, battu et volé. Ayant surpris Citron à courtiser Florette, sa servante, Griphon voit sa mauvaise humeur augmenter.

Scène 9: CITRON, GRIPHON.

GRIPHON

Voyons, sois honnête et rends-moi ma bague.

CITRON

Est-il possible que vous me croyiez encore coupable?

GRIPHON

Ta conscience ne te reproche pas quelque chose? Voyons, Citron, rends à César ce qui est à César, et à Griphon ce qui est à Griphon.

CITRON

Encore une fois...

GRIPHON

Tu ne l'as pas prise, coquin? Dis-moi qui l'a dans ce cas. *(Il prend un paquet de cartes et le jette sur une table.)*

CITRON

Comment voulez-vous que je vous le dise? Suis-je sorcier?

GRIPHON

Devine-le par les cartes.

CITRON

Je vous jure que je n'y entends rien.

GRIPHON

Maroufle! Je t'ai vu. Tu sais bien t'y entendre pour Florette. Mets-toi là. *(Il fait asseoir Citron près de la table.)*

CITRON

Que voulez-vous que je trouve dans ces cartes?

GRIPHON

Ma bague, vilain pendard, ma bague. Si tu ne me dis qui l'a, ma canne est dans mes mains!... tu sais que je sais m'en servir. Vite.

CITRON, *prenant les cartes*

Puisque vous le voulez. *(Il regarde dans les cartes.)*

GRIPHON

Eh bien?

CITRON

Attendez un peu; il faut que je voie. Tenez, voyez-vous cette carte?

GRIPHON

Eh bien?

CITRON

C'est un vieillard... Oui... c'est un vieillard.

GRIPHON

Et puis?

CITRON

Voyez-vous cette autre?

GRIPHON

La dame de cœur?

CITRON

Oui. C'est une jeune demoiselle.

GRIPHON, *à part*

Ouf! (*Haut.*) Après?

CITRON

En voici une autre. C'est le valet de carreau. Comme elles sont disposées là, les cartes me disent qu'un certain vieillard tout décrépit et dégoûtant s'est rendu aujourd'hui à un rendez-vous demandé par une jeune et belle personne. Vous voyez tous ces cœurs? Eh bien, cela marque qu'elle aime le vieux penard à la folie.

GRIPHON

Et tu n'y entendais rien, fripon.

CITRON

Oh! oh! ceci est affreux. Regardez donc.

GRIPHON

Eh! que veux-tu que je voie là-dedans, moi?

CITRON

Tenez, ce valet, c'est la pensée du bonhomme. Il m'apprend qu'il est un vieux libertin qui, cachant ses défauts sous le voile de l'hypocrisie, est l'être le plus infâme du monde. Il est rempli de vices. Quoiqu'il soit bien âgé de quatre-vingts ans, il ne laisse pas d'essayer chaque jour à séduire quelque jeune vierge. Il emploie pour cela tous les moyens, mais le plus souvent des présents. Oh! oh! Que vois-je? Un jeune homme entre et surprend le bonhomme avec la jeune fille. Il le jette à terre et le sort à coups de bâton.

GRIPHON

Ouf! (*Il lui donne un coup de canne.*)

CITRON

Eh bien! Qu'avez-vous donc?

GRIPHON

Pourquoi me racontes-tu cette histoire-là?

CITRON

Pourquoi me faites-vous donc tirer?

GRIPHON

Tout cela ne m'enseigne pas où est ma bague.

CITRON

Je ne suis pas encore rendu à cet article-là. C'est égal, je vais passer par-dessus le reste.

GRIPHON

Arrête, arrête. Tu as raison. Tu ne pourrais peut-être pas bien tirer, si tu ne lisais à la suite.

CITRON

Eh! c'est ce que j'allais vous dire.

GRIPHON

Dis-moi si cet impoli de jeune homme doit revenir chez la jeune fille.

CITRON

Quand?

GRIPHON

Eh bien! je ne sais...

378

CITRON

Demain?

GRIPHON

Ou comme ce soir, par exemple.

CITRON

Demain, il n'y sera pas. Ce soir? Voyons. Je ne sais comment arranger cela. Je crois qu'il va y être.

GRIPHON, *lui donnant un coup de canne*

Il doit y être, coquin?

CITRON

Aye! Attendez donc un peu. Non, il n'y sera pas.

GRIPHON

En es-tu sûr?

CITRON

Aussi certain que je le suis que vous avez une canne dans la main.

GRIPHON

Eh! Maroufle, que m'importe à moi qu'il y soit ou qu'il n'y soit pas? Cela ne trouve pas ma bague.

CITRON

Vous me l'avez demandé.

GRIPHON

Il ne fallait pas m'écouter, rustaud. Dis-moi qui a ma bague. Ah! tu pâlis. Les cartes parlent contre toi.

CITRON

Un moment. Ayez la bonté de ne me pas troubler. La voici, votre bague.

GRIPHON

Où?

CITRON

C'est elle. Un valet l'a en sa possession.

GRIPHON

Eh! Je le sais bien. N'es-tu pas mon valet, fripon?

CITRON

Je le suis; mais je n'ai pas votre bague.

GRIPHON

Qui peut-ce donc être? Vite. Quelle personne sert-il, ce valet?

CITRON

La maison où il sert porte le numéro huit. Voilà tout ce que je peux trouver. (*Griphon tire une lettre de sa poche et la regarde.*)

GRIPHON

Comment se nomme-t-il?

CITRON

Attendez. C'est bien difficile. Tenez. (*Il présente les cartes à Griphon.*) Choisissez huit cartes. (*Griphon choisit huit cartes; il les met sur la table. Citron les prend et les examine.*) C'est bien difficile. Je ne trouve que quatre lettres. Je ne sais si le nom du voleur en demande plus.

GRIPHON

Quelles sont-elles, ces lettres?

CITRON

Attendez. Voici toujours un B. Voici un O, et puis un U, et enfin un C.

GRIPHON

B. O. U. C.? Cela fait Bouc.

CITRON

Bouc.

GRIPHON

Est-ce là son nom?

CITRON

Il y a peut-être d'autres lettres; mais les cartes ne le disent pas.

GRIPHON

Bouc. Et comment la bague se trouve-t-elle en sa possession?

CITRON

Il l'a volée.

GRIPHON

Ah! le pendard! Et comment s'y est-il pris?

CITRON

Les cartes n'en disent pas plus long.

GRIPHON

C'est bon! Je suis content. Mets le cheval sur la voiture couverte; je veux sortir. *(Citron sort.)*

Scène 10: GRIPHON, *seul*.

GRIPHON, *seul*

Ouf! Je crois que le coquin a un pacte avec le
diable; il n'aurait pas pu tout me dire comme cela. Ma
nymphe réside dans une maison qui porte le numéro
huit; le valet qui la sert se nomme Boucau: Citron n'a
pu trouver que Bouc, il est clair que cela veut dire
Boucau. Ah! fin matois! tu me rendras ma bague.

(Acte II, scènes 9 et 10, pp. 39 à 44.)

Texte 42

À trompeuse, trompeur et demi

Comédie en un acte et en vers de Rémi Tremblay, *dans* Boutades et Rêveries, *Fall-River, L'Indépendant, 1893, pp. 291-316.*

**Rémi TREMBLAY naquit à Saint-Barnabé (Saint-
Hyacinthe), le 2 avril 1847. À partir de 1863, il remplit une carrière militaire aux États-Unis et au
Canada. Il collabora à plusieurs journaux et fonda
L'Indépendant de Montréal, puis dirigea L'Indépendant de Fall-River ainsi que L'Opinion publique
de Worcester. Il publia deux romans, quatre comédies et quelques recueils de poésie dont Caprices
poétiques et chansons satiriques (1883) et Boutades et
Rêveries (1892). Vers la fin de sa vie, il écrivit un
recueil de souvenirs et des récits de voyage. Il mourut à Pointe-à-Pitre (Guadeloupe), le 31 janvier
1926.**

Célibataire de mauvais gré, Rosine emploie sa verve à trom-
per le plus d'hommes possible, pour se venger de son malheur. À
peine Roméo est-il sorti de chez elle comblé de promesses, qu'Henrion
se voit accueillir avec le même langage.

Scène 6: HENRION, ROSINE, puis ROMÉO.

HENRION, *entrant*

Ah! ça, quel est celui
Qui causait avec vous? perle des demoiselles!
On dirait que la peur lui fait pousser des ailes
Et qu'il vole.

ROSINE

Pourtant il n'est pas financier:
Il est poète.

HENRION

Un fou!

ROSINE

Poète et romancier.

HENRION

Un fou! Je le savais. Que pouvait-il vous dire?

ROSINE

Vous en demandez trop.

HENRION

Ce n'est pas pour médire,
Mais tous les rimailleurs ne valent pas dix sous.
Et ça vous fait l'amour, sans vergogne, en dessous?

ROSINE

Mais il est marié.

383

HENRION

Marié? La canaille!
Et vous vous amusez à cet homme de paille?
Dans mes propres bureaux, vous flirtez avec lui?
Ai-je meublé cela pour les amours d'autrui?
Permettez-moi du moins de la trouver mauvaise.
Mais défendez-vous donc!

ROSINE

Poursuivez votre thèse:
Elle est bien ridicule et vous l'êtes aussi.
Vous êtes un brutal et ce n'est pas ainsi

(Roméo paraît dans l'entrebâillement d'une porte.)

Que l'on doit accueillir une amante discrète,
Qui cache avec grand soin sa blessure secrète.
Quand, dans votre intérêt, détournant les soupçons
Je fais joyeuse mine à d'aimables garçons,
Loin de m'en savoir gré vous me faites injure.
Si ça ne change pas, Henrion, je vous jure
Que votre malheureuse épouse va savoir
Que vous avez voulu m'éloigner du devoir.
D'une église quelconque un certain dignitaire,
Qui se montre envers moi censeur bien moins austère
Que vous, consolera mon cœur endolori;
Je m'en vais de ce pas le voir. Adieu, chéri.

(Elle va pour sortir.)

HENRION, *la retenant*

Reste!... Ne t'en va pas!... J'étais jaloux!... Ma reine!
L'espérance renaît en mon âme sereine.
Tu ne l'aimes pas, dis, ce poète enragé?
Et tu ne m'en veux pas si je l'ai dérangé?
Un fabricant de vers, ça n'a pas de mérite
Et ça ne compte pas. Pourtant cela m'irrite

De voir des sans-le-sou se mêler d'aligner
Des rimes. Ça me vexe. Avant de t'éloigner,
Causons un peu. Voyons, dis que tu me pardonnes.
Moi, je pardonne tout, pourvu que tu me donnes
Un de ces bons baisers, gage d'amour ardent.

ROSINE

Mais vous n'y pensez pas?

(Il cherche à l'embrasser et elle le repousse.)

Laissez-moi.

(Il lui prend un baiser. À part.)

L'impudent!

(Elle pleure. Haut.)

Vous avez exploité ma coupable indulgence.
Vous appartenez donc à la vilaine engeance
Des vilains séducteurs!

(Il veut l'embrasser et elle se défend. À part.)

Soyons ferme: Il le faut!

HENRION

La pudibonderie est un vilain défaut.

(Il la poursuit.)

ROSINE, *se sauvant*

Laissez-moi, laissez-moi. Je vais crier.

(Criant.)

À l'aide!

385

HENRION, *la poursuivant*

Si vous criez ainsi, ça vous rendra bien laide.

(Roméo entre et saisit Henrion qu'il envoie rouler dans un coin.)

ROMÉO

Hé ! l'archi-décoré, l'homme à l'ample brochette !
Ramasseur clandestin des honneurs qu'on achète,
Si vous faisiez l'achat d'un peu de probité
Ça dissimulerait mieux votre lâcheté.
Vous comptiez, paraît-il, beaucoup sur la faiblesse
D'une femme.

HENRION

J'enrage.

ROMÉO

Et, si cela vous blesse,
Je suis prêt, dès demain, à vous rendre raison.

HENRION

Ç'en est trop, à la fin. Sortez de ma maison.

ROMÉO

J'en sors avec honneur, et vous restez infâme.

HENRION

Je saurai me venger.

ROMÉO, *à Henrion*

À vos ordres. *(À Rosine.)* Madame.

(Scène 6, pp. 301 à 305.)

Le Dîner interrompu ou Nouvelle Farce
de Jocrisse

*Farce en un acte d'*Ernest Doin*(1873), Montréal, Beauchemin,*
s.d. (vers 1885), 53 p.

**Ernest DOIN naquit à Bourges (France), en 1809.
Vers l'âge de trente ans, il émigra aux États-Unis.
De 1847 à 1850, il exerça les professions d'avocat et
de professeur à Saint-Jean-d'Iberville. En 1851,
il ouvrit une école à Laprairie où il demeura pendant plusieurs années. Deux ans plus tard, il fonda
dans cette localité un cercle littéraire et dramatique
qu'il alimentait de ses nombreuses œuvres théâtrales.
Il collabora à *La Semaine religieuse de Montréal*.
Il mourut à Montréal, le 26 septembre 1891.**

*Deux domestiques, Jocrisse et son cousin Laflûte, cherchent à
se faire inviter au repas d'anniversaire de M. Plumet, leur maître.*

Scène 5: PLUMET, JOCRISSE, LAFLÛTE.

PLUMET, *apercevant Jocrisse*

Ah! mon Dieu! qu'est-ce que c'est que cela, Jocrisse, apportes-tu un jardin?

JOCRISSE

Not'maître, c'est un bouquet, et ce léger bouquet, ce bouquet... qu'est... l'embarras... non... l'em-
blématique de vos vertus... de vos bontés... de votre
grand corps... c'est-à-dire... ce bouquet... not'maître,
ben plus mince que les sentiments de Jocrisse et de
Laflûte, vous est offert par eux, car ils vous regardent
comme leur bras tutélaire... et... et... enfin... M. Plumet, c'est au nom de votre... anniversaire de l'oie

rouge... non... de votre grande naissance... que... en ce jour... qui... je... que... enfin... not' maître, je vous l'offre et je vous remercie de tout mon cœur.

LAFLÛTE, *saluant*

Et moi aussi, not'maître!

PLUMET

Merci, merci, mes enfants... vous me faites plaisir, je suis ému... j'accepte ton bouquet, Jocrisse; pose-le là, mon garçon... et pour vous récompenser tous deux... je...

JOCRISSE, *à part*

Il va nous inviter à dîner.

PLUMET

Je vous permets de vous divertir ce soir à la cuisine.

JOCRISSE, *à part*

Ah! diable! C'est ce que je n'veux pas.

PLUMET

Il y a un an, vous avez partagé le souper de mon anniversaire parce qu'il y avait des circonstances dont tu dois te rappeler, Jocrisse!

JOCRISSE

Oh! oui, not'maître... et même qu'c'était un fier souper!... On s'en est-y donné!

PLUMET

Oui... mais aujourd'hui, vois-tu, depuis un an tout est changé. On est obligé de tenir un certain rang, un décorum enfin... surtout depuis que j'ai été nommé capitaine de la garde nationale... Si j'étais seul, je vous dirais : mes enfants, vous partagerez le festin de votre maître... mais...

JOCRISSE, *imitant le mouton*

Mais...

PLUMET, *souriant*

Tu fais le mouton... Mais, voyez-vous, j'ai des convives, et surtout un qui trouverait inconvenant si j'admettais à ma table mes deux domestiques.

JOCRISSE

Et ce convive, not'maître, qué qu'c'est donc, s'y vous plaît ?

PLUMET

C'est mon plus grand ami, mon ami Vincent, l'homme riche et influent.

JOCRISSE, *à part*

Oui, influent en bêtises. (*Haut.*) Ah ! ah ! not'maître, je l'connais, il est déjà venu ici, j'l'ai déjà vu... C'est-y pas c't'ancien fournisseur de l'armée que les soldats appelaient : riz, pain, sel ?

PLUMET

Précisément. J'ai reçu hier sa lettre. Tiens, la voici. Je vais vous la lire. (*Il lit.*) « Mon cher Anastase Plumet. J'ai reçu ta lettre par laquelle tu m'invites à ton gala à l'occasion de l'anniversaire de ta naissance ; je ferai en sorte de m'y rendre, à moins que de grandes circonstances m'en empêchent... car j'ai tant d'affaires !... Si je ne suis pas chez toi à quatre heures, ne m'attends plus, ce sera pour plus tard et nous n'en serons pas moins bons amis. À toi, Jérôme Vincent. »

JOCRISSE, *à part*

Du diable s'il dîne ici.

PLUMET

Comment?

JOCRISSE

J'dis qu'ça convient... qu'vous avez raison, not'
maître.

LAFLÛTE

Oui, mais ça nous rappelle l'souper de l'année
dernière et, dame, voyez-vous, ça fait d'la peine.

PLUMET

Eh bien, écoutez, mes enfants, si mon ami Vincent
ne vient pas, je vous promets que tous les deux
vous mangerez à ma table, car il n'y a que lui seul,
voyez-vous, lui seul qui est un obstacle à cela; car j'ai
besoin de sa protection; vous savez que c'est à lui que
je dois mon grade de capitaine.

JOCRISSE, *à part*

Bon! la partie est gagnée ou j'y perds tous les
boutons d'ma veste. *(Haut.)* Ah! not'maître, ma parole,
vous m'mettez la joie au cœur. *(Il chante, sur l'air de
«T'en souviens-tu?»:)*

«C'est-y tout d'bon que not'maîtr' nous invite?»

PLUMET

«Oui, mes enfants; oui, je le veux ainsi.»

LAFLÛTE

«S'il vient du monde?...»

390

PLUMET

« ... vous partirez tout d'suite. »

JOCRISSE

« Ah! qu'vous êtes bon! que vous êtes poli!
Mais j'fons un rêve, je n'pouvons pas y croire. »

PLUMET

« Non, mes enfants, non, vous ne dormez pas. »

JOCRISSE et LAFLÛTE

« J'sens que d'plaisir, je n'vas manger ni boire,
Vraiment, vraiment, c'est un joyeux repas.
J'sens que d'plaisir, je n'vas manger ni boire,
Vraiment, vraiment, c'est un joyeux repas. »

PLUMET

Allons, je sors; je vais aller faire quelques emplet-
tes et je reviendrai pour le dîner... Tout sera prêt, n'est-
ce pas?

JOCRISSE

Ah! soyez tranquille, not'maître... la broche, les
casseroles, les poêles et tout le bataclan... ça va marcher son brain!... gare la bombe!

PLUMET

Allons! bon!... Ah! à propos, Jocrisse. as-tu bien
cherché dans ta tête à nous trouver quelques morceaux
choisis? hein! mon gaillard, toi qui connais les bons
mets?

JOCRISSE, *riant*

Ah! ma foi, not'maître, à votr'école on n'peut pas
aimer les mauvais.

LAFLÛTE, *à part*

En a-t'y ! En a-t'y dans sa tête !

PLUMET

Voyons, voyons, un petit aperçu de ce que tu vas me donner, sauf ce que je dois apporter en revenant.

JOCRISSE

Drame ! not'maître, j'ai tout r'passé, dans ma mémoire les mets que j'sais d'votr'goût : prima, premièrement, d'abord : un salmis aux fines herbes, pommes d'amour pour entourage.

PLUMET

Bravo ! c'est excellent, ce plat-là.

JOCRISSE

Secunda, pour le second plat ; la percillade en vinaigrette, redoublement de tomates ou pommes d'amour avec addition de cornichons.

PLUMET, *il passe la langue sur sur ses lèvres à chaque mot*

De mieux en mieux ; continue donc !

JOCRISSE

Troissio... Canards aux oignons, sauce parisienne à la russe et gélatine.

PLUMET

Excellent ! excellent ! Ensuite ? ensuite ?

JOCRISSE

«Quatritia». Un petit cochon d'lait farcé aux truffes.

PLUMET, *vivement*

Un petit cochon d'lait, Jocrisse, ah! tu me mets dans le ravissement! Un petit cochon de lait! Ah!... après?

JOCRISSE

Après... après... Dame, not'maître, j'crois qu'c'est déjà pas mal raisonnable.

PLUMET

Oh! Jocrisse! Jocrisse! toi dont les idées fourmillent... tu oublies... tu oublies mon mets favori!

JOCRISSE

Quoi?... Quoi!... ma foi, du diable si j'y suis.

PLUMET

Il est vrai qu'il y a diablement longtemps que je n'en ai mangé! Eh bien, Jocrisse... ce mets... c'est... des oreilles de cochon piquées, entrelardées de truffes et de fines herbes!... Hein?

JOCRISSE, *à part et comme frappé d'une idée*

Des oreilles!... oh! la bonne idée! Merci, ma belle étoile! Merci, mon génie tutélaire!

PLUMET

Diable! qu'est-ce que tu marmottes là, avec tes choses tutélaires?

LAFLÛTE

J'gage qu'il est content d'vot'idée.

JOCRISSE

Oui, content; contenssimus, oui, not'maître, j'suis content parce que j'vas contenter vot'goût, j'veux qu'vot' palais s'en rappelle de ces oreilles-là.

PLUMET

Allons, voilà pour un; maintenant, je voudrais un pudding à la chipolata.

JOCRISSE

Hein? hein? qué qu' c'est que c'lui-là, c'est pas français!

PLUMET

Il l'est et il ne l'est pas, il vient de la Prusse.

JOCRISSE

De... de la Prusse? Oh! ben alors, not'maître, n' m'en parlez pas, j'n'en suis pas, y a du Bismark là-dedans, c'est indigeste, j'suis contre.

PLUMET

Imbécile! oui je serais de ton avis, mais ce plat, ce mets exquis, quoique venant de la Prusse, a été inventé par un Français cuisinier en Prusse et qui a parcouru la Suède, la Russie, la Norvège... la...

JOCRISSE

Qui ça? votre pudding?

PLUMET

Eh non! eh non, imbécile... le cuisinier qui a donné ce nom-là à ce pudding et qui s'est fait une grande réputation dans l'art culinaire.

JOCRISSE

Allons, not'maître, j'vous en f'rai un ; y s'ra p't'être pas tout à fait chicoulata, mais enfin ça s'ra ch'nu et ça s'ra tout à fait français.

PLUMET

Enfin, ce que j'aime encore beaucoup, et surtout mon ami Vincent... c'est...

JOCRISSE

C'est...

PLUMET

C'est un plat de macaroni.

JOCRISSE

Je ne connais pas ce gibier.

PLUMET, *levant les épaules avec dédain*

Macaroni, gibier !...

JOCRISSE

Eh bien, cette plante.

PLUMET, *même geste*

Macaroni, une plante !

JOCRISSE

Enfin, cet oiseau.

PLUMET, *même geste*

Macaroni, oiseau !

JOCRISSE, *impatienté*

Eh bien ! cet animal !

395

PLUMET, *vivement et en colère*

Animal toi-même! Il te sied bien de traiter le macaroni d'animal; songe donc que le macaroni doit sa naissance à l'Italie, à la belle Italie! à la grande Italie!

JOCRISSE

Oui, elle est propre votre grande Italie. J'en entends dire de belles choses, depuis qu'qu'temps, surtout d'c'roi, l'fameux Emmanuel, en v'là un d'macaroni.

PLUMET

Silence! Jocrisse! Pas de politique, je n'en veux pas!... Laissons faire, attendons et motus! Tout viendra comme tout doit arriver... parlons et continuons.

JOCRISSE

Ma foi, not'maître, j'suis rendu au bout; vot'mazzoni, macoroni m'a donné l'vertigo, la chair de poule.

PLUMET

Jocrisse! être indéfinissable, vas-tu encore recommencer comme autrefois?

JOCRISSE

Eh! non, not'maître, mais vous prenez la mouche tout d'suite, vous vous enl'vez comme une soupe au lait, parce que j'ai dit que l'macaroni était un animal; quand on n'connaît pas les choses... ma foi... ma parole d'honneur, ça m'suffoque; moi, moi qui veux tout faire pour votre plaisir, vous m'rudoyez!... Ah! faut avouer que j'suis ben malheureux! (*Il fait mine de pleurer.*)

LAFLÛTE

Ah! M. Plumet, voyez donc mon pauvre cousin; ma parole, il pleure!

PLUMET

Allons, allons, Jocrisse, ne te chagrine pas, je me suis laissé un peu emporter; voyons, n'en parlons plus... plus tard, tantôt je t'en emporterai de ce macaroni et tu verras que la chose est fort simple quoique très bonne!... Voyons, mes enfants, à la besogne, chacun de votre côté... pour moi, je sors; je rentrerai le plus tôt possible, et si mon ami Vincent vient avant mon retour, recevez-le avec respect, avec égard.

(Scène 5, pp. 9 à 18.)

Texte 44

Le Pacha trompé ou Les Deux Ours

*Farce en un acte d'*Ernest Doin, *Montréal, Beauchemin & Valois, 1878, 38 p.*

Ernest DOIN: bio-bibliographie, p. 387.

Deux jeunes esclaves s'inquiètent de la santé d'un ours blanc, animal favori de leur maître.

Scène 1: VICTOR, AUGUSTE.

AUGUSTE, *assis et paraissant plongé dans la douleur*

Comment! on n'a point de ses nouvelles!

VICTOR, *de même*

Le dernier bulletin annonçait du mieux, mais le médecin du sérail vient d'arriver et nous sommes tous dans une anxiété...

AUGUSTE

Ce n'est pas rassurant.

VICTOR

Savez-vous que cette perte serait affreuse.

AUGUSTE

Oui, pour le pacha qui ne peut se passer de son favori.

VICTOR

Et pour nous surtout, car enfin cet ours était assez bonne personne; il ne méritait peut-être pas la place importante qu'il occupait; mais on ne peut pas dire qu'il ait abusé de sa faveur, et on ne peut lui reprocher aucune injustice ni aucun acte arbitraire.

AUGUSTE

C'est bien vrai.

VICTOR

Et puisqu'il faut absolument que le sultan ait un favori, sait-on qui lui succédera?

AUGUSTE

Mais cette perte devrait vous effrayer moins que tout autre; on sait combien vous êtes aimé du pacha; parmi tous les esclaves, vous êtes le seul qui puissiez faire vos volontés; il vous a donné une superbe bibliothèque... enfin, je crois que pour vous, il n'y a rien qui puisse vous attrister.

VICTOR

Qu'oses-tu dire?... Ne sais-tu pas combien je vis dans l'inquiétude?... Écoute et comprends bien ma position. Il y a trois ans que mon oncle Tristapatte et son associé Lagingeole avaient décidé de visiter les cours étrangères pour y exhiber leurs nouveautés d'animaux savants; je ne sais par quelle fatalité mon oncle, qui pourtant est la bonté même, décida que je partirais en avant pour Smyrne. J'étais doué de quelques talents pour la musique et je baragouinais assez bien la langue turque; on me fit donc embarquer à Marseille sur un bâtiment marchand; pendant quelque temps la traversée paraissait devoir être heureuse, mais environ trois semaines après notre départ, une tempête affreuse s'éleva et, les vents étant contraires, nous fûmes jetés sur cette plage où abondent les corsaires, et je fus recueilli par des musulmans... Je ne sais ce que devint le capitaine ainsi que son équipage... Après quelques jours de repos, un homme me conduisit au sérail et me présenta au seigneur Marécot, premier ministre du pacha. Il parut touché de mon malheur; ma jeunesse, ma figure parurent faire une certaine impression sur ce brave homme; il me fit endosser des vêtements turcs, me présenta au pacha comme son neveu, lui raconta à ce sujet une fable; le pacha m'accueillit bien, me fit pour ainsi dire son favori et voilà pourquoi, aujourd'hui, on m'appelle l'esclave bien-aimé du pacha. Mais je te le demande, Auguste, si tout se découvrait... Tu connais le pacha; il n'y aurait pas de grâce à espérer et ton ami Victor ainsi que le brave Marécot seraient mis à mort sans aucune forme de procès... Maintenant, Auguste, crois-tu que je n'aie pas lieu d'être triste?

AUGUSTE

Je connaissais un peu de votre histoire par une conversation que vous eûtes un jour dans le jardin du palais avec le seigneur Marécot. Mais, encore une fois, le pacha vous aime beaucoup, vous le charmez par votre talent pour la musique, vous êtes admis dans l'intérieur du palais, ce qui n'est guère permis à aucun esclave; moi-même, français comme vous, je jouis d'une certaine liberté, grâce à vous; vous fûtes aussi touché de mon malheur que je vous racontai... Mon père, ma mère, massacrés par les pirates, et moi, vendu comme esclave, assujetti aux ouvrages les plus durs!... Encore une fois, Victor, c'est à vous que je dois d'être délivré de mes maux; le pacha m'a mis près de vous pour vous servir et vous avez bien voulu que je sois votre ami.

VICTOR, *lui prenant la main*

Non pas un ami, Auguste, mais un frère!... Que le ciel écoute ma prière et tout me dit qu'un jour nous serons libres et que nous reverrons la France!

AUGUSTE, *regardant au fond*

Ah! mon Dieu! que nous veut le seigneur Marécot? d'où lui vient cet air consterné?

Scène 2: LES MÊMES, MARÉCOT.

MARÉCOT, *arrivant tout effrayé*

Mes amis!... Ç'en est fait!...

VICTOR

Comment!... Il n'est plus?

MARÉCOT

Vous l'avez dit: l'ours a vécu... il n'a même pas voulu attendre la visite des médecins.

VICTOR

On a beau dire... cet ours-là n'était pas sans intelligence.

MARÉCOT, *d'un air détaché*

Oui, c'est une grande perte pour la ménagerie ; car à la cour on peut s'en passer.

VICTOR, *surpris*

Comment, seigneur Marécot, vous qui l'aimiez tant ?

MARÉCOT

Je l'aimais... je l'aimais... je l'aimais comme tout le monde, quand le pacha était là ; je ne l'aurais pas dit de son vivant !... Mais c'était bien le plus vilain animal !... Et d'un caprice... des caprices... beaucoup de caprices... Moi qui étais attaché à sa personne, j'ai été à même de l'apprécier... Et Dieu merci, j'en dirais long, si ce n'était le respect qu'on doit aux gens qui ne sont plus en place. *(Il chante, sur l'air de : « Prenons d'abord l'air bien méchant ».)*

« Il joignait l'air d'un intrigant
À l'astuce d'un diplomate,
Et quoiqu'il fît le chien couchant,
Donnait souvent des coups de patte ;
Taciturne, il grognait toujours
Et dans sa fierté monotone,
Sous prétexte qu'il était ours,
Monsieur ne parlait à personne. »

VICTOR

Ce qui n'empêche pas que voilà tout le palais en deuil.

MARÉCOT

Le moyen de faire autrement ? Pour peu que le seigneur Schahabaham se désole, il faudra bien faire comme lui, et ce n'est pas gai ; mais dans notre état... le maître avant tout. *(Il chante, sur l'air de : « À mes dépens est-ce que vous voulez rire ? »)*

« Dès qu'il va mal, ma santé se dérange,
Dès qu'il est gai, moi je ris aux éclats ;
S'il n'a pas faim, je ne bois ni ne mange,
S'il a sommeil, je ronfle avec fracas *(bis)*.
Mais l'ours est mort, jugez donc quelle scène
Dans ce palais nous allons essuyer ;
Je sens déjà mes deux yeux se mouiller,
Car vous savez que dans toutes ses peines
C'est toujours moi qui pleure le premier. (bis)

(Scènes 1 et 2, pp. 1 à 7.)

Texte 45

Un duel à poudre

Comédie en trois actes de Raphaël-Ernest Fontaine, *Saint-Hyacinthe, Le Journal de Saint-Hyacinthe, 1868, 20 p.*

Raphaël-Ernest FONTAINE naquit à Saint-Hugues-de-Bagot, le 27 octobre 1840. Après ses études classiques au Séminaire de Saint-Hyacinthe, il s'intéressa au journalisme, puis opta pour les études de droit. Admis au barreau en 1862, il se fixa à Saint-Hyacinthe où il exerça sa profession pendant près de quarante ans. Il fut maire et préfet du comté de Saint-Hyacinthe pendant plusieurs années. Outre ses pièces de théâtre: *Un duel à poudre* (1868), *Une partie de tire* (1871) et *Un fricot politique* (1871), il écrivit *Scènes et portraits de mon village* (1878). En 1901, il succéda à l'honorable Joseph-Alphonse Ouimet comme juge de la Cour supérieure pour le district de Richelieu. Il mourut à Sorel, le 20 septembre 1902.

Scène 1: LE BOURDON, FRANCŒUR, PINARD.

LE BOURDON, *regardant à sa montre*

Huit heures et dix et personne ne vient! Ah ça! la farce serait-elle déjà finie? Diable! Jacob, ce brave Jacob aurait-il eu peur? Mais non! je les vois venir là-bas! Dites donc, vous autres, ne faites pas de bêtises! De la poudre dans les pistolets tant que vous voudrez, bourrez-les jusqu'à la gueule, passe, cela me va; mais, entendez-vous, pas la moindre parcelle, pas un atome, pas un scrupule de balles ni de plomb, sinon, sauve qui peut!

PINARD, *à Le Bourdon*

Ne crains rien. C'est trop drôle, j'en crève!

FRANCŒUR

P'sit, je les vois venir!

PINARD, *à Le Bourdon*

Sois sérieux et garde ton sang-froid.

Scène 2: LES MÊMES, JACOB, SWEENEY, TOUBEAU, FLETCHER.

LE BOURDON, *allant au-devant d'eux*

Bonjour, Messieurs, nous vous attendons depuis un quart d'heure.

403

JACOB

Pardon, il nous a été impossible de venir plus tôt.
Vous serez moins pressé tantôt.

FLETCHER

Paix, messieurs, à l'œuvre. Voyons, monsieur Le
Bourdon, il est toujours pénible d'en venir aux mains:
l'un de vous peut rester sur le terrain. Faites des excuses,
dites que vous regrettez ce que vous avez fait;
monsieur Jacob acceptera et tout sera dit.

LE BOURDON

Jamais!

FLETCHER

Alors, à l'œuvre. Messieurs Pinard et Francœur,
témoins de Monsieur Le Bourdon, venez avec moi
charger les pistolets; et vous, Messieurs Jacob et Le
Bourdon, veuillez vous retirer à l'écart. (*Le Bourdon
et Jacob se retirent, les quatre témoins se réunissent.
Fletcher ouvre la boîte et on commence à charger les
armes.*)

SWEENEY

C'est nous prendre des balles rondes ou des balles
coniques?

TOUBEAU

Des balles coniques seraient mieux, car elles
tuent plus raide!

PINARD

C'est bien, prenons-les, car c'est un duel à mort!

JACOB, *lugubre, à part*

À mort! Seigneur, j'étouffe!

LE BOURDON, *à part*

Ces imbéciles-là sont capables de mettre des balles! *(Francœur lui fait un signe de tête.)*

PINARD

Allons, Fletcher, une seconde balle. Il faut au moins que ces messieurs se tuent comme il faut.

JACOB, *à part*

Mais ils veulent donc me faire cribler. Jésus, je n'en reviendrai pas!

FLETCHER

À dix pas, n'est-ce pas?

FRANCŒUR

Oui.

PINARD

À cinq pas, cela serait mieux.

JACOB, *à part*

Mé! mé! mé! il est enragé celui-là!

LE BOURDON, *à part*

Oui, le beau plan: un jeu pour me brûler mon habit neuf!

FLETCHER

Non, non; à dix pas, c'est plus que suffisant. Allons, Sweeney, mesure la distance.

SWEENEY, *marchant et comptant à chaque pas*

One, two, three... *(Et ainsi de suite jusqu'à:)* ten.

JACOB, *le regardant, à part*

Ah! comme il fait ses pas petits!

FLETCHER, *à Jacob et Le Bourdon*

Messieurs, placez-vous. *(Les témoins placent les combattants, leur donnent les armes et se retirent à l'écart.)* Allons, Sweeney, faites votre devoir.

SWEENEY

C'est moé crier «One, two, three»; c'est vos tirer quand moé crier «Three». C'est vos ready?

LE BOURDON, *à Jacob*

Oui!

SWEENEY

Well. Écoutez: One!... two!... three! *(Jacob et Le Bourdon tirent.)*

JACOB, *à Fletcher*

Tu m'as trompé, il n'y a pas de balles dans mon pistolet; sans cela, je l'aurais tué! Et lui, mon Dieu, ses balles m'ont sifflé aux oreilles! Une d'elles a percé mon habit!

FLETCHER

Vise bien, cette fois, et sois tranquille!

SWEENEY

C'est vos recommencer. *(On recharge les pistolets qu'on livre aux combattants.)* C'est vos ready?

JACOB et LE BOURDON

Oui!

SWEENY

Écoutez: One!... two!... three! (*Jacob et Le Bourdon tirent.*)

LE BOURDON, *tombant à la renverse, en portant la main à sa poitrine*

Ah! je suis mort!

JACOB

Mon Dieu! je l'ai tué! (*Tous, sauf Jacob, entourent Le Bourdon.*)

FLETCHER et TOUBEAU, *à Jacob*

Run, Jacob, run!

PINARD et FRANCŒUR, *à Jacob*

Sauvez-vous, Jacob, sauvez-vous! (*Jacob reste immobile.*)

TOUBEAU, *penché sur Le Bourdon, l'examinant et lui tâtant le pouls*

Il se meurt! Les balles lui ont fracassé le cranium, transpercé les temporaux et fracassé l'occiput.

PINARD, *à Jacob*

Mais sauvez vous donc!

(*Acte III, scènes 1 et 2, pp. 17 à 19.*)

407

Erreur n'est pas compte
ou Les Inconvénients d'une ressemblance

Vaudeville en deux actes de **Félix-Gabriel Marchand**, *Montréal, La Minerve, 1872, 57 p.*

Félix-Gabriel MARCHAND: **bio-bibliographie, p. 278.**

Le banquier Bonval songe à marier sa fille Elmire, dont les folles dépenses grèvent son capital à placer.

Scène 2: BONVAL, ELMIRE.

ELMIRE, *arrive en fredonnant*

Cher papa, j'espère que vos vilaines affaires vont vous laisser le loisir de me conduire chez Madame Ducharme, ce soir; vous savez comme son invitation a été pressante et comme elle serait chagrinée de notre absence.

BONVAL

Oui, certainement. *(À part.)* Son mari, qui n'a pas soldé ses intérêts, n'est pas précisément du même avis.

ELMIRE

Merci, cher petit père; mais, au fait, ma toilette exige quelques petits achats, et si vous vouliez...

BONVAL

Allons, bon! Il me semblait que cela commencerait par une saignée à mon pauvre gousset... Voyons, que te manque-t-il encore?

ELMIRE

Oh! pas grand-chose.

BONVAL

C'est bien ainsi que je l'entends; et j'espère que le superbe costume de bal dont tu as fait tout récemment l'acquisition n'est pas déjà passé de mode.

ELMIRE, *dédaigneusement*

Quoi? cette grenadine rose que j'ai achetée la semaine dernière pour la soirée de madame Beaumanoir?

BONVAL

Oui, elle t'allait à merveille; tu la portes encore ce soir?

ELMIRE

Ha! ha! ha! Fi donc, cher vieux père; je ne vous croyais pas aussi arriéré!... Quoi? porter la même toilette deux fois de suite, à huit jours d'intervalle? Ha! ha! ha! mais vous plaisantez, papa!...

BONVAL

Au contraire, je ne vois rien de plaisant en tout ceci...

ELMIRE

Qu'est-ce qu'on dirait de moi, je vous le demande, si j'arrivais à cette brillante soirée avec une toilette passée?...

BONVAL

Hum! Une antiquité de huit jours, c'est du nouveau.

ELMIRE

Je vois d'ici les petits airs de dédain et le triomphe des demoiselles Courval, par exemple, avec leurs magnifiques robes en moire antique, toutes flambantes neuves...

BONVAL

Oui, oui, c'est bien superbe! Tes demoiselles Courval ont beau jeu à déployer leurs étoffes nouvelles; mais leurs coquin de père ferait mieux de payer ses vieilles dettes.

ELMIRE, *d'un air boudeur*

Eh! qu'est-ce que cela me fait, à moi, que monsieur Courval néglige ses créanciers? Tant pis pour eux, ma foi!

BONVAL

Précisément. Tant pis pour eux et tant pis pour leurs filles, lorsqu'elles veulent rivaliser avec les siennes.

ELMIRE

Est-ce que vous auriez prêté de l'argent à monsieur Courval, par hasard?

BONVAL

Malheureusement, oui.

ELMIRE

Et vous croyez qu'une pauvre jeune fille dont le père a eu cette complaisance mérite l'humiliation de se voir éclipsée par les demoiselles Courval parce que monsieur Courval est mauvais payeur?

BONVAL

Mais non, ce n'est pas cela...

ELMIRE, *pleurnichant*

Mais oui, c'est cela. Vos débiteurs peuvent acheter des toilettes à leurs filles, maintenant, sans s'inquiéter des échéances, puisque c'est moi qui paie leurs dettes.

410

BONVAL

Allons! Allons! Voilà que ça tourne à l'orage comme d'habitude... Eh bien, soit. Tu l'auras, cette toilette, puisqu'il le faut absolument.

ELMIRE, *joyeuse*

Merci, cher bon papa; je savais bien que tu plaisantais.

BONVAL

C'est évident. *(À part.)* Mille tonnerres! il est temps que tout cela finisse!

ELMIRE

Maintenant, puisque vous êtes en si belle humeur...

BONVAL

Je ne vois pas où tu prends que je sois en belle humeur!... Au contraire, je suis...

ELMIRE

Alors calmons-nous un peu et parlons raison...

BONVAL

Est-ce que je déraisonne, par hasard?

ELMIRE

Oh! non, c'est plutôt moi qui radote... Ça me fait tant plaisir, voyez-vous, d'aller à cette soirée. *(D'un air câlin.)* Et puis, cher vieux père, tu sais combien je t'aime!...

BONVAL

Oui, surtout la veille d'une soirée, friponne! Mais, voyons: il y a encore quelque chose là-dessous...

411

ELMIRE

C'est mon chignon, papa.

BONVAL

Ton chignon ?

ELMIRE

Oui. Madame Durosier, ma coiffeuse, prétend qu'il ne convient plus du tout à mon âge...

BONVAL

Il faut qu'elle ait un furieux toupet, cette coiffeuse, pour soutenir une pareille énormité... Mais tu ne l'as que depuis un mois, tout au plus !...

ELMIRE

Songez donc, papa, qu'une jeune fille qui grandit...

BONVAL

N'a jamais assez de chignon, n'est-ce pas ?... Eh bien, passe encore pour le chignon. Mais j'espère que c'est tout.

ELMIRE

Il le faut bien, puisque vous êtes de si mauvaise humeur.

BONVAL

Moi, de mauvaise humeur ! Mais point du tout. Je suis très gai, au contraire... (À part.) Oui, horriblement gai, sacr-r-risti !

ELMIRE

Alors, si cela vous fait plaisir, j'ai encore...

412

BONVAL

Comment! tu n'as pas fini!... Mais as-tu entrepris de me ruiner... de me...?

ELMIRE, *pleurnichant*

Vous voyez bien que vous êtes fâché contre moi. Il en est toujours ainsi quand je me hasarde à vous demander quelque chose... Pourtant ça ne m'arrive pas si souvent!...

BONVAL, *à part*

Bon, encore des larmes! Ah! elle me fera mourir, cette enfant-là, positivement! *(Haut.)* Allons, allons! Elmire, ne pleure pas comme cela... Qu'est-ce que tu voulais me demander?...

ELMIRE, *essuyant ses larmes*

Et vous promettez que je l'aurai?

BONVAL

Peut-être; mais sachons d'abord de quoi il s'agit.

ELMIRE

Eh bien! il s'agit de mon collier de perles...

BONVAL

Ton collier de perles? Celui que je t'ai acheté pour le dernier anniversaire de ta naissance?

ELMIRE

Oui; vous vous le rappelez?

BONVAL

Parbleu, si je me le rappelle! Il m'a coûté bien assez cher... L'aurais-tu perdu?...

413

ELMIRE

Oh ! non ; mais figurez-vous que cette insupporta-
ble grimacière, Malvina Beauteint, en a un semblable.

BONVAL

Qu'est-ce que ça fait, cela ?

ELMIRE

Ça fait que je ne porterai plus le mien.

BONVAL

Tu ne porteras plus le tien !

ELMIRE

Non.

BONVAL

Alors, que veux-tu en faire ?

ELMIRE

Je veux l'échanger.

BONVAL

L'échanger ! et contre quoi ?

ELMIRE

Contre un autre, avec des perles beaucoup plus
grosses...

BONVAL

Oh ! voilà qui est trop fort, par exemple !... Mais,
pauvre enfant, tu veux donc me dévaliser.. m'assassiner... me... ?

ELMIRE, *boudant*

Quand je le disais que vous étiez en colère.

414

BONVAL, *sans l'entendre*

Tu me prends donc pour un millionnaire!

ELMIRE, *pleurnichant*

C'est juste, je n'ai plus un mot à dire. Vous pouvez faire encore des avances à votre cher monsieur
Courval; il sait en faire un bon usage, au moins, lui;
ses jeunes filles ont tout ce qu'elles désirent, tandis
que moi, pour compenser ses emprunts, je suis privée
du strict nécessaire... Eh bien! puisque c'est là mon
sort, je vais m'y conformer rigoureusement; vous
n'aurez plus, désormais, à déplorer mes extravagances...
ma décision est prise... je me retire complètement du
monde, pour m'enfermer toute seule dans ma chambre, comme une pauvre prisonnière; et je ne mangerai
rien du tout... et je pleurerai des journées entières;
et je me laisserai mourir de chagrin, et... quand je serai
morte... eh bien! vous n'aurez plus de dépenses à faire
pour votre petite fille...

BONVAL, *s'attendrissant*

Mon Dieu! Elmire, calme-toi donc, je t'en prie.
On l'échangera, ce vilain collier de perles, puisque tu y
tiens tant.

ELMIRE, *oubliant son chagrin*

Vrai! Vous l'échangerez?...

BONVAL

Je te le promets, mais à condition que tu n'aies
plus rien à me demander.

ELMIRE

Sois tranquille, cher papa, je ne te demanderai
plus rien de la journée.

BONVAL

C'est bien le moins! *(À part.)* Décidément, il faut que tout cela finisse! *(Il sort.)*

Scène 3 : ELMIRE, *seule*

ELMIRE, *seule*

Ce pauvre cher père, je lui cause bien des tribulations!... Mais c'est un peu sa faute aussi... Pourquoi se mêler toujours de mes toilettes, auxquelles il n'entend rien du tout... S'il voulait seulement me laisser faire mes petits achats à ma guise et se contenter de solder la note sans discussion!... Voilà tout ce que je lui demanderais. Il me semble qu'on ne peut pas être plus raisonnable... Enfin, les choses s'arrangeront peut-être avec le temps...

(Acte I, scènes 2 et 3, pp. 3 à 10.)

Texte 47

Les Faux Brillants

Comédie en cinq actes et en vers de Félix-Gabriel Marchand *(1882), Montréal, Prendergast & Cie, 1885, 106 p.*

Félix-Gabriel MARCHAND: bio-bibliographie, p. 278.

Dumont, bon bourgeois naïf, est atteint de la manie des grandeurs. Malgré sa parole donnée au jeune avocat Oscar, il fait pression sur sa fille Cécile pour qu'elle épouse plutôt un faux comte dont il ignore l'imposture.

Scène 7: CÉCILE, OSCAR.

CÉCILE

Oscar, je vous supplie, ayez compassion
Pour ma peine!... Écoutez... Ah! je suis bien à plaindre!
Mon père est inflexible.

OSCAR

Il ose vous contraindre,
Malgré la foi jurée, à briser notre amour!

CÉCILE

Que faire?

OSCAR

Laissez-moi vous parler sans détour.

CÉCILE

Parlez.

OSCAR

Si vous m'aimez comme je vous adore...
Fuyons...

CÉCILE

Fuir?... Vous voulez que je me déshonore!
Cette route inconnue où, sans vous défier,
Vous voulez m'entraîner, Oscar!...

OSCAR

C'est le sentier
Qui conduit au bonheur.

CÉCILE

Qui conduit à l'abîme
On ne peut arriver au bonheur par un crime.

417

OSCAR

Et vous me refusez?

CÉCILE, *à part*

Mon Dieu, soutenez-moi!

OSCAR

Répondez!

CÉCILE

Le devoir est ma suprême loi.

OSCAR

Quoi! votre honneur ainsi d'un serment se dispense?

CÉCILE

L'enfant doit à son père entière obéissance.

OSCAR

Et vous nommez cela, Cécile...?

CÉCILE

Mon devoir.

OSCAR

Mais, lorsqu'un père aveugle abuse du pouvoir
Qu'il a reçu du ciel, et que, par pur caprice,
D'un vil conspirateur il se fait le complice...

CÉCILE

Silence! Devant moi n'osez pas discuter
L'honneur de mon père. Ah! vous voulez imputer
À ses actes des torts que l'équité condamne!
Et vous croyez que moi, je permettrai qu'il plane
Sur ses intentions un doute injurieux!
Oh! je vous aime, Oscar! mais j'aime encore mieux

L'intégrité du nom qu'avec orgueil je porte.
Quelque obstacle à nos yeux que sa rigueur apporte,
Le respect sur l'amour chez moi doit prévaloir.

OSCAR

Mais ses motifs, enfin, vous devez le savoir...

CÉCILE

Des motifs paternels l'enfant n'est pas le juge.

OSCAR

C'est fort beau! Le devoir vous fournit un refuge
Contre un amour qui nuit à vos projets pompeux.

CÉCILE

Oscar, vous m'outragez.

OSCAR

Mais je prends vos aveux.
Vous n'avez que dédain pour les amours vulgaires
Qui hantent sans éclat les sentiers ordinaires
Suivez donc désormais les sublimes élans
Qui portent votre cœur vers ces nobles galants
Qu'un hasard généreux a jetés sur nos rives
Pour captiver l'esprit des beautés... sensitives!

CÉCILE

Ce gros sarcasme, Oscar, est une cruauté
Qui répugne au bon sens comme à la loyauté.
Mon cœur, vous le savez, n'a pas ces goûts volages.
Pour les titres d'emprunt et les faux étalages,
Dont si brutalement vous osez m'accuser;
Et c'est de ma tendresse indûment abuser
Que de venir ainsi, pour des raisons frivoles,
Travestir mes motifs en tronquant mes paroles.
Ma foi vous est acquise et, nonobstant vos torts,
Je vous aime toujours...

419

OSCAR

Eh! que veut dire alors
Cette attitude altière et cette résistance,
Quand je veux par l'hymen unir notre existence?
Vous avez droit...

CÉCILE

J'ai droit de consulter mes goûts
Et d'écouter mon cœur dans le choix d'un époux;
J'ai droit de résister à l'ordre tyrannique
De former sans amour une alliance inique,
Répugnant à mes vœux comme à ma dignité;
Le contrôle d'un père est par Dieu limité;
Son pouvoir se termine où l'outrage commence;
Mais jamais avec droit l'enfant ne se dispense
De son autorité pour compléter les nœuds
Éternels et sacrés de l'hymen.

OSCAR

Dites mieux:
Tous ces beaux sentiments dont vous donnez le texte
Arrivent à propos pour fournir un prétexte
À votre trahison.

CÉCILE

Assez, Monsieur, assez!
Laissez-moi seule ici pleurer.

OSCAR

Vous me chassez?
Très bien, je pars.

CÉCILE

Partez, puisque mon infortune
Loin de vous attendrir, hélas, vous importune.

OSCAR

Ma présence vous pèse.

CÉCILE, *avec dépit*

En effet.

OSCAR

Je le sais ;
Et vous ne m'aimez plus.

CÉCILE

Je crois que je vous hais.

OSCAR

Et si ce comte ici finissait par paraître,
Vous lui feriez l'accueil d'un prétendant !

CÉCILE

Peut-être.

OSCAR

Et vous l'épouseriez.

CÉCILE

Qui sait ?

OSCAR

Précisément.
L'ardeur du faux amour s'éteint fort aisément.

CÉCILE

Vous en donnez la preuve.

(On entend tousser Dumont dans la coulisse.)

Ah ! mon père !... De grâce !...
S'il vous retrouve ici !...

421

OSCAR, *se troublant*

Que faut-il que je fasse?

CÉCILE

Cachez-vous, vite, vite!...

OSCAR

Où me cacher?

CÉCILE

Partout!

(L'entraînant.)

Courez de ce côté!... Non! non! à l'autre bout!

(Le poussant derrière un écran.)

Bon, là, ne bougez pas. *(À part.)* Ah! c'est un vrai
[supplice
Je ne puis de sa part souffrir cette injustice,
Et pour le corriger de son vilain soupçon,
Je vais un peu lui faire en passant la leçon.

(Voyant entrer Dumont.)

Ciel! je tremble! courage!

Scène 8: LES MÊMES, DUMONT.

DUMONT

Ah! te voilà, Cécile?

CÉCILE, *tremblante*

Oui, mon père.

DUMONT

Très bien.

CÉCILE, *à part, regardant du côté de l'écran*

Pourvu qu'il soit tranquille.

DUMONT, *l'observant*

Qu'as-tu donc?

CÉCILE

Moi? Rien.

DUMONT

Mais pourquoi de ce côté

Regardes-tu?

CÉCILE

Pour rien.

OSCAR, *à part, avec dépit*

Me voici bien posté!

DUMONT, *indiquant l'écran*

Chut: Écoute. Il me semble entendre quelque chose.

CÉCILE

Non. C'est quelque étourneau perché là, je suppose.

(Elle indique une fenêtre ouverte au-dessus de l'écran.)

OSCAR, *à part*

Un étourneau! Parbleu, c'est flatteur!

DUMONT, *à Cécile*

Quoi?

CÉCILE

Comment?

DUMONT, *regardant du côté de l'écran*

Quelqu'un parle, je crois.

CÉCILE

C'est moi.

DUMONT

Toi? mais...

(Il suit de l'œil Cécile qui porte un regard inquiet vers l'écran.)

OSCAR, *à part*

Vraiment,

Ma situation devient intolérable.

DUMONT, *fixant Cécile*

D'où vient ce trouble?

CÉCILE

Hélas! je crains d'être coupable,

Mon père...

OSCAR, *à part*

Coupable...

DUMONT, *surpris*

Hein? je n'ai pas bien compris.

CÉCILE

Oui, je... j'ai réfléchi...

(Dumont fait un geste de satisfaction.)

OSCAR, *à part*

> Mais a-t-elle entrepris

De me pousser à bout?

DUMONT, *avec ravissement*

> Et ton âme contrite

Se soumet à mes vœux?

OSCAR, *à part, voulant s'élancer*

> Oh! je me précipite!

CÉCILE

Ma foi...

OSCAR, *à part*

Cruelle!

DUMONT

Enfin...

OSCAR, *à part, trépignant de colère*

> Je suis au désespoir!

DUMONT

Notre comte...?

CÉCILE

> Mon Dieu!... vous me le ferez voir.

DUMONT, *éperdu*

Tu... tu consens?

OSCAR, *à part*

> Vraiment, ceci passe les bornes!

425

DUMONT

Et les amours d'Oscar?

CÉCILE

Oh! je les trouve mornes.

OSCAR, *à part*

Ah! par exemple!

CÉCILE

Et puis, je le dis entre nous...

OSCAR, *à part*

Voyons.

CÉCILE

Il est colère, et... je le crois jaloux.

DUMONT, *saisissant la main de Cécile*

Cécile, mon enfant!...

OSCAR, *à part*

Mais c'est une infamie!

DUMONT, *avec émotion*

Que tu me rends heureux!... Vrai, ma petite amie,
Tu recevras le comte?

CÉCILE

Eh bien... je... j'essaierai.

DUMONT

Et tu l'épouseras?

OSCAR, *surgissant de derrière l'écran*

Non, je l'empêcherai!

CÉCILE, *épouvantée*

Ah !

DUMONT, *après un soubresaut*

Vous ici, Monsieur ?...

OSCAR

Oui, moi, pour vous confondre !
Je suis trompé, trahi !... Mais je puis vous répondre
Que...

DUMONT, *furieux*

Vous écoutiez, là, tout ce que nous disions,
Assumant sans dédain le rôle des espions !
Ç'en est trop !

(Oscar reste interdit.)

CÉCILE, *à part*

Qu'ai-je fait ?

OSCAR, *à Cécile avec amertume*

Votre œuvre est accomplie !

DUMONT, *impérieusement*

Jeune impudent, sortez !...

CÉCILE, *s'interposant*

Oh ! je vous en supplie !

OSCAR

Permettez...

DUMONT, *à Oscar*

M'avez-vous compris ?

427

OSCAR

Oui, je comprends
Qu'on manque à sa parole... Eh bien, je vous la rends.
Adieu, Cécile !

(Il sort.)

DUMONT, *à Cécile qui reste accablée*

Ainsi, ton repentir précoce
N'était qu'un faux-fuyant ! Oh ! je deviens féroce,
Oui, sous ce feu roulant de contrariétés
Dont je trouve partout mille variétés !

(Il sort.)

Scène 9 : CÉCILE, *seule*

CÉCILE

D'un fol emportement voilà la conséquence !
Adieu, bonheur, amour, rêvés depuis l'enfance,
Célestes visions qu'un doux rayon d'espoir
Dans son prisme enchanteur me laissait entrevoir !
Vous fuyez ! et mon cœur qu'avaient séduit vos charmes
N'a plus que des regrets impuissants... et des larmes !

(Acte IV, scènes 7 à 9, pp. 71 à 80.)

D. Humour divers

Texte 48

L'Auberge du numéro Trois

Farce en un acte de Régis Roy, *Montréal, Beauchemin, 1899,*
40 *p.*

Régis ROY: bio-bibliographie, p. 269.

*Une panne de train a forcé Jean Rouleau à descendre dans une
auberge de troisième ordre, tenue par le père Thibaut et son fils
Charlot. Ce dernier est allé chercher du whisky à la cave.*

Scène 3: THIBAUT, JEAN.

JEAN

À c't'heure, m'sieu Thibaut, on pourrait-y avoir à
manger?... J's'rais pas fâché de m'mettre quéque chose
sous la dent. Les chars peuvent ben encore *stocker*
en ch'min avant que j'sois rendu chez nous, et j'aurai
p't-être pas un' autre chance de m'ravitailler!

THIBAUT

Restez-vous ben loin, sans vous commander?

JEAN

J'restais à Lynn, dans l'État de *Marche-à Suzette*
(*Massachusetts*), mais comme les affaires sont *dull*
depuis un' escousse et qu'ils ont pas l'air à r'prendre,
j'm'en r'viens au pays. Ma famille est r'venue avant
moé; elle est à Saint-Gabriel, proche du lac.

THIBAUT

Ah! oui! j'connais ça; c'est un beau pays.

429

JEAN

Oui, et c'est là ousque j'm'en vas. Pour vous dire le vrai, j'sus pas fâché de r'voir le Canada: j'commençais à en avoir assez des États et des *Amérinquins*!

THIBAUT

Ah ben?... Pourtant y en a qui disent qu'on gagne là-bas! qu'c'est un beau pays, et qu'les places de toutes sortes manquent pas!

JEAN

Quand l'ouvrage va, c'est ben correct; pour des places, y faut travailler dans les *fac'tries*, et en faisant du *over time* on l'a un salaire raisonnable. Moé, j'étais dans un' *fac'trie* de laine; j'étais *spinneur*.

THIBAUT

Spinneur! Quoi c'que c'est qu'ça?

JEAN

Un homme qui *spinne*!

THIBAUT

Escusez!... j'comprends pas plusse!... *Spinne*, ça rime avec pine, mais on sait qu'c'est pas pareil...

JEAN

Spinneur, c'est comme qui dirait un homme qui file d'la laine.

Scène 4: LES MÊMES, CHARLOT.

CHARLOT, *entrant avec la cruche*

T'nez, m'sieu, v'là vot' cruchon qu'est plein. Y en a ben pour quat' ch'lins six sous.

430

JEAN

Comment qu'ça fait, ça? ça fait-y un' piastre?

THIBAUT

Ça fait juste ça.

JEAN, *il paie*

Bon! à c't'heure, j'pourrais-t-y manger?

THIBAUT

J'allais vous en parler. Charlot, mon petit garçon, mets la table pour m'sieu!... *(Charlot met une nappe, assiette, couteau, fourchette, poivrière, salière, un petit pain, un verre, un pot à l'eau. Il met son tablier et se tient debout près de la table pour servir.)*

JEAN

Avez-vous du bœuf ou du mouton?

THIBAUT

Non, nous n'en gardons pus: impossible d'en servir aux voyageurs. Ils trouvaient le bœuf trop maigre et trop dur...

CHARLOT

Et pour l'mouton, y disent que ça sent trop la laine.

JEAN

Voyez-vous ça, les bec-fins!... Ah! c'est pas moé qui en r'fuserait; j'sus trop habitué à la laine en ma qualité d'*spinneur*.

THIBAUT

Y a ben encore d'la viande de veau, mais l'boucher en apporte rien qu'deux fois par mois.

431

CHARLOT

Et pis y r'viendra pas avant huit jours.

JEAN

Du poulet, alors?

THIBAUT

Ah! pour ça c'est ben différent: gras comme des loches!... Charlot! cours tout d'suite en *quuer* un!

JEAN

Attendez don'; j'sus pas pour le manger cru: et vous aurez pas le temps d'le faire cuire d'ici à c'que je r'parte. Donnez-moi du p'tit lard salé, alors; vous d'vez en avoir?

THIBAUT

Si nous en avons? J'cré ben! J'en ai-t-un plein quart.

CHARLOT, *mi-voix à Thibaut*

Père! mais vous savez ben qu'il est gâté, qu'il est tout pourri d'puis un bon bout d'temps.

JEAN

Eh ben! qu'est-ce qui vous arrête?...

THIBAUT

C'est l'ptit qui m'dit qu'vous en voudrez pas.

JEAN

Pourquoi?

THIBAUT

Parce qu'il a un trop haut goût, et qu'il n'est bon qu'pour des charretiers.

JEAN

Crime! vous avez donc de rien?

CHARLOT

Pardonnez, m'sieu! nous avons beaucoup d'affaires.

JEAN

Avez-vous du poisson?

CHARLOT

De l'anguille.

JEAN

À la bonne heure! Ça s'place su' l'gril, et c'est vite paré.

CHARLOT

Va falloir qu'vous attendiez un p'tit brin. Mon frère Thomas est allé à la pêche, et aussitôt qu'il s'ra rentré, on vous en f'ra cuire.

JEAN

S'il en attrape!... Mais quand s'ra-t-il de retour?

THIBAUT

Au plus dans deux p'tites heures.

JEAN

J's'rai ben loin d'icitte, alors! Mais vous avez pas des œufs? (Il fait sonner l'F.)

THIBAUT

Des œufs?... Est-y possible! fallait don' l'dire tout d'suite. Combien c'que vous en voulez?... Quatre? —

433

Charlot, cours des l'ver dans l'poulailler!... apportes-en
six! *(Charlot sort.)*

JEAN

À la fin!

THIBAUT

Si nous avons des œufs?... Et pourquoi qu'on
n'aurait pas des œufs!... Des poules qu'y en a pas
d'mieux! Ça n'a pas d'plumes aux pattes, mais ça pond
tous les jours que l'bon Dieu fait, et ça couve jamais.

CHARLOT, *revenant, un œuf à la main*

Père! j'sais pas c'que ça veut dire; j'en trouve
rien qu'un. I'paraît qu'la tempête de c'matin a empêché
nos poules de pondre.

THIBAUT

Approche, qu'on l'voie. Est-i' marqué?

CHARLOT

Quiens! mais oui; i' y a une voix d'charbon d'sus.

THIBAUT

Malhureux! veux-tu me r'porter ça dans l'nique,
tout d'suite!... C'est l'vieux-t-œuf qu'on laisse toujours
sous les poules pour les encourager à pondre. *(À Jean.)*
Escusez-le, i' sait pas encore ça...

JEAN

Mais, voyons donc! I'est pas possible que dans
un'aubarge vous ayez rien du tout; du lait, du beurre,
du fromage?

CHARLOT

Oh! là! là! là! Si c'est pas un vrai guignon! I'en avait
tant tout à l'heure, d'ces choses-là, su' la table!

THIBAUT

C'est vrai: tout est parti ce matin, par le train pour Québec. l'avait ben encore un peu d'lait, mais Charlot, en bon étourdi qu'il est, a laissé la porte d'la laiterie ouvarte, et nos deux chats y sont entrés et l'ont tout bu.

JEAN

Vous avez don' pas aut'chose, car alors...

CHARLOT

Si fait! des légumes en masse: des choux, des oignons, des pétaques...

THIBAUT

Des beaux navots, des citrouilles suparbes...

JEAN

Assez! assez! j'ai pas l'temps d'attendre après! Ça va prendre trois heures au moins pour les faire cuire.

CHARLOT

Dites don', père!... Si j'allais chercher des provisions chez l'voisin? Ça n'prendrait pas d'temps, et m'sieu s'rait satisfait.

THIBAUT

C'est bon! dépêche-toé! *(Charlot sort.)*

Scène 5: JEAN, THIBAUT.

THIBAUT

En attendant le r'tour de mon fils, est-ce que vous accepteriez un p'tit coup d'appétit? J'veux pas vous

435

laisser sous la mauvaise impression qu'on n'peut pas vous r'cevoir comme i' faut icitte.

JEAN

C'est pas de r'fus. J'vous r'marcie ben!

THIBAUT

Qu'est-ce que vous allez boire?

JEAN

J'goûterais ben à vot' étoffe du pays qu'vous m'avez vantée, t'-à-l'heure.

THIBAUT

J'vas vous en chercher dans la barre. *(Il sort.)*

Scène 6: JEAN, *seul*

JEAN

En v'là t'y un' drôle d'aubarge? Y a rien à manger, excepté qu' du pain, du poivre et du sel; maigre repas! Mais ils sont allés m'en qu'ri'... Par exemple, la boisson n'manque pas, c'est toujours un' bonne chose.

(Scènes 3 à 6, pp. 11 à 19.)

On demande un acteur

Farce en un acte de **Régis Roy**, *Montréal, Beauchemin, 1896,* 35 p.

Régis ROY : bio-bibliographie, p. 269.

Monsieur Lascène, gérant d'une troupe de théâtre, est à la recherche d'un acteur pour rôles secondaires. Un premier aspirant se présente...

Scène 2 : LASCÈNE, BAPTISTE.

BAPTISTE *entre et se découvre*

Bonjour, m'sieu !

LASCÈNE

Bonjour !

BAPTISTE

Fait frette, eh m'sieu ?

LASCÈNE

Oui. J'ai trois paires de bas dans les pieds et je gèle quand même...

BAPTISTE

Moé, j'n' ai pas pantoute !

LASCÈNE

Alors, comment fais-tu ?

BAPTISTE

Je gèle itou !... C'est-i' icitte ousqu'est m'sieu Lascène ?

437

LASCÈNE

Oui, c'est moi.

BAPTISTE

Oui!... ah! c'est vous qui avez besoin d'un magicien?

LASCÈNE

Oui, oui!... Eh bien?... (*À part.*) J'espère que ce gaillard-là ne vient pas pour s'engager en réponse à mon annonce d'hier.

BAPTISTE

Eh ben! m'sieu Lascène, voulez-vous ti d'moé?

LASCÈNE

Ah! mon garçon, je ne crois pas que tu fasses mon affaire.

BAPTISTE

Vous l'savez pas! vous m'avez jamais essayé.

LASCÈNE

Non! mais je puis voir tout de suite, à l'air d'une personne, s'il y a dans elle l'étoffe d'un acteur.

BAPTISTE

Ah! pour d'l'étoffe, m'sieu Lascène, j'en ai d'l'étoffe!... T'nez, mon capot, i'est en étoffe, et pis d' la bonne, j'vous assure!... Poupa l'a ach'tée su' (*Nommer quelque marchand de la ville où l'on joue.*)...

LASCÈNE

Ce n'est pas cela que j'ai voulu dire! Tu ne m'as pas compris, mon garçon... Mais... dis-moi, comment t'appelles-tu?

438

BAPTISTE

Moé?

LASCÈNE

Oui!

BAPTISTE, *niaisement*

Comme poupa!

LASCÈNE

Et ton père?

BAPTISTE

Comme moé!

LASCÈNE, *à part*

Décidément, j'ai affaire à un rude imbécile!... Mais prenons-nous y d'une autre manière. *(Haut.)* Comment s'appelle ta mère?

BAPTISTE

Mouman?

LASCÈNE

Oui.

BAPTISTE

J'n ai jamais eu!

LASCÈNE

Qu'est-elle devenue?

BAPTISTE

Ça faisait quatre ans qu'elle était morte quand j'sus v'nu au monde!

439

LASCÈNE, *à part*

Je n'en viendrai pas à bout! Adoptons une autre tactique. *(Haut.)* As-tu des frères et des sœurs?

BAPTISTE

Oui, même qu'un' de mes sœurs s'est mariée dernièrement.

LASCÈNE

Ah! tu as une sœur de mariée?

BAPTISTE

Oui, d'puis quinze jours.

LASCÈNE

Avantageusement?

BAPTISTE

Eh?... de quoi?

LASCÈNE, *souriant*

A-t-elle pris un bon parti?

BAPTISTE

J'cré ben.

LASCÈNE

Ah!

BAPTISTE

Son mari mène un grand train.

LASCÈNE

Allons donc!

BAPTISTE

D'abord que j'vous dis!... Il est chauffeur su' la ligne de Québec!...

LASCÈNE, *à part*

Pas trop mal, après tout!

BAPTISTE

Pis j'ai un d'mes frères de marié aussi!

LASCÈNE

Vraiment?

BAPTISTE

Eh ben!... d'puis qu'mon frère et ma sœur sont mariés, ça fait dix personnes de plusse qui s'tutoyent dans not'famille.

LASCÈNE

Comment ça?

BAPTISTE, *lentement*

C'est ben simple!... (*Vivement.*) Mon frère et sa femme, deux; ma sœur et son mari, quatre; mon frère et pis mon beau-frère, six; ma sœur et pis ma belle-sœur, huit; mon beau-frère et ma belle-sœur, dix.

LASCÈNE, *à part*

J'ai affaire à un drôle de caractère. Poussons plus loin pour voir ce qu'il dira. (*Haut.*) Quel âge as-tu, mon garçon?

BAPTISTE

Vingt-deux ans aux prunes de c't automne!

LASCÈNE

Mais, dis donc, tu es chauve de bien bonne heure?

BAPTISTE

Ce n'est pas étonnant; i' paraît que j'l'étais déjà en venant au monde.

LASCÈNE, *à part*

Pendant que j'y pense, je vais lui demander de quel parti politique il est. Quelle réponse me donnera-t-il? Quelque chose de ridicule, j'en suis sûr. *(Haut.)* De quelle couleur es-tu, mon garçon?

BAPTISTE

Moé?

LASCÈNE

Oui!

BAPTISTE

J'sus blond!... chantain!...

LASCÈNE

Non!... je veux dire en politique.

BAPTISTE

Ah!... estusez; j'comprends! J'sus bleu!

LASCÈNE

Comment! un Canadien, un catholique, comme toi, tu vas voter pour des Orangistes!

BAPTISTE

J'sus pas un tourne-capot.

LASCÈNE

Mais si ces gens-là gagnent les élections, sais-tu ce qui va arriver?

BAPTISTE

Non.

442

LASCÈNE

Ils massacreront tout ce qui parle français, et tu marcheras dans le sang jusqu'aux genoux!

BAPTISTE

Eh ben!... on s'chaussera pour!

(Scène 2, pp. 6 à 13.)

Texte 50

Le Sourd

Dialogue-bouffe en un acte de **Régis Roy**, *publié à la suite de* Consultations gratuites, *Montréal, Beauchemin, 1896, pp. 35-48.*

Régis ROY: bio-bibliographie, p. 269.

Le gastronome Fricotinard attend l'arrivée de Dinanville, son voisin qui souffre de surdité.

Scène 1: FRICOTINARD, *seul*

FRICOTINARD, *entre en fredonnant*

« Ah! que l'amour est agréable!» *(S'interrompant.)* Mesdames et Messieurs, vous voyez en moi un homme complètement heureux. *(Il prise.)* Je vais vous dire... Ce soir, je donne chez moi un grand balthazar, pour fêter l'anniversaire de la naissance de mon épouse Eudoxie... Le repas sera superlificocanteux, si j'ose employer cette locution... La société sera nombreuse... et j'espère que nous allons rire... C'est même pour cela que j'ai invité mon voisin Dinanville... un poète très

443

bon garçon... mais qui a le malheur d'être sourd comme... la statue de Maisonneuve, si j'ose employer cette
métaphore. (Il prise. Dinanville entre.)

Scène 2 : FRICOTINARD, DINANVILLE.

DINANVILLE, à la cantonade

« Viens, mon Elvire ; viens, ma reine... »

FRICOTINARD

Tiens ! quand on parle du loup, on en voit la... si
j'ose employer ce proverbe. (À Dinanville qui s'est
approché.) Mon cher Dinanville, j'étais en train de me
parler de vous.

DINANVILLE

Vous dites ?

FRICOTINARD, un peu plus haut

Que je me parlais de vous.

DINANVILLE, lui serrant la main

Merci, pas mal ; et vous ?

FRICOTINARD

Mais, comme vous voyez... toujours en gaieté.

DINANVILLE, tendant une oreille

Eh ?

FRICOTINARD

Je dis que je suis toujours en gaieté.

DINANVILLE

Ma surdité ?... Oh ! cela va mieux, j'entends très
bien par moments.

FRICOTINARD

Il y paraît... cela se voit! enfin ne le contrarions pas, il est assez malheureux d'être sourd. (*À Dinanville.*) Ah! ça, vous savez que c'est ce soir mon grand dîner?

DINANVILLE

Comment?

FRICOTINARD, *fort*

C'est ce soir mon grand dîner!

DINANVILLE, *tirant son foulard*

J'ai du noir au bout du nez?

FRICOTINARD

Ah! c'est trop fort!

DINANVILLE

Vous dites que j'en ai encore?

FRICOTINARD, *avec impatience*

Je dis que c'est trop fort!

DINANVILLE

Eh?

FRICOTINARD, *exaspéré*

C'est trop fort!

DINANVILLE, *s'essuyant le nez*

Ah! très bien, que je frotte plus fort.

FRICOTINARD, *à part*

Décidément, ça devient agaçant... le malheureux est sourd comme trente-six pots. (*Criant.*) C'est ce soir que je donne à dîner et je compte sur votre présence.

DINANVILLE

Ne criez donc pas si fort, je vous dis que j'entends mieux... Oui, vous pouvez compter sur ma romance. Je la chanterai ce soir à votre table, elle est presque terminée... voilà six jours que je travaille à cette improvisation. *(Il chante.)* «Viens, mon Elvire. Mon E...» *(Parlé.)* Je ne sais pas si je dois mettre mon Elvire ou mon Héloïse. Allons, décidément je penche pour Elvire... Comprenez-vous?... Elle vire... *(Chantant.)* «Viens, mon Elvire; viens, ma reine...» *(Parlé.)* Comment trouvez-vous ça?

FRICOTINARD

C'est gentil, c'est fin.

DINANVILLE

Eh?

FRICOTINARD

Je dis que c'est fin.

DINANVILLE

Mais non, ce n'est pas la fin.

FRICOTINARD, *à part*

Le malheureux a l'ouïe galvanisée. *(Criant.)* Je vous dis que c'est fin, ou, si vous l'aimez mieux, que c'est charmant.

DINANVILLE

Oui: vous avez raison, c'est le commencement, mais soyez sans inquiétude, cela sera fait pour ce soir.

FRICOTINARD

Alors vous nous chanterez cela à la fin du repas?

DINANVILLE, *fâché*

Comment! cela ne se peut pas; vous allez voir, je vais la terminer séance tenante. (*Il tire un calepin de sa poche.*) Je me sens en veine d'écrire... Vous allez être émerveillé.

FRICOTINARD

Mais vous allez vous fatiguer la tête et le cerveau.

DINANVILLE

Vous dites?

FRICOTINARD, *fort*

Je crois que vous allez vous fatiguer le cerveau.

DINANVILLE

Si j'aime la tête de veau? Oh! mon cher, j'en mangerais assis sur un paratonnerre. Mais laissez-moi écrire, je vous prie. Je ne vous demande que cinq minutes.

(*Scènes 1 et 2, pp. 35 à 39.*)

INDEX DES OEUVRES

449

INDEX DES AUTEURS

452

454

TABLE DES MATIÈRES

l'hypocrisie

DANS LA MÊME COLLECTION

ACHEVÉ D'IMPRIMER SUR
LES PRESSES DES ATELIERS
MARQUIS DE MONTMAGNY
LE 15 JUIN 1978 POUR
LES ÉDITIONS LEMÉAC INC.